# STUDIES ON VOLTAIRE AND
# THE EIGHTEENTH CENTURY

## 251

General editor

PROFESSOR H. T. MASON

Department of French
University of Bristol
Bristol BS8 1TE

BERNARD PAPIN

# Sens et fonction de l'utopie tahitienne dans l'œuvre politique de Diderot

THE VOLTAIRE FOUNDATION

AT THE TAYLOR INSTITUTION, OXFORD

1988

© *1988 University of Oxford*

ISSN 0435-2866

ISBN 0 7294 0362 9

*British Library cataloguing in publication data*

Papin, Bernard
Sens et fonction de l'utopie tahitienne
dans l'œuvre politique de Diderot.
— (Studies on Voltaire and the eighteenth century,
ISSN 0435-2866; 251)
1. French philosophy. Diderot, Denis, 1713-1784.
Critical studies
I. Title   II. Series
194
ISBN 0-7294-0362-9

*Printed in England at The Alden Press, Oxford*

# Table des matières

# Liste des abréviations

| | |
|---|---|
| *OC* | Diderot, *Œuvres complètes*, éd. R. Lewinter, Club français du livre, Paris 1969-1973 |
| *OE* | Diderot, *Œuvres esthétiques*, éd. P. Vernière, Paris 1976 |
| *OP* | Diderot, *Œuvres politiques*, éd. P. Vernière, Paris 1963 |
| *OPh* | Diderot, *Œuvres philosophiques*, éd. P. Vernière, Paris 1972 |
| *Mémoires* | Diderot, *Mémoires pour Catherine II*, éd. P. Vernière, Paris 1966 |
| *Corr.* | *Correspondance de Diderot*, éd. G. Roth et J. Varloot, Paris 1955-1970 |
| *LSV* | Diderot, *Lettres à Sophie Volland*, éd. Babelon, Paris 1978 (Réédition en offset de l'éd. Gallimard, 1930) |
| *Essai* | Diderot, *Essai sur les règnes de Claude et de Néron et sur les mœurs et les écrits de Sénèque* |
| *Fragments échappés* | Diderot, *Fragments échappés du portefeuille d'un philosophe* |
| *Observations* | Diderot, *Observations sur le Nakaz* |
| *Supplément* | Diderot, *Supplément au voyage de Bougainville* |
| *Histoire des deux Indes* | *Histoire philosophique et politique du commerce et des établisse-ments des Européens dans les deux Indes* |

NB: Les collaborations de Diderot à l'*Histoire des deux Indes*, dont Tourneux, ignorant leur étendue ou méconnaissant leur audace, disait qu'elles n'ajouteraient 'rien à sa gloire' (*Œuvres complètes*, xx.104), font l'objet d'un intérêt croissant aujourd'hui. Il existe une édition complète de ces collaborations établie à partir des manuscrits et documents du fonds Vandeul: Gianluigi Goggi, tome i, *Pensées détachées* (Siena 1976); tome ii, *Mélanges et morceaux divers* (Siena 1977). Malheureusement, seul le tome ii est accessible en France (B. U. de Montpellier). Nous avons donc dû avoir recours à quatre types de références pour rendre compte du texte de Raynal et des collaborations de Diderot:

| | |
|---|---|
| *Histoire des deux Indes*, Maspero | Pour les textes de Raynal ou de tout autre de ses collabora-teurs à l'exception de Diderot (*Histoire des deux Indes*, choix de textes par Yves Benot, Maspero, collection 'la décou-verte', Paris 1981). |
| *Histoire des deux Indes*, *OC*, xv | Pour la plupart des collaborations de Diderot. Roger Le-winter les publie au tome xv des *Œuvres complètes*. |

| | |
|---|---|
| *Histoire des deux Indes*, Benot | Pour toute collaboration de Diderot qui n'est pas en *OC*, xv. Dans son choix de textes de l'*Histoire des deux Indes* (Maspero, 1981), Yves Benot a indiqué les interventions de Diderot. Précisons que chacune de ces attributions à Diderot (à une exception près, que nous indiquerons) est confirmée par Michèle Duchet dans *Diderot et l'Histoire des deux Indes ou l'écriture fragmentaire*. |
| Goggi ii | Pour tout texte de Diderot figurant dans l'édition Goggi des *Mélanges et morceaux divers*. |

'Je m'accommode encore des rêves en poésie, mais je ne peux plus les souffrir en politique ni en philosophie, à moins que ce ne soient les miens.'

Diderot, *OC*, viii.311.

# Introduction

AU dix-neuvième siècle, Diderot fut l'une des cibles privilégiées des forces intellectuelles hostiles à la Révolution. C'était, aussi et déjà, la faute à Diderot... Néanmoins, on s'indignait surtout alors du matérialisme sans concession – ou perçu comme tel – d'une œuvre que l'on associait volontiers à celle du baron d'Holbach. La pensée politique personnelle du philosophe de Langres, encore pas ou peu connue, ne pouvait être directement mise en cause. Faute de matière textuelle suffisante ou aisément accessible, on dénia longtemps à Diderot le privilège d'avoir eu, comme la plupart de ses contemporains illustres, la 'fibre' politique. Seule la seconde moitié du vingtième siècle a pu mesurer l'audace d'une œuvre politique trop longtemps 'cachée' et dont l'ampleur ne cesse de nous surprendre. Les travaux de Paul Vernière d'abord, qui rendit accessibles des textes essentiels en ce domaine, de Jacques Proust, d'Yves Benot, de Michèle Duchet ensuite, d'Anthony Strugnell et Gianluigi Goggi plus récemment encore, ont donné à l'œuvre politique de Diderot sa véritable assise.[1] Sans aller jusqu'à dire, comme Yves Benot, que 'la politique, bien plus que la philosophie, est la véritable affaire de Diderot',[2] il semble difficile de lui contester aujourd'hui sa part de responsabilités dans la modification des structures socio-politiques françaises et le bouleversement des valeurs morales après 1789. Dès l'*Encyclopédie*, pour laquelle il rédige personnellement un grand nombre d'articles politiques dont Jacques Proust a montré l'importance,[3] il proclame, avec tout son siècle, que l'homme est un animal social 'qui vit en société' et 'qui s'est fait des lois'.[4] Il est vrai qu'il faut attendre les années 1769-1770 pour voir Diderot s'intéresser de plus près encore aux affaires de la cité, s'initier aux questions économiques, dont il affirme pourtant n'entendre 'presque rien au fond' (*OC*, viii.300), se passionner pour les théories d'un Dom Deschamps par exemple, prendre la mesure des misères paysannes lors d'un voyage à Langres et nourrir, par ses séjours en Hollande et en Russie, une pensée restée trop souvent abstraite et parfois purement livresque. En 1769, le collaborateur occasionnel des *Ephémérides du citoyen* ou *Bibliothèque raisonnée des sciences morales et politiques* salue la 'nouvelle école de quesnaylistes' qui permettra, par la liberté et la

---

1. Nous renvoyons à notre bibliographie pour l'ensemble de ces travaux critiques que nous serons amené à citer de façon précise tout au long de ce travail.
2. *Diderot, de l'athéisme à l'anticolonialisme* (Paris 1970), p.257.
3. *Diderot et l'Encyclopédie* (Paris 1967).
4. Article 'Homme', *Encyclopédie*, *OC*, xv.258.

vigueur de ses propos, de familiariser peu à peu la nation 'avec les questions de finance, de commerce, d'agriculture, de législation et de politique'.[5] Il se réjouit de constater que tous ces objets, 'les plus importants au bonheur de la société, à force d'être agités pour et contre s'éclairciront' et qu'ainsi 'on fera peut-être un peu moins de sottises, ou on les fera moins intrépidement'. En 1774, il rappelle à Catherine II qu'il n'est pas de matières plus 'importantes' que celles du gouvernement et qu'il est du devoir d'"une cour qui aimerait la vérité [...] d'encourager tous les esprits à s'en occuper' (*Observations*, *OP*, p.438). En 1781, il constate avec satisfaction dans l'*Histoire des deux Indes*, à laquelle il collabore au moins depuis 1772, que le dix-huitième siècle s'est consacré tout entier 'aux questions du gouvernement, de législation, de morale, de politique et de commerce'; hasardant une 'prédiction', il voit les esprits se tourner 'incessamment [...] du côté de l'histoire, carrière immense où la philosophie n'a pas encore mis le pied'.[6] Le philosophe, dont on ne sait 'quelle récompense, assez importante à ses yeux, pourrait le déterminer à tromper les hommes'[7] et 'qui échappe à la main du destin qui ne sait par où le prendre, parce qu'il a brisé, comme dit le stoïcien, les anses par lesquelles le fort saisit le faible' (p.464), doit satisfaire son 'penchant invincible à dire la vérité, au hasard d'exciter l'indignation, et même de boire dans la coupe de Socrate'.[8] Il ne doit pas craindre d'apostropher, comme le fait Diderot dans l'*Histoire des deux Indes*, les souverains pour leur demander si l'art de gouverner est décidément 'le seul qu'on ne puisse perfectionner' et si, après 'tant de découvertes dans les sciences et les arts', 'le retour à la liberté primitive, l'exercice respectable des premiers actes de la justice naturelle', sont des 'innovations'[9] si dangereuses. En 1781, dans la conclusion qu'il donne à l'ouvrage de Raynal, Diderot affirme hautement avoir 'parlé sans déguisement et sans crainte' en rappelant les souverains à leurs 'devoirs' et les peuples à leurs 'droits'.[10] En retraçant 'les funestes effets du pouvoir inhumain qui opprime, ou du pouvoir indolent et faible qui laisse opprimer', il espère avoir contribué 'au bonheur de [ses] semblables, et préparé peut-être de loin l'amélioration de leur sort'.

La discrétion d'une œuvre trop longtemps méconnue n'explique cependant pas tout. La pensée de Diderot, dont on souligne souvent l'allure primesautière en affirmant qu'elle fait merveille en philosophie ou en morale, se voit refuser toute pertinence réelle dès qu'il s'agit des affaires de la cité. L'esprit de sérieux

5. Article de la *Correspondance littéraire* du 15 novembre 1769, *OC*, viii.309.
6. Livre XI, ch.10; *OC*, xv.498.
7. Livre V, ch.32; *OC*, xv.463.
8. Livre XIII, ch.11; *OC*, xv.517; cf. aussi *Observations*, *OP*, p.367.
9. *Histoire des deux Indes*, livre IV, ch.18; *OC*, xv.450-51.
10. Livre XIX, ch.15; Benot, p.372.

et de système, nécessaire, affirme-t-on, à celui qui veut raisonner utilement du devenir des sociétés humaines, a fait défaut à un Diderot incapable de léguer à la postérité une 'somme' politique comparable, par ses ambitions ou ses dimensions, au *Contrat social* par exemple. C'est 'le sort réservé aux sceptiques que de passer pour moins profonds que les dogmatiques'[11] et on ne vit souvent qu''un tourbillon dans sa spirale et qu'un vagabondage dans sa démarche'.[12] Dans le meilleur des cas, on explique l'échec de Diderot à mériter 'anything approaching a reputation as a political theorist' par sa volonté farouche 'to apprehend the rich, multifaceted nature of an ever changing reality'[13] et par son souci d'éviter toute systématisation préjudiciable au mouvement perpétuel d'une pensée qui se veut résolument libre. Il est vrai que Diderot mesurait, mieux que quiconque en son siècle, la difficulté qu'il y a à 'embrasser à la fois le système immense de l'ordre social' (*Observations*, OP, p.438): 'Les données et le calcul varient selon la nature du local, ses productions, son numéraire, ses ressources, ses liaisons, ses lois, ses usages, son goût, son commerce et ses mœurs. Quel est l'homme assez instruit pour saisir tous ces éléments? Quel est l'esprit assez juste pour ne les apprécier que ce qu'ils valent?'

Les lois qui régissent la vie des hommes en société font partie de ces questions 'très simples en apparence' que Diderot a parfois 'trouvées au-dessus de [ses] forces':[14]

Quel est le meilleur des gouvernements pour un grand empire? et par quelles précautions solides réussirait-on à limiter l'autorité souveraine?
Y a-t-il un seul cas où il soit permis à un sujet de porter la main sur un roi? et si par hasard il y en avait un, quel est-il? En quelle circonstance un simple particulier se peut-il croire l'interprète de toutes les volontés? [...]
Faut-il sacrifier aux hasards d'une révolution le bonheur de la génération présente pour le bonheur de la génération à venir?
L'état sauvage est-il préférable à l'état policé?

Ce ne sont 'pas là des problèmes d'enfants' et Montesquieu lui-même 'aurait mis toutes ses forces et une bonne partie de sa vie' pour les résoudre. La 'science de l'homme public' exige de celui qui s'y consacre une appréhension égale de toutes 'les connaissances des différentes branches de la société': il faut connaître la morale de l''ecclésiastique', l'art du 'militaire', la science du 'magistrat' et celle du 'financier'; il faut être également 'commerçant' ou 'agriculteur' et savoir peser 'les avantages et les obstacles', apprécier le jeu 'des passions, des rivalités, des intérêts particuliers' (*Observations*, OP, p.438). Face

---

11. Y. Belaval, introduction à *OC*, ii.vi.
12. J. Fabre, *Lumières et romantisme* (Paris 1963), p.85.
13. A. Strugnell, *Diderot's politics* (The Hague 1973), p.viii.
14. *Réfutation d'Helvétius*, OPh, p.595.

3

à la complexité du réel, le penseur politique se doit de ne pas se laisser 'entraîner par l'esprit systématique' de ces 'spéculateurs' qui 'ne balancent pas à conclure une vérité générale de quelques succès particuliers' (*OP*, p.438) et qui, oubliant 'combien le bonheur d'un homme différait du bonheur d'un autre' (*OC*, viii.168), ont, tant de fois dans le passé, précipité ceux qui les écoutaient dans les ténébreux paradis des bonheurs obligatoires. Diderot se refuse donc à écrire un de 'ces traités du bonheur, qui ne sont jamais que l'histoire du bonheur de chacun de ceux qui les ont faits' (*OC*, viii.168). Il préférera toujours la 'réfutation' ou 'l'apologie' aux affirmations péremptoires des faiseurs de systèmes. C'est ce que la postérité immédiate ne semble pas toujours lui avoir pardonné. C'est au contraire ce qui permet à notre modernité de reconnaître en lui un de ces esprits libres qui savent se préserver des formes totalitaires de la pensée.

En 1772, pourtant, celui qui commence à collaborer à l'*Histoire des deux Indes* et qui va partir prêcher à St-Pétersbourg la bonne parole philosophique 'dans l'antre de la bête féroce' (*Essai*, *OC*, xiii.418), entreprend la rédaction d'une œuvre qui peut surprendre de la part d'un homme réfractaire, on vient de le voir, à tout esprit de système. Ne doit-on pas en effet faire entrer 'dans la classe des Utopies' – ces systèmes qui font semblant d'oublier 'la folie et les passions, l'intérêt et les préjugés'[15] – le paradis tahitien que nous décrivent le vieillard et Orou dans le *Supplément au voyage de Bougainville*? Diderot donne 'dans la fable de Tahiti' (*Supplément*, *OPh*, p.466) et présente l'image d'une société épurée des maux inhérents à la civilisation, où 'les travaux et les récoltes' se font 'en commun', où 'l'acception du mot *propriété*' est 'très étroite' et où 'la passion de l'amour' ne produit aucun des 'désordres' (p.503-504) que provoquent en Europe la jalousie et les liens indissolubles du mariage. Ce monde parfait n'est-il pas le fruit de la rêverie d'un 'philosophe systématique, qui arrange le bonheur d'une société sur son oreiller' (*Mémoires*, p.109)? Et quels peuvent bien être les *rapports* de cette société *idéale* où le collectivisme des biens et des corps est la règle avec la société bourgeoise dont Diderot dresse le *portrait* à grands traits dans les œuvres pour Catherine II ou l'*Histoire des deux Indes*? L'utopie est 'un exercice mental sur les possibles latéraux',[16] un discours essentiellement normatif qui donne à voir un monde historiquement achevé, hermétiquement refermé sur lui-même et moralement parfait qui fait du bonheur collectif un absolu et qui exclut, de ce fait, toutes les turbulences individuelles susceptibles de porter atteinte à sa cohérence. En un mot, c'est le produit d'un esprit 'systématique' (*Observations*, *OP*, p.438) qui 'veut s'assujettir les lois de la nature et le train du

---

15. *Observations*, *OP*, p.365. Diderot évoque ici *L'Ordre essentiel et naturel des sociétés politiques* de Lemercier de La Rivière, qu'il lui faut 'malheureusement' faire entrer 'dans la classe des Utopies'.
16. R. Ruyer, *L'Utopie et les utopies* (Paris 1950), p.17.

monde', le fruit de cette 'folle philosophie'[17] que Diderot a tant de fois dénoncée. Bien sûr, parce qu''à partir de la construction utopique se fait jour cette intuition, principe de tout progrès, que la réalité existante n'est pas la seule possible',[18] l'utopie appartient néanmoins, par son écriture, à l'histoire. Bien que l'utopie 'n'opère pas sur la connaissance des lois du développement des sociétés et de ses forces motrices', on a pu dire de ces mondes allergiques au temps qu'ils étaient 'paradoxalement, toujours d'un temps et d'un lieu'[19] et constituaient de ce fait les traductions les 'plus délibérément infidèles et les plus inconsciemment fidèles de la réalité d'une époque et d'un milieu'.[20] Le dix-huitième siècle, qui rêve de découvrir en politique des lois analogues à celles qui régissent l'univers physique, se caractérise par un 'absolutisme intellectuel très poussé'[21] qui fait de lui un des siècles d'or de l'utopie. Diderot qui pensait comme son ami Grimm qu'en politique 'rien n'arrive deux fois de la même manière' et qu'il serait en conséquence 'plus sage et plus instructif de conter les grands événements tout simplement comme ils sont arrivés, d'en indiquer les causes particulières, parce qu'elles sont presque toujours évidentes, et de laisser là les principes généraux dont l'influence n'est jamais certaine' (propos de Grimm cités in *OC*, x.95), aurait-il lui aussi succombé au confort intellectuel des 'spéculateurs' (*Observations, OP*, p.438)?

Les utopies font problème. A quoi servent-elles, alors que 'fiction-limite, l'utopie, comme la littérature n'est pas directement utile'?[22] Aux confins du roman et du traité politique, affectant de répudier l'histoire pour mieux nous en entretenir peut-être, elles installent notre quotidien dans un écart qui, comme le voulait Fourier, se doit d'être absolu, dans une réalité qui se veut radicalement autre. Jouant sur les 'possibles latéraux' de l'étymologie, Henri Desroches propose de réduire l'*altérité* à laquelle nous convie tout texte utopique aux figures de l'*alternance*, de l'*altercation* et de l'*alternative*.[23] La première, comme la Fête des Fous ou le carnaval, nous offre la possibilité de nous échapper un instant d'une réalité présente décevante: c'est la voie (la voix) du délire, du rêve compensatoire qui, précise Jean Servier, 'ignore les problèmes du siècle'.[24] La seconde, refusant l'illusoire satisfaction imaginaire, nous invite à nous affronter à la réalité présente pour mieux en révéler les insuffisances ou les tares. La

17. *Apologie de l'abbé Galiani, OP*, p.90.
18. R. Trousson, *Voyages aux pays de nulle part* (Bruxelles 1975), p.131.
19. I. Hartig et A. Soboul, *Pour une histoire de l'utopie en France au dix-huitième siècle* (Paris 1977), p.7.
20. B. Baczko, *Lumières de l'utopie* (Paris 1978), p.18.
21. M. Anderson, *L'Europe au dix-huitième siècle* (Paris 1968), p.313.
22. Jean Noël Vuarnet, 'Utopie et atopie', *Littérature* 21 (février 1976), p.6.
23. 'Les cavalcades de l'utopie', *Magazine littéraire* 139 (juillet-août 1978), p.25.
24. *L'Utopie* (Paris 1979), p.14.

troisième, enfin, nous propose une solution de rechange, un modèle de société substituable à celle qui apparaît chaque jour plus insupportable. Plusieurs auteurs ont fait leur une telle description des stratégies de l'utopie. Jean-Marie Domenach distingue les fonctions onirique, critique et normative de l'utopie.[25] Raymond Ruyer, sans négliger les pays de Cocagne et autres îles bienheureuses, s'intéresse essentiellement aux 'utopies critiques' et aux 'utopies constructives' (p.6, 7). Jean Noël Vuarnet, enfin, oppose les 'utopies systématiques' qui prétendent 'servir de base à l'élaboration d'un système social complet' aux 'utopies ponctuelles' qui contestent la réalité présente sans prétendre à aucune totalisation ou systématisation des éléments qu'elles apportent et qui restent de ce fait les instruments d'une 'contestation sans solution' (p.6, 7).

Qu'elle soit onirique, satirique ou normative, la description que nous donne Diderot dans le *Supplément au voyage de Bougainville* d'une société tahitienne parfaite dérange le continu d'une pensée politique cohérente et résolument bourgeoise. Amateur de beaux paradoxes, Diderot avoue en 1769 être 'convaincu qu'il ne peut y avoir de vrai bonheur pour l'espèce humaine que dans un état social où il n'y aurait ni roi, ni magistrats, ni prêtres, ni lois, ni tien, ni mien, ni propriété mobilière, ni propriété foncière, ni vices, ni vertus' avant d'ajouter que cet état 'est diablement idéal'.[26] 'Idéal': on peut équivoquer sur le sens de ce maître mot de l'esthétique de Diderot et tenter de mieux comprendre le mode de fonctionnement original d'une pensée politique qui amènera peu à peu son auteur à préférer les vociférations des peuples en colère aux conversations feutrées des alcôves princières.

25. 'L'utopie ou la raison dans l'imaginaire', *Esprit* (avril 1974), p.552.
26. A propos du *Temple du bonheur*, paru sans nom d'auteur en 1769; *OC*, viii.168.

# I

## Itinéraire de St-Pétersbourg à Philadelphie

# 1. Déterminisme et histoire

## i. Le corps politique

'Je sais que j'ai commencé, ne dois-je pas présumer de
même que je finirai?'[1]

TELLE est en effet la loi des corps dans les règnes animal et végétal où, du fait
d'une 'vicissitude perpétuelle', chaque 'individu commence, pour ainsi dire,
s'accroît, dure, dépérit et passe'.[2] Dans le 'flux perpétuel'[3] qui rythme inlassable-
ment toutes les productions de la nature, chaque être est 'sujet à vicissitudes'
(p.317): d'abord 'inerte', il devient l''être merveilleux' capable de résoudre le
problème des équinoxes avant de dépérir et de sombrer dans la décrépitude
d'un organisme qui sera bientôt 'rendu à la terre végétale' (p.266). L'article
'Homme' de l'*Encyclopédie* précisait déjà que 'Tout change dans la nature, tout
s'altère, tout périt' et que lorsque 'le corps a acquis son étendue en hauteur et
en largeur, il augmente en épaisseur', ce qui n'est que ... 'le premier point de
son dépérissement' (*OC*, xv.271).

La comparaison entre l'évolution biologique du corps humain et le devenir
des sociétés était depuis longtemps déjà un lien commun de la pensée politique
lorsque Morelly, dans le *Code de la nature*, mit l'accent sur son extrême banalité:
'On a souvent dit que les empires avaient, comme l'homme, leur enfance, leur
jeunesse, leur âge mûr, et leur décrépitude.'[4]

Tout en effet est organique dans le discours politique du dix-huitième siècle
et la métaphore corporelle est devenue stéréotype. Rousseau voit dans le peuple
corse un organisme 'plein de vigueur et de santé' qui doit se donner un
gouvernement 'qui le maintienne vigoureux et sain'.[5] Pour Diderot aussi, dans
l'ordre politique, il faut savoir se soumettre à 'l'arrêt immuable de la nature':[6]
'Le destin qui règle le monde veut que tout passe. La condition la plus heureuse
d'un homme, d'un Etat a son terme. Tout porte en soi un germe secret de
destruction. L'agriculture, cette bienfaisante agriculture, engendre le commerce,
l'industrie et la richesse. La richesse engendre la population. L'extrême popula-

---

1. *Introduction aux grands principes*, *OC*, v.202.
2. *De l'interprétation de la nature*, *OPh*, p.241.
3. *Rêve de d'Alembert*, *OPh*, p.311.
4. *Code de la nature ou le véritable esprit de ses lois de tout temps négligé ou méconnu* (1755) (Paris 1970), p.102.
5. *Projet de constitution pour la Corse, Ecrits politiques* (Paris 1972), p.108.
6. *Satire contre le luxe*, *OC*, vii.127.

tion divise les fortunes. Les fortunes divisées restreignent les sciences et les arts à l'utile. Tout ce qui n'est pas utile est dédaigné' (p.126). Le luxe gangrène une société florissante et la conduit à sa perte. Rien n'échappe à la 'vicissitude' et à la mort: 'Il en est d'un gouvernement en général, ainsi que de la vie animale; chaque pas de la vie est un pas vers la mort.'[7]

Les gouvernements, les empires, les civilisations se succèdent inéluctablement et si le 'sort des petits Etats est de s'étendre, celui des grands [est] de se démembrer'.[8] C'est la raison pour laquelle la colonisation est en soi une aberration: un jour ou l'autre, la logique de l'expansion indéfinie des états européens se heurtera à l'évidence de la loi organique: l''agrandissement' colonial est 'contre-nature' (p.218) et Diderot tente à plusieurs reprises de mettre en garde les nations européennes contre les horreurs des guerres de libération nationale qu'il estime à plus ou moins long terme inévitables: 'Voici l'arrêt que le destin a prononcé sur vos colonies. Ou vous renoncerez à elles, ou elles renonceront à vous.'[9]

Dans le *Supplément au voyage de Bougainville*, on note que le Tahitien 'qui touche à l'origine du monde' (*OPh*, p.464) est 'plus voisin d'une bonne législation qu'aucun peuple civilisé' parce qu'il 's'en est tenu scrupuleusement à la loi de nature' (p.505). Mais son monde un temps préservé est maintenant rattrapé par l'histoire: les compagnons de Bougainville ont à jamais contaminé la saine jeunesse du paradis tahitien. Le vieillard qui s'adresse à Bougainville gémit 'sur les beaux jours de son pays éclipsés' (p.464). Il sait que la souillure est irrémédiable, que les Européens, qui touchent à la 'vieillesse' du monde (p.464), ont à jamais 'infecté' (p.469) le sang de sa nation. Aucun corps politique ne peut échapper à la loi générale de dégradation des corps, fût-il plus parfait. Et le monde bienheureux que décrit le *Supplément au voyage de Bougainville* n'est pas figé dans l'éternel présent qui caractérise d'ordinaire ces univers sans commencement ni fin que sont les utopies. L'utopiste veut chasser les historiens de sa cité idéale et seul le mythe peut rendre compte de l'archéologie utopique. Louis-Sébastien Mercier, qui le premier pourtant a tenté d'inscrire l'utopie dans une perspective proprement historique, précise lui aussi que, dans le Paris de *L'An 2440*, on enseigne peu l'histoire aux enfants 'parce que l'histoire est la honte de l'humanité, et que chaque page est un tissu de crimes et de folies'.[10]

---

7. Article 'Citoyen', *Encyclopédie*, *OC*, xv.190.

8. *Histoire des deux Indes*, livre XIII, ch.1; Benot, p.217.

9. p.219. Diderot fait essentiellement allusion ici aux revendications d''indépendance' des colons – tels les Américains – par rapport à la mère-patrie. Mais d'autres textes envisagent la révolte des indigènes (cf. par exemple *Histoire des deux Indes*, livre VIII, ch.1; *OC*, xv.480).

10. *L'An 2440, rêve s'il en fut jamais* (1771) (Paris 1971), p.137.

La perfection utopique doit rester à l'écart de toute souillure, de toute évocation d'un monde non encore aseptisé par la loi.

Au contraire, les Tahitiens, ces êtres 'droits, sains et robustes' qui avaient su, jusqu'à ce jour funeste, comprendre qu'il convenait 'à des êtres sensés de s'arrêter, lorsqu'ils n'auraient à obtenir, de la continuité de leurs pénibles efforts, que des biens imaginaires' (*OPh*, p.468), sont désormais condamnés à s'engager dans la voie de l'inéluctable déchéance historique. Diderot refuse la fiction d'un monde à jamais innocent: le meilleur des mondes lui-même est un monde en devenir; le *Supplément au voyage de Bougainville* nous conte ce moment historiquement dramatique où s'affrontent et se confrontent les derniers représentants d'un monde bienheureux parce qu'un temps préservé de la 'vicissitude' naturelle et les agents d'une civilisation qui porte en elle les germes de sa propre destruction.

La pensée organiciste de Diderot est en étroite conformité avec la pensée moyenne d'un siècle qui avait le culte du primitif et qui considérait l'histoire comme une dénaturation ininterrompue de l'homme. Pour défendre la nature humaine contre la souillure du péché originel, les philosophes ont professé un 'optimisme moral'[11] qui les a amenés à présupposer un univers originellement sans tache et à charger l'histoire et le temps de toutes les négativités. Victimes en cela d'un schéma moral resté éminemment chrétien qu'ils s'efforçaient pourtant de rendre caduc, ils ont soumis l'homme et l'ensemble de ses productions à une loi d'irréversible corruption. En dépit de quelques textes de Buffon ou du Diderot du *Rêve de d'Alembert*, le siècle n'est pas 'évolutionniste' et l'histoire, naturelle ou politique, est histoire de dégénérescence: 'L'énormité des ossements des animaux terrestres prouve l'ancienneté de leur race et décèle une lente dégradation dans les espèces.'[12]

Dans ces conditions, la pensée du philosophe, la politique du prince, ne s'enferment-elles pas dans le sentiment de leur propre vacuité? 'Vivre', c'est pour Diderot, affirme Georges Poulet, 'se sentir faire partie d'un courant d'existence'[13] en épousant le 'flux perpétuel' des choses et des êtres. Mais qu'en est-il du philosophe? Ne risque-t-il pas de succomber au 'pessimisme historique' (Ehrard, p.390)? Et que deviennent, dans le cadre d'une telle pensée, la 'perfectibilité' du corps social, le progrès des Lumières?

11. Jean Ehrard, *L'Idée de nature en France à l'aube des Lumières* (Paris 1970), p.390.
12. Chastellux, *De la félicité publique* (1772), cité par Hampson, *Le Siècle des Lumières* (Paris 1972), p.192.
13. *Etudes sur le temps humain* (Paris 1972), i.242.

## ii. Déterminisme historique et perfectibilité du corps politique

Rousseau fut le seul au dix-huitième siècle à ne pas croire à l'inéluctabilité de la socialisation humaine: pour Diderot et tant de ses contemporains, la société civile ne pouvait pas ne pas être. L'*Encyclopédie* définissait l'homme comme 'un être sentant, refléchissant, pensant, qui se promène librement sur la surface de la terre' et 'qui vit en société' ('Homme', *OC*, xv.258). C'est 'la nécessité de réunir leurs forces pour repousser les entreprises de leurs ennemis'[14] et 'la lutte de l'homme contre la nature' qui 'déterminèrent plusieurs hommes ou plusieurs familles à se rapprocher, pour ne faire qu'une même famille que l'on nomme société' (*Mémoires*, p.174).

Qu'elle soit le fruit d'un aristotélicien 'germe de sociabilité'[15] ou la consé-quence d'une 'similitude d'organisation qui entraîne celle des mêmes besoins' (livre xix, ch.14; *OC*, xv.569), la socialisation de l'homme, si elle est inéluctable, est-elle pour autant bénéfique? Diderot n'a cessé de dénoncer 'ce véritable état de guerre continue' (*Mémoires*, p.173) dans lequel les sociétés humaines vont s'édifier puis tenter de subsister. Dès l'article 'Besoin' de l'*Encyclopédie*, où il cite Montesquieu, Diderot observe (*OC*, xv.113):

La crainte, dit l'auteur de l'*Esprit des lois*, porte les hommes à se fuir, mais les marques d'une crainte réciproque doivent les engager à se réunir. Ils se réunissent donc; ils perdent dans la société le sentiment de leur faiblesse, et l'état de guerre commence. La société leur facilite et leur assure la possession des choses dont ils ont un 'besoin' naturel: mais elle leur donne en même temps la notion d'une infinité de 'besoins' chimériques, qui les pressent mille fois plus vivement que des 'besoins' réels, et qui les rendent peut-être plus malheureux étant rassemblés qu'ils ne l'auraient été dispersés.

Les 'besoins superflus' (*OPh*, p.468) dont parlera le vieillard du *Supplément au voyage de Bougainville* font apparaître des 'intérêts divers et opposés';[16] la société, en proie aux luttes fratricides que fait naître un goût immodéré du luxe, est un lieu de violence et 'il n'y a aucune condition qui ne dévore et qui ne soit dévorée' (livre xviii, ch.42; *OC*, xv.537). La 'surabondance incommode de la population' crée ces 'monstres dans la nature' que sont les grandes villes dont Diderot, qui se laisse aller en d'autres lieux à de douces rêveries bucoliques,[17] nous dresse parfois un portrait apocalyptique: 'L'air en est infecté; les eaux en sont corrompues; la terre épuisée à de grandes distances; la durée de la vie s'y abrège; les douceurs de l'abondance y sont peu senties; les horreurs de la disette

---

14. Article 'Souverains', article longtemps attribué à Diderot, se trouve de ce fait en *OP*, p.54ss.
15. *Histoire des deux Indes*, livre xix, ch.2; *OC*, xv.550.
16. *Histoire des deux Indes*, livre xix, ch.14; *OC*, xv.569.
17. Pendant ses séjours à Isle ou Langres notamment; cf. dans notre deuxième partie: 'Le petit château'.

y sont extrêmes. C'est le lieu de la naissance des maladies épidémiques; c'est la demeure du crime, du vice, des mœurs dissolues.'[18]

L'homme civil doit renoncer au 'sentiment de l'indépendance' (livre XVII, ch.4; *OC*, xv.299) qui faisait le bonheur de l'homme naturel, il en est réduit 'à souffrir la tyrannie sous le nom de l'autorité' (*OC*, xv.296). 'Partout des maîtres, et toujours des vexations' (*OC*, xv.297) pour les peuples qui ne peuvent échapper au sentiment de leur propre 'dégradation' (*OC*, xv.298).

Le jour où l'homme s'est uni, dans l'intérêt de tous et de chacun, à l'homme, il a franchi un pas à la fois inévitable et irréparable vers son propre malheur: 'Voulez-vous savoir l'histoire abrégée de presque toute notre misère? La voici. Il existait un homme naturel: on a introduit au dedans de cet homme un homme artificiel; et il s'est élevé dans la caverne une guerre continuelle qui dure toute la vie' (*Supplément*, *OPh*, p.511).

Le 'triste monstre' qu'est devenu l'homme civil est constamment 'tiraillé, tenaillé, tourmenté' (*OPh*, p.511) par les exigences des trois 'codes' qui se disputent sa conduite et qui font qu'au bout du compte il ne sera 'ni homme, ni citoyen, ni pieux' (*OPh*, p.481). La société n'est plus alors 'qu'un amas ou d'hypocrites, qui foulent secrètement aux pieds les lois; ou d'infortunés, qui sont eux-mêmes les instruments de leur supplice, en s'y soumettant; ou d'imbéciles, en qui le préjugé a tout à fait étouffé la voix de la nature; ou d'êtres mal organisés, en qui la nature ne réclame pas ses droits' (*OPh*, p.484).

De plus, de même que 'dans cette machine appelée société, tous les ressorts furent rendus agissants, réagissant les uns contre les autres' (*OPh*, p.512), les sociétés 'se sont multipliées et pressées [...] les unes contre les autres, et dans cette collision épouvantable, il est resté plus de ressorts brisés en une seule journée, qu'il n'y en aurait eu dans mille ans de l'état de nature sauvage et isolée' (*Mémoires*, p.173).

Le noir tableau que Diderot dresse tout au long de son œuvre du devenir des sociétés humaines devrait l'amener à se prononcer sans équivoque en faveur d'une incontestable supériorité de l'état de nature sur l'état policé. Mais, comme nous le verrons ultérieurement, ses positions sont toujours très nuancées à ce sujet.[19] A son interlocuteur du *Supplément au voyage de Bougainville*, qui lui demande s'il préfère 'l'état de nature brute et sauvage', 'B' répond: 'Ma foi, je n'oserais prononcer' (*OPh*, p.512). Une réponse positive serait en effet chargée de trop d'amertume et de désespoir: 'La félicité serait-elle le lot de la barbarie, et la misère, celui des temps policés? Le bonheur de mon espèce m'est si cher, que je suis toujours tenté de croire aux romans qu'on m'en fait: cela me laisse

---

18. *Histoire des deux Indes*, livre IX, ch.5; *OC*, xv.485.
19. Cf. notamment *Fragments échappés*, *OC*, x; *Histoire des deux Indes*, livre V, ch.18; livre XV, ch.4.

l'espoir d'un âge où le plus vertueux serait le plus puissant' (*Essai*, *OC*, xiii.503).

Comment concilier, en effet, un tel pessimisme historique avec l'espoir qui sous-tend l'action du philosophe? Comment accorder cette vision apocalyptique de l'évolution des sociétés humaines avec ce sentiment de joie profonde que Diderot, comme nombre de ses contemporains, a éprouvé à se sentir et à se dire l'enfant d'un siècle éclairé: 'Il est difficile de lire l'histoire des siècles barbares de quelque peuple que ce soit, sans se féliciter d'être né dans un siècle éclairé et chez une nation policée'?[20]

Et que faire de ces formidables progrès intellectuel, technique, moral et artistique dont l'*Encyclopédie* prétend dresser l'inventaire? Comment oublier cet hymne aux progrès des Lumières dont tout le siècle s'est également fait l'écho? Diderot, le directeur du *Dictionnaire raisonné des sciences, des arts et des métiers*, a été à plusieurs reprises le chantre passionné de la ténacité de cet esprit humain qui 'cherche sans cesse la vérité'[21] et pour qui, 'excepté la longitude et la quadrature', il n'est de 'vérité que [ses] recherches continues ne puissent découvrir' (p.137). Bien que la vérité nous apparaisse souvent 'antipathique, inaccessible, inutile', il est incontestable que nous ne sommes pas 'aussi barbares que nos premiers aïeux' (p.137):

Il me semble que si jusqu'à ce jour l'on eût gardé le silence sur la religion, les peuples seraient encore plongés dans les superstitions les plus grossières et les plus dangereuses.

Il me semble que si jusqu'à ce jour l'on eût gardé le silence sur le gouvernement, nous gémirions encore sous les entraves du gouvernement féodal. [...]

Il me semble enfin que si jusqu'à ce jour l'on eût gardé le silence sur les mœurs, nous en serions encore à savoir ce que c'est que la vertu, ce que c'est que le vice.[22]

Dans les *Mémoires inédits pour Catherine II*,[23] Diderot raconte une fable à la souveraine russe dans laquelle on voit, sous l'action conjuguée mais successive des différents princes, le 'bloc de marbre' trouvé sur un chemin par Pierre Ier prendre forme, perdre au fil des siècles 'tous ses angles' et devenir 'peu à peu' 'la belle statue' pour laquelle on l'avait destiné (p.211). Louis-Sébastien Mercier, à peu près à la même époque, donnait dans *L'An 2440* la morale de cette fable: 'L'un achève ce que l'autre a commencé. La chaîne n'est jamais interrompue' (p.297); 'Nous sommes sortis de la barbarie [...] quelques têtes furent d'abord éclairées, mais la nation en gros était inconséquente et puérile. Peu à peu les esprits se sont formés' (p.232).

N'est-ce-pas là l'image de ces 'progrès de l'esprit humain' dont Condorcet dressera quelques années plus tard le 'tableau historique'? Mais comment

---

20. Commentaire d'un livre sur la Russie, *OC*, viii.366.
21. *Pages contre un tyran*, *OP*, p.135.
22. *Essai*, *OC*, xiii.493.
23. *Dix-huitième siècle* 10 (1978), p.191-222.

concilier cet optimisme essentiel des Lumières avec l'image d'une humanité en proie à la guerre de tous contre tous et se pervertissant au fil des siècles? Très proche en ce domaine des idées de son ami de jeunesse, Diderot semble avoir, comme Rousseau, établi parfois un lien direct de cause à effet entre le progrès des sciences et des arts et la dépravation morale de l'homme: 'les personnes les plus éclairées sont souvent les plus vicieuses', constate-t-on dans l'*Introduction aux grands principes* (*OC*, v.207), et l'Histoire n'est que cette longue suite d'"incidents imprévus' qui ont conduit l'homme 'à la lumière *et* à la dépravation'.[24] La vérité, chez Diderot, est cependant moins complexe: la connaissance du bien et du mal n'épargne pas toujours à l'homme éclairé la dépravation morale. Il y a là deux ordres, l'intellectuel et le moral, irréductibles l'un à l'autre: 'Croyez-vous que les hommes s'amendent jamais? Il est bien sûr que nous ne sommes pas aussi barbares que nos pères; nous sommes plus éclairés, sommes-nous meilleurs? C'est autre chose' (*Supplément*, *OPh*, p.512).

Les progrès de l'esprit ne sont pas toujours contemporains d'un progrès moral qui est parfois plus long à se dessiner: nos deux 'organes principaux' ne se sont pas perfectionnés au même rythme: 'C'est l'art qui a perfectionné l'organe de la raison [...] nous n'avons pas eu le même empire sur le cœur; c'est un organe opiniâtre, sourd, violent, passionné, aveugle. Il est resté, en dépit de nos efforts, ce que la nature l'a fait; dur ou sensible, faible ou indomptable, pusillanime ou téméraire.'[25]

On connaît la complexité de la question morale dans laquelle Diderot s'est enfermé en 1756 dans la lettre à Landois et qui ne cessera de le tourmenter au fil des ans.[26] Si 'on est heureusement ou malheureusement né', si 'on est insensiblement entraîné par le torrent général qui conduit l'un à la gloire, l'autre à l'ignominie' (*Rêve de d'Alembert*, *OPh*, p.364), la morale n'a plus de raisons d'être et on finit, comme mademoiselle de L'Espinasse, par ne plus savoir où sont le vice et la vertu. Au sein de ce déterminisme absolu et parfaitement amoral, Diderot est contraint de réintroduire la perfectibilité: 'quoique l'homme bien ou malfaisant ne soit pas libre, l'homme n'en est pas moins un être qu'on modifie'.[27] Perfectibilité qui, par souci de cohérence matérialiste, deviendra elle aussi une des exigences de l'"organisation'.[28]

Diderot semble s'être heurté à un problème d'une complexité similaire dans le domaine des sciences sociales. Les sociétés sont condamnées à prospérer, à

24. Fragment de lettre non datée à Sophie Volland, *LSV*, iii.269.
25. Article 'Perfectionner', *Encyclopédie*, *OC*, xv.391.
26. Cf. notamment *Réflexions sur le livre De l'esprit par M. Helvétius* (1758); *Introduction aux grands principes* (1763); *Rêve de d'Alembert* (1769).
27. Lettre à Landois, *Corr.*, i.213.
28. Cf. à ce sujet J. Chouillet, *Diderot* (Paris 1977), p.234.

dépérir et à disparaître. Mais la 'vicissitude perpétuelle' est-elle totalement vaine et simple retour au même? N'y a-t-il pas dans la succession des générations un gain relatif qui serait la preuve de cette perfectibilité morale et politique dont les philosophes ont cru si souvent relever la trace? Le corps politique n'est-il pas, lui aussi, un 'être qu'on modifie'? N'oublions pas, nous dit Diderot, que la nature n'est pas univoque, que 'le mal existe' et qu'il est une 'suite nécessaire des lois générales de la nature'. 'Le mal tient au bien même, on ne pourrait ôter l'un sans l'autre.'[29] Tout se tient dans la nature: ne pourrait-on pas concevoir que d'un mal puisse naître un bien, un mieux? C'est de la sensibilité que 'résulte la douleur' mais elle est aussi la 'source de tous nos plaisirs' (*OC*, v.203). Les hommes qui vivent en société seraient-ils incapables de tirer profit de leurs échecs? Une société meilleure ne pourrait-elle pas s'édifier sur les ruines de celle qui l'a précédée dans le cycle naturel? Morelly, dans le *Code de la nature*, croit l'humanité capable de mettre fin à cette incessante 'corruption' qui a fait passer la société de 'la plus parfaite sociabilité', l''âge d'or', à la 'barbarie': 'Cette corruption aura produit la barbarie, le brigandage, dont les malheurs auront appris aux hommes le prix de leur premier état; ils auront essayé de s'en approcher par des lois qui, longtemps très défectueuses, auront été abrogées par d'autres moins imparfaites: celles-ci ont été et seront apparemment remplacées par de nouvelles encore moins fautives' (p.102). C'est ainsi que, peu à peu, ayant appris 'à ne plus méconnaître les leçons de la nature', les hommes parviendront à ce 'terme heureux' où 'la créature raisonnable aura acquis toute la bonté, ou l'intégrité morale dont elle est susceptible'. L''état constant d'innocence' auquel peut parvenir l'humanité n'est plus simple retour à l''âge d'or' initial. La nature n'est plus ici une donnée indépassable mais une virtualité abstraite qui a besoin de l'histoire et de ses tâtonnements pour s'incarner totalement. L'homme a besoin de l'histoire pour retrouver une plénitude que, dans sa 'première innocence', il avait 'pratiqué [...] sans réflexion'. L'abbé de Saint-Pierre refuse de croire lui aussi à ce que Morelly ne veut pas envisager comme 'une véritable fatalité' (*Code de la nature*, p.85):

Nous pouvons considérer le genre humain comme un composé de toutes les nations qui ont été et qui seront sur la terre et lui assigner divers âges [...] et supposer qu'un siècle est au genre humain âgé de dix mille ans ce qu'un an est à un homme âgé de cent ans; avec cette prodigieuse différence que l'homme mortel vieillit et s'affaiblit par sa machine et perd de sa sagesse, de sa Raison et de son bonheur par le grand nombre des années au lieu que le genre humain, étant immortel par sa succession perpétuelle et infinie, se trouve au bout de dix mille ans plus propre à croître facilement en Sagesse, en Raison et en bonheur, que s'il n'était âgé que de quatre mille ans.[30]

29. *Introduction aux grands principes*, *OC*, v.203.
30. Abbé de Saint-Pierre, *Observations sur le progrès continuel de la raison universelle*, *Ouvrages politiques*, xi.275-76 (cité par Baczko in *Lumières de l'utopie*, p.184).

## 1. Déterminisme et histoire

Pour l'abbé de Saint-Pierre, l'âge d'or n'est plus situé dans un lointain passé mais constitue l'étape ultime et lumineuse d'une humanité en marche. Condorcet, de même, dresse 'un tableau historique des progrès de l'esprit humain'[31] et rêve d'une 'dixième époque' qui serait le fruit des expériences malheureuses du passé. Le Paris du vingt-cinquième siècle que nous présente *L'An 2440* appartient à la même histoire que celle dans laquelle vivent les contemporains de Louis-Sébastien Mercier. Dom Deschamps, que Diderot rencontre en 1769, lui fait découvrir 'l'idée d'un état social où l'on arriverait en partant de l'état sauvage, en passant par l'état policé, au sortir duquel on a l'expérience de la vanité des choses les plus importantes' (*Corr.*, ix.245; *LSV*, iii.279), et où l'histoire trouverait définitivement son sens.

Diderot, cependant, ne semble pas avoir franchi le pas. Dans les *Observations sur le Nakaz*, il note encore: 'Dans la nature, la destruction d'un être est toujours la génération d'un autre; mais *celui-ci est toujours moins parfait*' (*OP*, p.363; c'est nous qui soulignons). Il ajoute, mais ce n'est qu'un vœu pieux: 'Je voudrais bien qu'elle fît une exception à cet ordre de choses; et que de la destruction de notre parlement et de la corruption du parlement d'Angleterre, il résultât à Pétersbourg quelque chose de mieux que l'un et l'autre.'

Dans l'*Histoire des deux Indes*, force lui est de reconnaître qu'il n'y a décidément pas d''exception' aux lois que la nature a prescrites: 'Dans tous les siècles à venir, l'homme sauvage s'avancera pas à pas vers l'état civilisé. L'homme civilisé reviendra vers son état primitif' (livre IX, ch.5; *OC*, xv.486).

Le progrès est toujours relatif et sujet à une perpétuelle remise en question. Mais le philosophe ne doit pas pour autant se résigner; il doit, modestement, conclure 'qu'il existe dans l'intervalle' qui sépare les pointes extrêmes de chaque cycle, 'un *point* où réside la félicité de l'espèce'. Il doit alors consacrer tous ses efforts à définir cette 'autorité capable d'y diriger, d'y *arrêter* l'homme' (*OC*, xv.486; c'est nous qui soulignons).

Si la décomposition est irrémédiablement inscrite dans l''organisation' des sociétés et des empires, 'le meilleur gouvernement n'est pas celui qui est immortel', ce qui est proprement inconcevable, 'mais celui qui dure le plus longtemps et le plus tranquillement'.[32] Le rôle du prince soucieux des intérêts de ses peuples, c'est de retarder autant qu'il est possible, 'par des lois et des institutions sages', cet 'instant fatal' où 'la nation qui déchoit suit la pente du précipice' (*OC*, xv.190). Dans les *Mémoires pour Catherine II* ou les *Observations sur le Nakaz*, Diderot ne cesse de mettre l'accent sur les 'avantages' qu'il y a à assurer à tout prix la 'permanence' de la 'commission formée pour la confection

---

31. *Esquisse d'un tableau historique des progrès de l'esprit humain* (1795).
32. Article 'Citoyen', *Encyclopédie*, *OC*, xv.190.

des lois' (*Mémoires*, p.117), à 'maintenir dans leur intégrité pour le moment et [...] bien cimenter pour l'avenir' tous les 'établissements' (p.78) que la souveraine a mis en place pour la plus grande prospérité de son pays (p.21):

Il dépend de Votre majesté de placer la base de votre pyramide sur le roc, et d'en lier les différentes parties par des crampons de fer. Le roc s'affaisse, il est vrai, les crampons de fer se relâchent, les pierres se disjoignent, et l'édifice s'écroule à la longue; mais il a duré cent siècles; cent siècles d'un bonheur continu et procuré par les travaux et le génie étonnant de Votre majesté, à trente millions d'hommes, ne suffirait-il pas à son âme vaste et grande?

Dans l'*Histoire des deux Indes*, Diderot notera encore que 'c'est une expérience de toutes les nations et de tous les âges, que ce qui est arrivé à sa perfection ne tarde pas à dégénérer. La révolution est plus ou moins rapide, mais toujours infaillible' (*OC*, xv.566). Au plus fort de son espérance, quand il salue l'avénement des Etats Unis d'Amérique, il rappelle aux Américains que 'le temps fatal pour les gouvernements est celui de la prospérité, et non celui de l'adversité' (*Essai*, *OC*, xiii.559); toute 'l'apostrophe aux Insurgents' est traversée de ce fol espoir de voir enfin 'reculer, *au moins pour quelques siècles*, le décret prononcé contre toutes les choses de ce monde; décret qui les a condamnées d'avoir leur naissance, leur temps de vigueur, leur décrépitude et leur fin!' Les Américains sauront-ils éviter l'engrenage fatal du luxe qui conduit les nations les plus prospères à leur ruine et faire que leur 'durée soit, s'il se peut, égale à celle du monde'?[33]

L'histoire n'a qu'une positivité: au fil des siècles, l'homme acquiert une conscience toujours plus aiguë de son irrémédiable déchéance et s'invente des moyens toujours plus efficaces d'y remédier et de la retarder, au moins pour un temps. C'est dans ce cadre étroit que, sans illusion excessive mais non sans conviction, va se mouvoir la pensée du philosophe engagé.

33. *Histoire des deux Indes*, livre XVIII, ch.52; *OC*, xv.548.

# 2. Les espaces de progrès

## i. La décrépitude européenne

'IL est passé, le temps de la fondation et du renversement des empires'[1] et la vieille Europe n'échappe pas aux lois du dépérissement naturel. L'Europe, 'le seul continent du globe sur lequel il faille arrêter les yeux' (*Fragments échappés*, *OC*, x.79), a connu ses heures de gloire dans l'Antiquité quand on assistait à 'des fondations de peuples presque miraculeuses, à des soulèvements généraux de nations contre nations'. Mais 'plus le monde vieillira plus les hommes deviendront pauvres, petits et mesquins': à la vitalité des commencements a succédé la mollesse des apogées, elles-mêmes préludes à la décrépitude prochaine. Les nations européennes sont maintenant 'des sociétés presque également peuplées, éclairées, étendues, fortes et jalouses'; elles 'agiront et réagiront les unes sur les autres' sans grande conséquence pour l'équilibre général, uniquement préoccupées qu'elles sont désormais de commercer, car une 'guerre, au milieu des nations commerçantes, est un incendie qui les ravage toutes'.[2] L'histoire de l'Europe est 'sèche et petite, sans que les peuples soient plus heureux' (*OC*, xv.464). Bien sûr, le mercantilisme est 'ami de la tranquillité et de la paix' (*OC*, xv.465), le fanatisme a régressé, mais une 'oppression journalière a succédé aux troubles et aux orages, et l'on voit avec peu d'intérêt des esclaves plus ou moins avilis, s'assommer avec leurs chaînes, pour amuser la fantaisie de leurs maîtres' (*OC*, xv.464). L'Europe est au sommet de son évolution. Elle a certes connu des progrès notables depuis l'Antiquité mais elle est désormais condamnée à stagner, puis à régresser. Elle 'paraît avoir pris une assiette solide et durable' (*Fragments*, *OC*, x.79) qui justifie toutes les mesquineries et toutes les pesanteurs, mais cette sérénité d'homme repu est trompeuse, illusoire: la mort guette le vieux corps malade. Seul 'quelque grand phénomène physique' qui 'détruisît les arts, dispersât les empires, réduisît les nations à quelques familles isolées' pourrait permettre de voir 'renaître dans l'avenir des événements et une histoire comparables à l'histoire ancienne'. Mais une telle cure de jouvence est peu probable et l'Europe ne semble plus en mesure de 'donner lieu à des révolutions rapides et surprenantes'.

L'examen de la situation politique du vieux continent est à cet égard instructif.

---

1. *Histoire des deux Indes*, livre VI, ch.1; *OC*, xv.464. Un texte des *Fragments* de 1772 est en grande partie identique.
2. *Histoire des deux Indes*, livre VI, ch.1; *OC*, xv.465.

La monarchie anglaise, si admirée et si admirable par certains côtés, est en train de succomber sous les coups de la 'corruption' générale (*Mémoires*, p.9): 'l'homme riche achète les suffrages de ses commettants pour obtenir l'honneur de les représenter; la cour achète les suffrages des représentants pour gouverner plus despotiquement'.[3]

La Hollande, où l'on ne rencontre 'nulle part la vue de la misère ni le spectacle de la tyrannie',[4] et qui émerveille Diderot lorsqu'il y séjourne en 1773 et 1774 par la sagesse de son gouvernement, échappera-t-elle à la décadence commune? En 1747, le stathoudérat est devenu héréditaire et cela risque d'encourager la 'fantaisie' du stathouder à 'être roi' (*OC*, xi.360). Cette décision 'nuisible' qui contredit cette règle absolue qui veut que 'dans une société bien ordonnée, il ne doit point y avoir d'emplois héréditaires' (*OC*, xi.359) risque d'être, à plus ou moins long terme, fatale au 'modèle' hollandais. Ceux qui ont rendu le stathoudérat héréditaire 'se sont laissé tromper [...] et entraîner vers une sorte d'administration diamétralement opposée à l'esprit et au bonheur général': 'Les funestes effets de ce gouvernement commencent à se faire sentir; de jour en jour ils s'accroîtront avec l'autorité du stathouder jusqu'à ce que par des progrès insensibles cette autorité conduite à l'extrême amène l'esclavage et la misère.'[5]

La France de même, qui dispose pourtant de sujets 'patients', 'fidèles', 'affectionnés' et d'un 'esprit social' (*OC*, xi.361) que lui envie le reste de l'Europe, est entrée en décadence. Au jeune roi Louis XVI qui vient de monter sur le trône, l'*Histoire des deux Indes*, par la plume de Diderot, dresse un tableau fort sombre du discrédit dans lequel est tombé 'le plus bel empire de l'univers'.[6] Sa puissance militaire et son influence diplomatique sont en très net déclin; la société est minée de l'intérieur par la haine que se vouent les 'deux classes de citoyens': les uns, 'regorgeant de richesses', méprisent ou ignorent les autres, 'plongés dans l'indigence' (*OC*, xv.447). Dans les provinces 's'éteignent tous les genres d'industrie' et l''infortuné laboureur' vit dans la misère, harcelé par le 'concussionnaire protégé' (*OC*, xv.448). Seules la fermeté du nouveau souverain et son audace peuvent encore sauver, ne serait-ce que pour quelques siècles, une vieille puissance qui s'effondre. Pour celui qui sait que 'tirer un peuple de l'état de barbarie, le soutenir dans sa splendeur, l'arrêter sur le penchant de sa chute, sont trois opérations difficiles', nul doute que la dernière ne soit 'la plus difficile' (*Fragments échappés, OC*, x.81): 'On décline par un affaissement général

---

3. *Histoire des deux Indes*, livre XIX, ch.2; *OC*, xv.559.
4. *Voyage en Hollande*, *OC*, xi.345.
5. *OC*, xi.361; cf. aussi *Histoire des deux Indes*, livre II, ch.27.
6. *Histoire des deux Indes*, livre IV, ch.18; *OC*, xv.445-46.

auquel on s'est acheminé par des symptômes imperceptibles répandus sur toute la durée fastidieuse d'un long règne.'

Il n'est pas aisé non plus de se soutenir 'au sommet de la prospérité par les forces qu'on a acquises' (*OC*, x.81). La vieille Europe peut encore, si quelques souverains éclairés prennent en charge son destin, perdurer quelques siècles. Mais, de toute évidence, elle n'est plus dans la phase ascendante de son histoire. Et il est plus facile, puisque c'est là le 'sens' de l'histoire, de se sortir 'de la barbarie par des élans intermittents'. Des espaces neufs où tout, précisément, reste à faire, s'offrent alors aux espoirs du philosophe désabusé.

## ii. La Russie, espace du possible

> Il n'y pas un honnête homme, pas un homme qui ait un grain d'âme et de lumière à Paris, qui ne soit l'adorateur de Votre Majesté. Elle a pour elle toutes les académies, tous les philosophes, tous les penseurs, tous les hommes de lettres, et ils ne s'en cachent point. On a célébré sa grandeur, ses vertus, son génie, sa bonté, les efforts qu'elle fait pour établir les sciences et les arts dans son pays; ses faits dans la paix et dans la guerre, on les a célébrés, dis-je, bien franchement et en cent façons diverses [...][7]

Bien qu'il soit nécessaire de faire ici la part de la flatterie, voire de la flagornerie, dont sont loin d'être exempts les *Mémoires pour Catherine II*, il est incontestable que le dix-huitième siècle 'éclairé' a manifesté à l'égard de la souveraine russe un enthousiasme qui ne peut pas, à l'examen des réalités historiques, ne pas surprendre aujourd'hui. Albert Lortholary a consacré un ouvrage au titre révélateur à ce qu'il appelle le 'mirage russe' en France au dix-huitième siècle. Lorsqu'en 1766, Catherine II informe Voltaire de la rédaction de l'*Instruction de Sa Majesté Impériale pour la commission chargée de dresser le projet d'un nouveau code de lois*,[8] le philosophe français, enthousiasmé, accrédite très vite l'idée que la souveraine russe est en train de mener à bien dans son pays réputé barbare ce que les philosophes réclament en vain depuis si longtemps: redonner, par la convocation des états généraux, la parole à ses peuples. Albert Lortholary va jusqu'à dire qu''il serait à peine paradoxal de dire que les conséquences du *Nakaz* se firent sentir en France beaucoup plus qu'en Russie. En le lisant plus d'un Français rougit ou s'indigna: la souveraine autocrate s'était montrée plus

---

7. *Mémoires*, p.38.
8. Traduit en français en 1769 par les soins de l'Académie des sciences de St-Pétersbourg (en russe, Instruction = Nakaz).

libérale que Louis XV.'[9] De fait, l'expérience en Russie fut de courte durée: réunie pour la première fois le 10 août 1767 à Moscou, la commission se sépara en décembre 1768 sans résultats concrets. En revanche, en 1771, la censure royale française donna à l'ouvrage de Catherine II une publicité inattendue et inespérée en y découvrant des 'propositions téméraires'.[10]

Diderot – depuis 1762 en relation privilégiée avec Catherine II qui lui avait proposé de venir achever en Russie l'*Encyclopédie* – ne tarit pas d'éloges pour sa 'bienfaitrice'.[11] Lorsqu'il passe cinq mois à St-Pétersbourg, d'octobre 1773 à mars 1774, il ne cesse, écrit-il à Sophie, de témoigner son 'zèle', son 'dévoue-ment' et sa 'reconnaissance' à celle qui, dès 1765, lui a assuré, par l'achat de sa bibliothèque, 'assez de fortune, quelles que soient les révolutions de [ses] finances',[12] qui l'a comblé de 'marques de distinction' et l'a 'traité comme le représentant des honnêtes gens et des habiles gens de [son pays]'.[13] Il a apprécié la 'liberté' avec laquelle cette souveraine s'est entretenue avec lui et a su écouter, du moins veut-il d'abord le croire, les conseils qu'il lui a prodigués. Forcé de s'avouer à lui-même qu'il avait en France 'l'âme d'un esclave dans le pays qu'on appelle des hommes libres' et qu'il s'est trouvé 'l'âme d'un homme libre dans le pays qu'on appelle des esclaves',[14] Diderot a cru reconnaître en Catherine 'l'âme de César avec toutes les séductions de Cléopâtre'[15] et se déclare assuré qu''elle changera la face de son empire' (*Corr.*, xiii.210; *LSV*, iii.251) avec l''amour de la vérité' qu'elle porte aussi loin qu'il est possible et la 'connaissance des affaires'[16] de l'état dont elle a toujours fait preuve. Platon disait qu''il n'y [aurait] de cesse [...] aux maux des cités' 'tant que les philosophes ne [seraient] pas rois dans les cités, ou que ceux qu'on appelle aujourd'hui rois et souverains ne [seraient] pas vraiment et sérieusement philosophes' (*La République*, Paris 1966, p.229). Le dix-huitième siècle a rêvé d'une évolution lente mais irréversi-ble des esprits et des mœurs sous la conduite d'un prince éclairé. Pour le sage qui pense que 'c'est presque inutilement qu'on éclaire les conditions subalternes, si le bandeau reste sur les yeux de ces dix ou douze individus privilégiés qui disposent du bonheur de la terre',[17] il convient d'abord d'éduquer ceux qui ont la charge des empires et de former une élite intellectuelle et morale qui se fasse

---

9. A. Lortholary, *Le Mirage russe en France au dix-huitième siècle* (Paris 1951), p.105.
10. Citée par Paul Vernière in *OP*, p.332.
11. Lettre à Sophie Volland, novembre 1767, *Corr.*, vii.217; *LSV*, iii.88.
12. Lettre aux dames Volland, 30 mars 1774, *Corr.*, xiii.210; *LSV*, iii.251.
13. Lettre à Sophie Volland, fin avril ou début mai, *Corr.*, xiv.11; *LSV*, iii.255-56.
14. *Corr.*, xiv.12; cf. en termes similaires, *Mémoires*, p.44.
15. Lettre à Sophie Volland, 30 mars 1774, *Corr.*, xiii.209; *LSV*, iii.250; cf. *Mémoires*, p.43; *Corr.*, xiv.13.
16. Lettre à Sophie Volland, fin avril ou début mai, *Corr.*, xiv.13; *LSV*, iii.256.
17. *Pages contre un tyran*, *OP*, p.141-42.

la propagandiste des idées nouvelles. Dans *L'An 2440*, on évoque 'la révolution rapide et heureuse' qui s'est faite en Espagne, 'parce que la lumière a d'abord occupé la tête' (p.134).

Diderot, nous le verrons, n'a cependant jamais partagé les illusions de ce qu'il est convenu d'appeler 'despotisme éclairé'. Il n'apprécie guère ceux qui se rendent coupables de 'lèse-société' (*Fragments échappés*, OC, x.75) en forçant leurs peuples à rejoindre les 'gras' (p.74) pâturages qu'ils n'ont pas choisis; sa haine pour Frédéric II est évidente, comme en témoignent les *Pages contre un tyran* et les *Principes de politique des souverains*. Catherine II a cependant bénéficié, et très largement, d'un préjugé favorable. La 'voix toujours suspecte de la reconnaissance'[18] ne saurait tout expliquer. Il faut donc que les espoirs qu'il mit, un temps, dans les idées réformatrices de l'auteur du *Nakaz* se soient inscrits dans la logique d'une pensée organiciste de l'histoire qui rendît crédible la possibilité 'd'amender le Russe barbare'[19] et de créer un précédent historique qui pût servir éventuellement d'exemple à la vieille Europe.

Il y a entre la Russie et la monarchie française 'la différence d'un homme vigoureux et sauvage qui naît et d'un homme délicat et maniéré attaqué d'une maladie presque incurable' (*Mémoires*, p.66). La France est sur la voie de la 'décadence' (p.40) et son 'peuple policé' est désormais 'attaqué d'un vieux mal presque incurable' (*Observations*, OP, p.365); la Russie, au contraire, est un corps 'sain' et jeune qui reste 'à policer'. La Russie est encore dans l'enfance et l'avenir historique s'offre à elle. Tout est possible dans ce pays neuf qui n'en est qu'au début de sa révolution:[20] 'Qu'un peuple est heureux lorsqu'il n'y a rien de fait chez lui! Les mauvaises et surtout les vieilles institutions sont un obstacle presque invincible aux bonnes' (*Mémoires*, p.4).

L'épaisseur du passé historique est un obstacle parfois insurmontable pour ceux qui veulent espérer encore dans la prospérité de leurs peuples. La France, par exemple, croule sous le poids des coutumes, des habitudes bonnes ou mauvaises léguées par une longue suite de siècles et 'rien n'est si difficile que de déraciner des préjugés invétérés et sanctifiés'.[21] En revanche, et par définition, la jeunesse du corps politique, sa virginité, sont des atouts supplémentaires pour 'celui qui projette un grand édifice': 'il vaut mieux une aire unie, qu'une aire couverte de mauvais matériaux entassés sans méthode et sans plan, et malheureusement liés par les ciments les plus durables, ceux du temps, de l'usage et de l'autorité souveraine et des prêtres'.

Puisque Catherine II a la chance de 'trouver dans ses sujets un profond oubli

---

18. Lettre aux dames Volland 30 mars 1774, *Corr.*, xiii.208; *LSV*, iii.250.
19. *Histoire des deux Indes*, livre IV, ch.23; *OC*, xv.459.
20. Nous donnons ici à ce mot le sens étymologique qu'il a encore le plus souvent pour Diderot.
21. *Histoire des deux Indes*, livre XIX, ch.14; *OC*, xv.573.

de toute ancienne législation' (*Mémoires*, p.4), elle accroît ses chances de faire bientôt de son pays une aire de prospérité et de bonheur. Elle ne perdra pas, comme le sage qui tente de retenir les pays du vieux monde policé sur la pente irrémédiable de leur décadence, 'plus de temps à démolir qu'à construire'.[22]

La 'barbarie' russe, c'est, dans la conception organiciste de l'histoire qui est celle de Diderot, la chance historique qui s'offre à Catherine II. Diderot, on le sait, ne fut pas le seul à souligner cette spécificité organique de la nation russe. Voltaire, dans une lettre adressée à Catherine, regrettait de même que le poids du passé interdît à la France tout espoir de rénovation efficace et rapide: 'Plût à Dieu que la France manquât absolument de lois! On en ferait de bonnes.'[23] Cette jeunesse d'une nation en début de révolution, Diderot ne cesse de la rappeler à Catherine II pour l'inciter à donner à son empire des fondements sûrs et durables qui lui permettent d'assurer à ses peuples 'cent siècles d'un bonheur continu et durable' (*Mémoires*, p.21) et de retarder, autant que cela est historiquement possible, l'inévitable dégénérescence finale qui frappe toute production naturelle.

C'est la même vitalité d'un corps jeune et sain qui va séduire Diderot dans la Tahiti que lui présente Bougainville. Dans le *Supplément au voyage de Bougainville*, 'B' mesure la distance qui sépare la vieille Europe et ses 'machines si compliquées' (*OPh*, p.464) de la vie sauvage et 'simple' que l'on mène encore à Tahiti: 'Le Tahitien touche à l'origine du monde et l'Européen touche à sa vieillesse. L'intervalle qui le sépare de nous est plus grand que la distance de l'enfant qui naît à l'homme décrépit.' 'A' en conclura, selon une logique qui nous est désormais familière, qu'il est plus facile au Tahitien 'de se défaire de son trop de rusticité' qu'aux Européens 'de revenir sur [leurs] pas et de réformer [leurs] abus' (p.505). Tahiti, comme la Russie de Catherine II, est dans la phase ascendante de son histoire. Le Tahitien a cependant sur le paysan russe l'avantage de s'en être 'tenu scrupuleusement à la loi de nature', d'être plus jeune encore, plus près de l'origine et, en conséquence, 'plus voisin d'une bonne législation qu'aucun peuple civilisé' (p.505). Diderot, qui valorise fréquemment la sagesse de l'homme mûr et les lumières des pays policés – même s'il voit en elles le signe annonciateur d'une inévitable dégénérescence – se laisse parfois entraîner sur la voie d'un 'primitivisme' si commun au dix-huitième siècle qu'on l'a souvent associé à l'image que l'on se fait de ce siècle. L'état de nature, la prime jeunesse de l'humanité, c'est par excellence le lieu de tous les possibles, l'espace de tous les progrès; on y cherche la trace d'une légitimité de l'humain

22. *Histoire des deux Indes*, livre XIX, ch.14; *OC*, XV.573.
23. Lettre du 20 juillet 1770, citée par Lortholary, p.101.

dont les sociétés policées n'offrent qu'une image de plus en plus déformée, dénaturée.

### iii. Le nouveau monde

> Ah! mes amis! supposez cette femme sur le trône de la
> France! Quel empire! Quel terrible empire elle en ferait,
> et en combien peu de temps![24]

Sincère ou intéressé, l'enthousiasme de Diderot pour l'œuvre politique de Catherine II, tel qu'il apparaît dans plusieurs pages des *Mémoires*, se fait plus discret dans les *Observations sur le Nakaz*, au point de s'estomper parfois tout à fait. De retour à La Haye, chez Galitzine, après les cinq mois passés à St-Pétersbourg, Diderot entame une mise à la question systématique des articles de l'instruction préparatoire que Catherine, en s'inspirant largement de Montesquieu et Beccaria, a rédigée à l'intention de la commission qui s'est réunie éphémèrement d'août 1767 à décembre 1768. Tous les articles du *Nakaz* sont soumis à examen, discussion, remise en question. Le manuscrit de ces 'observations' fut envoyé à Catherine II, qui ne voulut y voir (lorsqu'elle le découvrit en 1785, après la mort de Diderot) que le 'babil' d'un philosophe sans 'connaissance des choses, ni prudence, ni clairvoyance',[25] et qui, selon toute vraisemblance,[26] le détruisit. Il est vrai que Diderot, tout en prenant la précaution de réaffirmer combien l'Impératrice a 'l'âme grande, de la pénétration, des lumières, un génie très étendu' (*OP*, p.457), regrette de n'avoir lu qu''un projet d'un code excellent, mais pas un mot sur le moyen d'assurer la stabilité de ce code', de ne trouver 'aucune disposition projetée pour l'affranchissement du corps de la nation'. Il accuse Catherine de n'avoir 'pas encore assez oublié dans son Instruction qu'elle était souveraine' et de reprendre trop vite 'le sceptre qu'elle avait déposé au commencement' (*OP*, p.385): il voit 'le nom de despote abdiqué; mais la chose conservée, mais le despotisme, appelé monarchie' (*OP*, p.457). Dans le bilan de l'expérience russe qu'il dresse pour l'*Histoire des deux Indes* en 1781, Diderot réitère l'ensemble de ses propositions pour la civilisation de la Russie mais porte un jugement tout aussi critique sur les moyens utilisés par Catherine II pour 'civiliser [ce] grand empire barbare': 'Il est impossible d'en douter, Catherine a très bien senti que la liberté était l'unique source du bonheur public. Cependant, a-t-elle véritablement abdiqué l'autorité despotique? En lisant avec attention ses instructions sur les députés

---

24. *Mémoires*, p.43.
25. Citée par Vernière, *OP*, p.333.
26. Sur ce point et pour l'établissement du texte, voir P. Vernière, *OP*, p.334-40.

de l'empire, chargés en apparence de la confection des lois, y reconnaît-on quelque chose de plus que le désir de changer les dénominations, d'être appelé monarque au lieu d'autocrate, d'appeler ses peuples sujets au lieu d'esclaves?' (livre XIX, ch.2; *OC*, xv.553).

Le philosophe se voit contraint d'admettre qu'un 'souverain, quel que soit son génie, fait seul rarement des changements de quelque importance, et plus rarement encore leur donne-t-il de la stabilité' (*OC*, xv.553). La volonté réformatrice de Catherine II ne fut-elle donc qu'une tentative de mystification? Les 'observations' faites sur le *Nakaz* inclinaient déjà à le croire (*OP*, p.385ss):

Dans aucun endroit, elle n'a fait statuer à la nation sur la succession à l'empire [...].
Elle n'a rien dit de l'impôt.
Elle n'a rien dit de la guerre et de l'entretien des armées. [...]
L'Impératrice n'a rien dit de l'affranchissement des serfs [...]
Elle n'a rien dit de l'éducation du successeur à l'empire [...]
Elle n'a rien dit de ses établissements, de ses maisons d'éducation [...] Elle n'a rien dit des petites écoles pour le peuple [...]
Elle n'a rien dit des collèges publics. Elle n'a rien dit des droits de la souveraineté.

Diderot se permet de suggérer à l'Impératrice 'l'ordre des matières d'une véritable institution' qui eût évité à son ouvrage de n'être qu'un 'extrait' (*OP*, p.387). De toute évidence, Catherine n'a pas su être à la hauteur de la chance historique qui s'offrait à son pays. Là où Diderot croyait nécessaires les audaces dont seul est capable un pays neuf, s'est installée prématurément la maladie sénile de la monarchie: le despotisme, fût-il éclairé.

Grande alors est la tentation de se tourner vers d'autres espaces. Pour sortir la vieille Europe de sa torpeur et pour fournir aux âmes bien nées la perspective historique qui leur manque dans le cadre déjà trop bien défini des nations policées, Diderot rêve de la 'découverte d'un nouveau monde' qui puisse fournir des 'aliments à [la] curiosité' de ses contemporains. Quelle plus belle incitation à l'audace, à l'innovation que la découverte d'une 'vaste terre en friche', d'une 'humanité réduite à la condition animale', de 'campagnes sans récoltes', de 'trésors sans possesseurs', de 'sociétés sans police', d''hommes sans mœurs'?[27] L'Europe a gâché la chance qui s'offrit à elle lorsqu'elle découvrit les Indes occidentales. Ce ne sont pas les Locke, Buffon ou Montesquieu qui ont découvert 'un pareil spectacle' qui eût été 'plein d'intérêt et d'instruction' pour eux: les Européens ont envoyé dans le *nouveau* monde les rebuts de leurs sociétés vieillissantes. Les conquistadores sont devenus des tigres dans les forêts américaines et très vite ont défiguré 'l'image de la nature brute et sauvage' qui s'offrait à eux.

27. *Histoire des deux Indes*, livre VI, ch.1; *OC*, xv.465.

## 2. *Les espaces de progrès*

Néanmoins, il est une contrée de ce Nouveau Monde – celle où vivent les enfants lointains de 'la nation heureuse qui a su faire [de la liberté] le fondement et la base de sa constitution' – où les hommes ont su rester 'libres comme la nature qui les environne' (livre XVIII, ch.39; *OC*, xv.535). Les Américains, qui vivent dans une région 'où tout est encore sauvage et où rien ne rappelle ni la servitude ni la tyrannie de l'homme', semblent 'recevoir de tous les objets physiques, les leçons de la liberté et de l'indépendance'. Ces Américains 'livrés presque tous à l'agriculture et au commerce' s'adonnent à 'des travaux utiles qui élèvent et fortifient l'âme en donnant des mœurs simples, aussi éloignés jusqu'à présent de la richesse que de la pauvreté': ils ont, jusqu'à ce jour, su se préserver des troubles qui naissent d'ordinaire dans les sociétés policées et ne sont pas encore 'corrompus ni par l'excès du luxe, ni par l'excès des besoins'.

La situation des Américains sur la courbe ascendante de l'histoire, leur médiocrité, au sens étymologique du terme, autorisent toutes les audaces. Loin de se soumettre ou de composer avec les Anglais comme l'auraient fait les habitants d'une 'société vieillie et parvenue à son dernier terme', ces 'peuples agriculteurs et nouveaux' (livre XVIII, ch.41; Maspero, p.317) ont pris les armes pour défendre et maintenir leur liberté, ce 'droit héréditaire qui semble être le garant le plus sûr de tous les autres' (*OC*, xv.535). Diderot, qui avait salué en 1769 la traduction française des *Lettres d'un fermier de Pennsylvanie aux habitants de l'Amérique septentrionale* et avoué qu'il ne connaissait pas d'"ouvrage plus propre à instruire les peuples de leurs droits inaliénables' (*OC*, viii.360) que celui de Dickinson, proclame, dès 1778, son espoir de voir les Insurgents d'Amérique imposer au reste du monde un modèle de société nouvelle qui puisse offrir 'un asile contre le fanatisme et la tyrannie' et 'instruire ceux qui gouvernent les hommes, sur le légitime usage de leur autorité'.[28] Bien sûr, il sera difficile aux Américains d'échapper aux lois de l'évolution quasi-biologique de l'histoire et de prévenir à jamais 'l'accroissement énorme et l'inégale distribution de la richesse, le luxe, la mollesse, la corruption des mœurs' (*OC*, xiii.559) qui menacent, nous l'avons vu, toute société organisée, fût-elle la plus parfaite. Du moins peut-on espérer qu'ils reculent, 'au moins pour quelques siècles', le 'décret prononcé contre toutes les choses de ce monde; décret qui les a condamnées d'avoir leur naissance, leur temps de vigueur, leur décrépitude et leur fin!'

Déçu par Catherine II, Diderot voit dans l'Amérique la nouvelle chance historique qui s'offre à l'humanité policée. Mais la 'révolution qui vient de s'opérer au delà des mers' (*OC*, xiii.558) ne s'est pas inscrite *naturellement* dans la vicissitude historique: le mot 'révolution' n'a plus ici son sens étymologique;

---

28. *Essai*, *OC*, xiii.558; cf. aussi *Histoire des deux Indes*, livre XVIII, ch.52; *OC*, xv.547ss.

il ne s'agit plus de la lente et inéluctable course qui mène chaque société au bout de son histoire et de son destin mais de l'un de ces soubresauts qui viennent bousculer l'histoire et permettre 'la guérison d'un cadavre gangréné'.[29]

29. *Histoire des deux Indes*, livre xv, ch.4; *OC*, xv.495.

# 3. La révolution bourgeoise

## i. Le 'bain de sang'

La révolution s'est opérée sans efforts, et par l'héroïsme
d'un grand homme.[1]

COMME Louis-Sébastien Mercier, Diderot avait longtemps rêvé de ce 'grand
homme' providentiel qui viendrait réveiller l'ardeur des vieilles nations européennes assoupies. Dans une lettre à Wilkes du 14 novembre 1771, puis à
plusieurs reprises dans l'*Histoire des deux Indes*, il renonce explicitement à un
espoir qu'il considère désormais comme vain: quand une nation est 'déchue',
il 'n'appartient pas à une personne de la relever'.[2] La chance historique de la
Russie, c'est, nous l'avons vu, sa jeunesse. L'Europe, en revanche, est trop
décrépite. Il faut se résigner à sa lente mais inexorable décadence et attendre
que la nature ne lui redonne – dans le cadre d'un nouveau cycle naturel – les
raisons d'espérer et de croire à nouveau. Mais l'Europe 'paraît avoir pris une
assiette trop solide et trop fixe pour donner lieu à des révolutions rapides et
surprenantes':[3] faudrait-il donc se résigner à attendre 'quelque grand phénomène physique [qui] détruisît les arts, dispersât les empires, réduisît les nations
à quelques familles isolées' pour voir enfin 'renaître dans l'avenir des événements
et une histoire comparables à l'histoire ancienne'? Faut-il, pour progresser
encore, renoncer aux progrès relatifs des 'lumières' accumulés au cours des
siècles et replonger l'Europe dans l'innocence barbare mais féconde des premiers âges? L'impatience semble alors s'emparer du philosophe: lorsque le
corps politique est trop usé ou trop malade, la lenteur du processus naturel lui
devient insupportable. Le continu biologique naturel des sociétés peut alors
être remis en question, bousculé, et la révolution, au sens moderne du terme
cette fois-ci, se substituer à l'évolution: 'Une nation ne se régénère que dans
un bain de sang. C'est l'image du vieil Aeson à qui Médée ne rendit la jeunesse
qu'en le dépeçant et en le faisant bouillir.'[4]

Il faut précipiter le devenir du corps politique quand celui-ci n'a plus rien à
espérer d'un avenir de dégénérescence. La révolution, c'est l'économie d'une

---

1. *L'An 2440*, p.332.
2. *Corr.*, xi.223; *Histoire des deux Indes*, livre XI, ch.4; *OC*, xv.495.
3. *Fragments échappés*, *OC*, x.79; cf. aussi *Histoire des deux Indes*, livre VI, ch.1; *OC*, xv.465. On voit
bien ici, du fait des deux adjectifs employés par Diderot, comment le sens moderne du mot
'révolution' va se substituer insensiblement à son sens premier.
4. *Corr.*, xi.223; *Histoire des deux Indes*, livre XI, ch.4; *OC*, xv.495.

longue fin de cycle que l'on sait, d'avance et par définition, improductive; la révolution peut, au contraire, rendre soudainement féconde une histoire trop longtemps stérile. L'Europe est 'un cadavre gangréné', la maturation du jeune 'corps' russe est trop lente; l'Amérique en revanche a montré la voie radicale du 'bain de sang' comme cure de jouvence.

Déçu par Catherine II, fasciné au contraire par ce qui est en train d'advenir en Amérique, Diderot, 'physiologiquement réformateur', paraît se muer en un 'révolutionnaire' convaincu de la nécessité qu'il y a désormais à 'faire appel au soulèvement des masses' (Y. Benot, p.153-54). Le 'censeur des rois' semble céder la place au 'moniteur des peuples'.[5] Mais Diderot est-il devenu aussi soudainement 'the first effective advocate in the modern world of social and political reconstruction through violent revolution'?[6] C'est en fait au terme d'une constante et longue réflexion sur la théorie du 'contrat' que se dessine, dans la logique d'une pensée qui se veut cohérente, la justification de l'émancipation violente du corps politique.

### a. Contrat et souveraineté populaire: les ambiguïtés d'une théorie

A l'origine, le passage de l'état de 'troupeau' à celui de 'société policée'[7] s'est fait par l'établissement d'un *contrat* réel ou supposé, par lequel les peuples se sont soumis ou sont censés s'être soumis au gouvernement de leur prince' (p.649). Cette définition, toute en nuances et restrictions, selon laquelle la société civile est d'origine contractuelle, est à l'image d'une théorie qui, depuis Grotius ou Pufendorf, n'a cessé de se mouvoir dans l'ambiguïté. On lit dans l'*Encyclopédie* que les hommes qui, dans 'l'état de nature'[8] jouissaient de 'la plus parfaite indépendance' n'avaient point de 'souverain'. Lorsque 'la nécessité de réunir leurs forces pour repousser les entreprises de leurs ennemis' et combattre les cruautés de la nature les amena à s'unir 'pour ne faire qu'une même famille que l'on nomme société', ils ne tardèrent point à 's'apercevoir que si chacun continuait d'exercer sa volonté à user de ses forces et de son indépendance, et de donner un libre cours à ses passions, la situation de chaque individu serait plus malheureuse que s'il vivait isolé; on sentit qu'il fallait que chaque homme renonçât à une partie de son indépendance naturelle pour se soumettre à une volonté qui représentât celle de toute la société'. Pour réparer 'l'inégalité naturelle' ou, plus exactement, pour en prévenir 'les suites fâcheuses', précise Diderot, les hommes firent 'entre eux des conventions'[9] et 'le gouvernement

---

5. Jacques Proust, 'Diderot et l'expérience russe', *Studies on Voltaire* 154 (1976), p.1800.
6. Strugnell, *Diderot's politics*, p.228.
7. *Suite de l'Apologie de l'abbé de Prades*, *OC*, ii.647. C'est Diderot qui souligne.
8. Article 'Souverains', *OP*, p.54.
9. *Suite de l'Apologie de l'abbé de Prades*, *OC*, ii.647.

doit sa naissance à la nécessité de prévenir et de réprimer les injures que les associés avaient à craindre les uns de la part des autres'.[10] Mais, puisque 'la société est première' et 'dans son origine indépendante et libre', le 'gouvernement a été institué pour elle et n'est que son instrument': le 'prince' appartient donc à l'Etat et la souveraineté est un 'bien public, qui par conséquent ne peut jamais être enlevé au peuple, à qui seul il appartient essentiellement et en pleine propriété'.[11] Le 'contrat' n'est que le 'dépôt de l'autorité' dont 'la nation est propriétaire' et dont les 'princes' ne sont que les 'usufruitiers' (*OP*, p.15). La théorie du 'contrat' est donc une doctrine de la souveraineté populaire. Morelly tient à le souligner dans son *Code de la nature*: 'Magistrats, grands d'une République, monarques, qu'êtes-vous dans le droit naturel à l'égard des peuples que vous gouvernez? De simples ministres, députés pour prendre soin de leur bonheur, déchus de tout emploi, et les plus vils membres de ce corps dès que vous remplissez mal votre commission' (p.90).

Néanmoins, comme le remarque Rousseau au livre II du *Contrat social*, un 'défaut d'exactitude' a souvent jeté de l'"obscurité' dans les 'décisions' des théoriciens du 'contrat' dès qu''ils ont voulu juger des droits respectifs des rois et des peuples, sur les principes qu'ils avaient établis'.[12] Incapables ou, plus vraisemblablement, peu désireux de porter leurs raisonnements jusqu'à leurs ultimes conséquences, ils se sont embarrassés dans leurs 'sophismes' par 'crainte d'en dire trop ou de n'en pas dire assez selon leurs vues, et de choquer les intérêts qu'ils avaient à concilier'. C'est ainsi que Grotius en arrive, paradoxalement, pour 'faire sa cour à Louis XIII à qui son livre est dédié', à 'dépouiller les peuples de tous leurs droits' pour en 'revêtir les rois avec tout l'art possible'. On sait à quel point l'article 'Autorité politique' que Diderot composa pour l'*Encyclopédie* illustre les ambiguïtés et les atermoiements des théoriciens de la société contractuelle que dénonce Rousseau.

'Aucun homme n'ayant reçu de la nature le droit de commander aux autres', l'autorité ne saurait avoir d'autres sources que 'la force ou la violence de celui qui s'en est emparé, ou le consentement de ceux qui s'y sont soumis par un contrat'.[13] Dans le premier cas, il y a 'usurpation' et le prince qui fait violence aux peuples n'est, selon une définition héritée de l'Antiquité, qu'un 'tyran' (p.11). Le tyran, dit encore l'*Histoire des deux Indes*, c'est celui qui avoue cyniquement 'je règne pour moi, et [...] je ne règne ni par vous, ni pour vous' (livre X, ch.13; *OC*, xv.493); le tyran se rend coupable d'un détournement de souveraineté et s'expose à la fureur légitime des peuples: 'La puissance qui

10. *Histoire des deux Indes*, livre XVIII, ch.42; *OC*, xv.536.
11. Article 'Autorité politique', *Encyclopédie*, *OP*, p.14.
12. Livre II, ch.2 (Paris 1975), p.65.
13. Article 'Autorité politique', *Encyclopédie*, *OP*, p.9-10.

s'acquiert par la violence [...] ne dure qu'autant que la force de celui qui commande l'emporte sur celle de ceux qui obéissent; en sorte que si ces derniers deviennent à leur tour les plus forts et qu'ils secouent le joug, ils le font avec autant de droit et de justice que l'autre qui le leur avait imposé. La même loi qui a fait l'autorité, la défait alors: c'est la loi du plus fort' (*OP*, p.10). La révolte contre le tyran est légitime du fait même de l'illégitimité du tyran.[14]

Les choses n'en sont pas moins claires quand, de la notion de 'tyrannie', on passe à celle, plus équivoque, de 'despotisme': 'Lorsqu'un souverain absolu s'arroge le droit de changer à sa volonté les lois fondamentales de son pays, lorsqu'il prétend à un pouvoir arbitraire sur la personne et les possessions de son peuple, il devient un despote,'[15] précise l'*Encyclopédie*.

Le peuple, affirme Diderot en 1751, seul souverain, peut seul 'maintenir envers et contre tous le contrat qu'[il] a fait; aucune puissance ne peut le changer; et quand il n'a plus lieu, [il] rentre dans le droit et dans la pleine liberté d'en passer un nouveau avec qui et comme il lui plaît'.[16] Le prince, qui peut exercer une autorité absolue dans le cadre du 'contrat' ne peut en changer les termes sans se muer en despote: l'autorité qu'il détient sur ces peuples n'ayant d'autre source que 'leur choix et [...] leur consentement, il ne peut employer cette autorité pour casser l'acte ou le contrat par lequel elle lui a été déférée' (*OP*, p.13-14). Il lui appartient de ne jamais oublier qu'il est à la fois le 'souverain et le sujet de la souveraineté'.[17] Le despote, prince devenu tyran, qui rompt les termes du contrat doit craindre, lui aussi, la fureur légitime de ceux qui lui avaient accordé leur confiance. Du moins est-ce là l'aboutissement logique d'une théorie cohérente de la souveraineté populaire telle que la propose Diderot après les théoriciens de la société contractuelle dans l'article 'Autorité politique' de l'*Encyclopédie* en 1751: 'Le prince ne peut [...] pas disposer de son pouvoir et de ses sujets sans le consentement de la nation, et indépendamment du choix marqué dans le contrat de soumission. S'il en usait autrement, tout serait nul, et les lois le relèveraient des promesses et des serments qu'il aurait pu faire' (*OP*, p.14).

On sait les réactions hostiles et indignées que cette proposition audacieuse et révolutionnaire provoqua en France.[18] L'*Encyclopédie* fut interdite le 7 février 1752 pour avoir propagé 'plusieurs maximes tendantes à détruire l'autorité royale, à établir l'esprit d'indépendance et de révolte'.[19] En 1753, le tome iii de

---

14. Voir aussi article 'Pouvoir', *Encyclopédie*, *OP*, p.35.
15. Article 'Souverains', *OP*, p.56.
16. Article 'Autorité politique', *Encyclopédie*, *OP*, p.15.
17. Article 'Citoyen', *Encyclopédie*, *OC*, xv.189.
18. Voir à ce sujet Vernière, *OP*, p.5-8.
19. Cité par Vernière, *OP*, p.6.

l'*Encyclopédie* publie un 'erratum' où, après avoir insisté sur la nécessaire distinction entre 'usurpateurs' et 'princes légitimes', on insiste avec force pour dire que, 'même dans leur disgrâce, les princes légitimes doivent recevoir de leurs peuples une obéissance continue, car l'autorité des princes légitimes vient de Dieu' (*OP*, p.6).

Un tel reniement était-il, même aux yeux de la censure, si nécessaire? On avait en effet remarqué, comme l'écrira quelques années plus tard Deleyre à Rousseau, que 'la fin de [l'article 'Autorité politique'] ne répond[ait] pas au commencement' et que Diderot, si révolutionnaire dans la première partie de son article, mais comme effrayé de sa propre audace et de la redoutable logique d'une théorie moins innocente qu'il n'y paraissait, semblait s'être effectivement appliqué à 'détruire son propre ouvrage'.[20] L'article 'Souverains', en 1756, qui reprend sur bien des points l'argumentation de Diderot en 1751, précise cependant qu'il est des peuples qui 'n'ont point stipulé par des actes exprès et authentiques les limites qu'ils fixaient à leurs souverains' et qui 'se sont contentés de leur imposer la nécessité de suivre les lois fondamentales de l'Etat, leur confiant d'ailleurs la puissance législative, ainsi que celle d'exécuter' (*OP*, p.56). La France semble faire partie de ces pays où le contenu du 'contrat' est si ténu et si vague qu'il semble se réduire au simple respect, par le prince, de 'l'ordre de succession'. Or, précisait Diderot en 1751, 'la première loi' qui s'impose aux peuples 'est de respecter eux-mêmes les conditions du contrat qu'ils ont fait' (*OP*, p.20). D'autre part, dans le cadre du contrat, ils doivent une obéissance sans faille au gouvernement de 'douceur mêlée de fermeté' (*OP*, p.19) du prince qu'ils ont choisi. Les peuples de France qui ont fait de la loi salique une des lois fondamentales du royaume, sinon la clause unique du contrat passé avec leur prince, doivent se souvenir que 'tant que la famille régnante subsistera par les mâles, rien ne les dispensera de l'obéissance; d'honorer et de craindre leur maître, comme celui par lequel ils ont voulu que l'image de Dieu leur fût présente et visible sur la terre' (*OP*, p.20). Voilà le contrat vidé de toute substance: la souveraineté populaire subsiste en droit mais en fait elle tourne à vide. Le contrat devient marché de dupes, ce qui ne semble guère gêner Diderot qui, ne trouvant pas réunies en France les conditions historiques justifiant la rupture par le peuple du contrat le liant au prince, et sans, de ce fait, contredire les postulations révolutionnaires du début de l'article, affirme qu''en conséquence du contrat de soumission juré au prince anciennement, et *à ses descendants par les mâles, quels qu'ils puissent être*' (c'est nous qui soulignons), les peuples de France doivent se convaincre que 'tous ces motifs qu'on croit avoir de résister ne sont, à les bien examiner, qu'autant de prétextes d'infidélités subtilement

20. Cité par Vernière, *OP*, p.7.

colorées'. Comme l'indiquera ultérieurement l'article 'Citoyen', le prince 'ne doit point trouver de résistance' (*OC*, xv.189) et les Français, même s'il leur arrivait d'avoir 'un roi injuste, ambitieux et violent', ne doivent 'opposer au malheur qu'un seul remède, celui de l'apaiser par leur soumission, et de fléchir Dieu par leurs prières' (*OP*, p.20). La lettre de la théorie du contrat est sauve puisqu'en France, selon le Diderot de 1751, le contrat est respecté par le prince. Diderot, nous l'avons vu, affirmait au début de l'article que le peuple peut changer le contrat 'quand il n'a plus lieu' (*OP*, p.15).

On voit mieux maintenant quel sens il faut donner à cette formule quelque peu énigmatique: les Français sont condamnés à attendre, selon les conventions qu'ils se sont données, l'extinction de la 'famille régnante' (*OP*, p.20) ... Il n'y a pas, du point de vue théorique, de contradiction entre le début et la fin de l'article 'Autorité politique'; simplement, en vidant le 'contrat' de tout contenu politique réel, Diderot a réduit à l'insignifiance une pensée qui reste potentiellement révolutionnaire. La 'révolution', envisagée au début de l'article, reste théoriquement possible – c'est ce qui sauvegarde le pouvoir subversif de ce texte – mais est, au sens propre, impensable dans un pays où nul despote n'a prétendu remettre en question les termes d'un 'contrat' qui laisse les coudées si franches à ceux que séduit l'absolu du pouvoir. Une fois de plus, la théorie du 'contrat' a été réduite de façon à ne servir que les intérêts de ceux dont elle devait combattre les abus. Si, comme le dit Rousseau à propos de Grotius et Barbeyrac, Diderot avait 'toujours été conséquent' et avait adopté les 'vrais principes', 'toutes les difficultés étaient levées' et il n'aurait fait sa 'cour qu'au peuple' (*Contrat social*, p.66).

Enfermé dans la logique du 'contrat', prisonnier d'un système destiné théoriquement à l'émanciper, le peuple de France doit obéissance à ses souverains, 'même dans leur disgrâce'.[21] Chaque contractant, comme 'membre d'une société' à l'élaboration de laquelle il a participé, doit être 'bon citoyen'[22] et observer les lois de son pays car la 'justice est la fidélité à tenir les conventions établies'.[23] Le philosophe lui-même, parce qu'il sait que 'les actions auxquelles on donne le nom de justes varient selon les pays, et que ce qui est juste dans l'un est injuste dans l'autre',[24] et de peur qu'en foulant 'aux pieds une mauvaise loi, il autorise par son exemple tous les fous à fouler aux pieds les bonnes', se soumettra, en tant que partie de la 'masse générale des sujets', à 'la loi, bonne ou mauvaise'[25] de son pays. Il ne renoncera pas pour autant à son devoir, qui

---

21. Erratum de 1753 à l'article 'Autorité politique', *OP*, p.6.
22. *Salon* de 1767, *OC*, vii.156.
23. *Introduction aux grands principes*, *OC*, v.204.
24. *Introduction aux grands principes*, *OC*, v.204.
25. *Mémoires pour Catherine II*, p.236; cf. texte à peu près similaire dans *Salon* de 1767, *OC*,

est d'éclairer 'les hommes sur leurs droits inaliénables' et de préparer 'aux révolutions' (*Mémoires*, p.235), mais il préférera l'exemple d'Aristippe à celui de Socrate. Au défi socratique: 'je parlerai et je périrai', héroïsme aussi inutile que dangereux, Aristippe pourrait répondre: 'Je me soumettrai à la loi, et je réclamerai contre elle'[26] en attendant 'le cinquantième bon roi qui profitera de [mes] travaux' (*Mémoires*, p.235). Le philosophe, comme le fit Sénèque, ne doit pas craindre de se 'vêtir de pourpre' et de faire sa 'cour aux maîtres du monde' en espérant obtenir 'peut-être' un jour 'l'abolition de la loi mauvaise, ou la grâce de l'homme de bien qui l'aura enfreinte' (*OC*, vii.156). Ces subtilités concernant la forme complexe que doit prendre l'engagement du philosophe ne vont pas, nous le verrons, sans poser maints problèmes. Quoi qu'il en soit, ce respect scrupuleux de la parole donnée, qui prive en fait le citoyen d'une souveraineté pourtant inscrite en droit, se mue très souvent en un 'légalisme' sourcilleux – qui confine parfois à la soumission pure et simple à toute forme d'autorité instituée – que l'on trouve aussi dans les textes réputés pourtant éminemment subversifs du baron d'Holbach.[27] Dans les *Pages contre un tyran*, par exemple, après avoir dénoncé le 'silence' que les despotes voudraient imposer aux philosophes, on réaffirme la nécessaire soumission de tout citoyen, fût-il philosophe, 'aux lois de la société dont [il] est membre' (*OP*, p.144). A la fin du *Supplément au voyage de Bougainville*, 'B', après avoir rappelé qu'il n'y a point de 'mœurs' dans une société 'si les lois, bonnes ou mauvaises, ne sont point observées',[28] reprendra à son compte cette distinction entre les domaines propres au philosophe d'une part et au 'citoyen' d'autre part: 'Nous parlerons contre les lois insensées jusqu'à ce qu'on les réforme; et, en attendant, nous nous y soumettrons. Celui, qui de son autorité privée, enfreint une loi mauvaise, autorise tout autre à enfreindre les bonnes. Il y a moins d'inconvénients à être fou avec des fous, qu'à être sage tout seul' (*OPh*, p.415).

En un mot, le philosophe, comme tous les membres de la société à laquelle il appartient, doit être un citoyen 'décent' selon la définition de la décence que donnait l'*Encyclopédie*: 'C'est la conformité des actions extérieures avec les lois, les coutumes, les usages, l'esprit, les mœurs, la religion, le point d'honneur, et les préjugés de la société dont on est membre' (*OC*, xv.218).

Légalisme et droit d'insurrection trouvent donc également leur justification dans la théorie du 'contrat': c'est en vertu du même respect dû aux conventions qu'il a lui-même établies ou acceptées, que le peuple a le devoir d'obéissance

---

vii.156. Mais, en 1767, on parle de 'multitude insensée' et non de 'fous'.

26. *Salon* de 1767, *OC*, vii.156.

27. Cf. l'article de Paulette Charbonnel, 'Remarques sur la futurologie politique du groupe Holbach-Diderot 1773-1776', *Studies on Voltaire* 151 (1976), p.449ss.

28. *OPh*, p.504. Cf. aussi *Observations*, *OP*, p.372.

absolue *et* le droit d'insurrection. Il reste alors – et c'est là, on s'en doute, que le bât blesse – à savoir à partir de quel moment, de quelle limite, le 'contrat' sera réputé respecté ou non respecté. De plus, qui, quelle instance, pourra, de sa propre autorité, décider de ce moment, de cette limite? En 1756, l'article 'Souverains' de l'*Encyclopédie* réaffirmera pour le peuple le 'droit de réclamer contre la violence' du prince qui s'arrogerait 'le droit de changer à sa volonté les lois fondamentales de son pays' (*OP*, p.56). Mais à partir de quel moment décidera-t-on que les 'lois fondamentales du pays' ont été changées quand, quelques lignes plus loin, on peut lire: 'En quelques mains que soit déposé le pouvoir souverain, il ne doit avoir pour objet que de rendre heureux les peuples qui lui sont soumis; *celui qui rend les hommes malheureux est une usurpation manifeste et un renversement des droits auxquels l'homme n'a jamais pu renoncer*' (*OP*, p.57).

Quel est le souverain, demandera Diderot en d'autres lieux, qui ne rend pas les 'hommes malheureux'? Qui fixera la limite supportable? On voit que l'imprécision reste la règle et permet de ce fait toutes les ambiguïtés, toutes les audaces et toutes les timidités. Faute d'une définition claire des termes du 'contrat', toutes les interprétations sont, nous l'avons vu, possibles et Diderot, de même que ses collaborateurs, semble osciller sans cesse, comme dans l'article 'Autorité politique', entre un 'légalisme' strict qui surprend de la part de l'auteur du *Supplément au voyage de Bougainville* et des prises de position 'révolutionnaires' qui, nous allons le voir, se répètent et se radicalisent au fil des ans.

## b. Le droit à l'insurrection

Lorsque, dans les *Mémoires pour Catherine II*, Diderot s'interroge sur cette 'loi fondamentale' qu'est la règle de succession à l'empire, il conseille à la souveraine russe de faire 'statuer' sa 'commission' sur le cas 'où la race régnante viendrait à manquer' et ajoute qu''en décidant ce point, elle déciderait en même temps que *la couronne ne retourne à la nation que dans cette seule circonstance*' (p.51): voici les termes du 'contrat' une fois de plus étroitement réduits et les limites de la souveraineté populaire très bornées. Le philosophe se hasarde ensuite à faire part de son 'rêve' dans le cas 'où la race régnante viendrait à manquer' effectivement (p.50-51):

La couronne serait à la nomination de la commission subsistante.
    Il y aurait un conclave de ces commissaires ... […]
    Je ne serais peut-être pas éloigné du sentiment de Sa Majesté Impériale de rendre la couronne élective entre les enfants; mais ce serait à la condition que l'élection ne se ferait point par le père.
    Il me semble que la nation assemblée et choisissant par ses représentants serait bien moins sujette à se tromper que le père.

## 3. *La révolution bourgeoise*

La modification du 'contrat', ou, plus exactement ici, le retour à une réelle souveraineté populaire, n'est encore envisageable qu'après extinction *naturelle* de la 'race régnante'; nulle rupture, nulle violence ne peut être faite, il faut que le contrat soit caduc pour pouvoir être éventuellement modifié. En 1773, cependant, cette timidité de Diderot n'est plus qu'une précaution de philosophe courtisan qui tient à ménager sa bienfaitrice. En effet, dès 1764, la *Correspondance littéraire* publie les *Réflexions sur un ouvrage publié à l'occasion de la renonciation volontaire de Rousseau au droit de citoyen de Genève* et Diderot y réaffirme avec force que la 'toute puissance appartient de droit' au peuple avant de préciser: 'Quelque autorisés que soient les chefs, ce ne sont jamais que des citoyens et des commis du peuple; quelque fort que soit le peuple, il est toujours le maître – *C'est sa voix qui élève certaines têtes, qui les rabaisse ou qui les coupe.*'[29]

Rien de nouveau dans ce texte, si on veut bien y réfléchir, par rapport à la première partie de l'article 'Autorité politique' de 1751. Néanmoins, cette fois, pas de restriction finale remettant en cause la cohérence de l'ensemble et, surtout, une hardiesse dans l'image que l'on ne retrouve guère, un peu plus tard, que dans l'*Histoire des deux Indes*. L'impatience de Diderot semble en effet s'accroître. Il s'irrite de plus en plus devant 'la continuité de l'oppression', du manque d'"énergie' des peuples 'stupides' et 'lâches' qui s'en tiennent 'à d'inutiles gémissements' quand ils pourraient, à juste titre, 'rugir': ils sont des 'millions' et ils souffrent qu'"une douzaine d'enfants armés de petits bâtons [les] mènent à leur gré'.[30] La servitude volontaire est la pire des servitudes, dira plusieurs fois Diderot dans l'*Histoire des deux Indes*,[31] et l'humanité, qui est née 'pour l'indépendance' et non l''esclavage',[32] doit légitimement se révolter contre ceux qui l'opprime. En 1774, les *Observations sur le Nakaz*, destinées à l'impératrice russe, qui est 'certainement despote' (*OP*, p.345), s'ouvrent sur une déclaration liminaire qui réaffirme d'entrée qu'"il n'y a point de vrai souverain que la nation', qu'"il ne peut y avoir de vrai législateur que le peuple', qu'"un code bien fait doit lier le souverain' (p.343), lequel, s'il lui prenait fantaisie de 'changer' ou 'enfreindre' les lois de son pays sanctifiées par l'assentiment national, se déclarerait de lui-même 'ennemi de [son] peuple' (p.344). La nation, dont les représentants 'se rassembleront tous les cinq ans pour juger si le souverain s'est exactement conformé à une loi qu'il a jurée', pourra alors 'statuer sur la peine qu'il mérite'. Le souverain devra d'avance accepter que son peuple puisse être un jour 'délié du serment de fidélité, *qu'il [le] poursuive, qu'il [le]*

---

29. *OC*, v.491. C'est nous qui soulignons.
30. *Histoire des deux Indes*, livre XII, ch.29; *OC*, xv.515.
31. Cf., par exemple, livre XVII, ch.4; Benot, p.296.
32. *Histoire des deux Indes*, livre XII, ch.29; *OC*, xv.515.

*dépose et même qu'il [le] condamne à mort si le cas l'exige*.[33] En 1774, l'*Histoire des deux Indes* indique de même que la loi 'n'est rien, si ce n'est pas un glaive qui se promène indistinctement sur toutes les têtes, et qui abat ce qui s'élève au-dessus du plan horizontal sur lequel il se meut. [...] le châtiment particulier ne venge que l'infraction de la loi: mais le châtiment du souverain en venge le mépris' (livre I, ch.15; *OC*, xv.415). En 1781 Diderot s'inquiète de savoir si on a vu en Chine 'un grand nombre de tyrans déposés, emprisonnés, jugés, mis à mort', si on voit 'sur la place publique un échafaud sans cesse dégouttant du sang des souverains'; il s'inquiète de savoir si 'la barrière qui protège le peuple n'est pas hérissée de lances, d'épées, de baïonnettes dirigées vers la poitrine ou la tête sacrée de l'empereur père et despote' (livre I, ch.21; *OC*, xv.420-21). La légitimité de l'empereur chinois n'est pas en cause; tyran ou despote, la distinction, qui n'a d'ailleurs pas été toujours très nette chez Diderot, n'est plus pertinente. Le 'bain de sang' (livre XI, ch.4; *OC*, xv.496) est désormais présenté comme le seul remède efficace pour celui qui envisage de 'régénérer' une nation déchue. La violence révolutionnaire est désormais légitimée sans restriction, la logique du 'contrat' est enfin menée à son terme et l'ultime pas est franchi lorsque le 'légaliste' Diderot, s'interrogeant sur les modalités juridiques de l'établissement et du fonctionnement du 'contrat' refuse désormais l'autorité de la 'coutume' et le respect dû aux temps passés: 'les formes du gouvernement ou d'égalité artificielle qu'on [a] opposées à l'inégalité primitive ou naturelle', '*quelque sanction qu'elles puissent avoir reçue, ou du serment, ou du concert unanime, ou de leur permanence, sont-elles obligatoires pour leurs descendants? Il n'en est rien.*'[34] C'en est fini du respect scrupuleux du caractère sacré de la 'convention' originelle: il n'existe pas de forme de gouvernement 'dont la prérogative soit d'être immuable', 'toute autorité dans ce monde a commencé ou par le consentement des sujets, ou par la force du maître. *Dans l'un et l'autre cas, elle peut finir légitimement*' (*OC*, xv.538). Diderot, conscient de l'extrême audace d'un raisonnement qu'il pousse enfin jusqu'à ses ultimes conséquences, précise qu'il parle comme le font les philosophes, et que ce ne sont pas ces 'spéculations qui amènent les troubles civils'; ce n'est là qu'une précaution oratoire qui ne trompe personne devant la force des affirmations qui suivent:

*Je vais donc suivre mon objet, sans en redouter les suites.* Si les peuples sont heureux sous la forme de leur gouvernement, ils le garderont. S'ils sont malheureux, ce ne seront ni vos opinions ni les miennes; ce sera l'impossibilité de souffrir davantage et plus longtemps qui les déterminera à la changer, mouvement salutaire que l'oppresseur appellera révolte,

---

33. *OP*, p.344. La phrase soulignée fut grattée par Vandeul lors du remaniement de l'un des manuscrits. Cf. Vernière, *OP*, p.338.
34. *Histoire des deux Indes*, livre XVIII, ch.42; *OC*, xv.537. C'est nous qui soulignons.

bien qu'il ne soit que *l'exercice légitime d'un droit inaliénable et naturel de l'homme qu'on opprime, et même de l'homme qu'on n'opprime pas.*

La souveraineté populaire est définitivement établie, consacrée; le droit à l'insurrection est un 'droit inaliénable et naturel de l'homme' et l'*Histoire des deux Indes* est bien devenue, au fil des éditions, l'un de ces livres 'que les rois et leurs courtisans détestent' et qui font 'naître des Brutus'.[35] Et la révolte des peuples est d'autant plus légitime, d'autant plus urgente désormais que 'nous sommes encore bien loin du moment où l'on lira à la tête d'un édit: "Louis, Frédéric, Catherine par la grâce de ses sujets" et non "par la grâce de Dieu"' (*Observations*, OP, p.405). Le 'contrat' n'a-t-il pas d'ailleurs été de tous temps un hochet destiné à amuser et duper le peuple? En dépit de 'la réclamation de tous les peuples civilisés par la voix des magistrats et des philosophes, le despotisme s'étend de tous les côtés'; il est temps que le 'despote imbécile' d'un 'peuple furieux' connaisse 'la vanité du pacte prétendu':[36]

> Répondez, souverains; qui l'a dicté ce pacte?
> Qui l'a signé? qui l'a souscrit?
> Qui le maintient? La justice ou la force?
> De droit, de fait, il est proscrit.[37]

## ii. Mérite, propriété et citoyenneté

La maturation du jeune corps politique russe est trop lente et le 'cadavre gangréné'[38] de la vieille Europe ne se relèvera de sa décrépitude que par quelque 'grand phénomène', non plus 'physique' (*Fragments échappés*, OC, x.79) mais politique: les Américains ont montré que le continu biologique des sociétés pouvait être heureusement précipité et Diderot, au fil des ans, en poussant la logique de la théorie du 'contrat' jusqu'à ses ultimes conséquences, est devenu un authentique révolutionnaire. Son matérialisme philosophique ne fait cepen-

35. *Lettre apologétique de l'abbé Raynal à Monsieur Grimm*, OPh, p.640.
36. *Abdication d'un roi de la fève, l'an 1772 ou Les Eleuthéromanes, dithyrambe*, OC, x.20. Ce texte de 1772 comporte un grand nombre de vers 'tyrannicides' qui ont fait sa réputation mais il va jusqu'à remettre en question la notion même de 'contrat': 'l'enfant de la nature abhorre l'esclavage' et 's'indigne du joug, la contrainte l'outrage' (p.20). Aussi, 'dans les murs de la cité', 'l'homme sauvage' s'agite et 'au mépris des liens de la société' il 'réclame son antique apanage'. L'homme n'a jamais 'franchement sacrifié ses droits' au 'public avantage' (p.21) et ne veut 'ni donner ni recevoir de lois' (p.22). Il s'agit, semble-t-il, dans un texte de circonstance – mais non dénué, bien sûr, d'esprit de sérieux – de l'extrême avancée 'libertaire' d'une pensée qui ne cesse de réaffirmer ailleurs que l'homme a volontairement renoncé à son indépendance naturelle pour sauvegarder, au sein de la communauté sociale, son bonheur que menaçaient la cruauté de la nature et celle de ses semblables livrés à eux-mêmes.
37. OC, x.21.
38. *Corr.*, xi.223; *Histoire des deux Indes*, livre XI, ch.4; OC, xv.495.

dant pas de lui un précurseur du socialisme pas plus que ses appels répétés à l'insurrection des peuples ne le transforment en penseur pré-marxiste, comme veulent le conclure un peu hâtivement certains critiques. La société que promet et promeut Diderot s'inscrit évidemment dans la seule perspective de la Révolution française de 1789. Comme tous ses contemporains d'ailleurs, il n'envisage pas un instant que la révolution à venir puisse toucher à la fonction royale: ses appels répétés au régicide dans ses derniers textes menacent la personne des rois corrompus mais non leur fonction. La forme du gouvernement lui est d'ailleurs assez indifférente: la démocratie a assurément son idéale préférence mais l'important c'est que le 'dépôt'[39] de la souveraineté populaire, qui peut se faire de manières très 'différentes', permette à la nation de toujours 'maintenir envers et contre tous le contrat qu'elle a fait'. De ce fait, un système de monarchie constitutionnelle où les 'représentants de la nation' auraient pour tâche de veiller au juste exercice de l'autorité en s'assurant que 'le souverain s'est exactement conformé à une loi qu'il a jurée' (*Observations*, OP, p.344), et dont il crut trouver le modèle en Angleterre puis en Hollande, semble avoir eu sa préférence. Pour le reste, la société qu'il décrit à Catherine II est, pour l'essentiel, celle qui va s'édifier au terme de dix ans de convulsions révolutionnaires:

– égalité de tous les citoyens devant la loi;
– égalité de tous les citoyens devant l'impôt avec revendication d'un 'impôt unique et direct' (*OP*, p.448) frappant également les 'hommes puissants et protégés'[40] et le clergé;
– lois somptuaires destinées à remédier aux méfaits du 'luxe', encouragement à l'agriculture et, surtout, économie libérale reposant sur une entière liberté du commerce: 'le gouvernement ne doit aucunement se mêler du commerce, ni par règlement, ni par prohibitions' (*Observations*, OP, p.416);
– 'affranchissement de la personne et [...] propriété du sol' (*OP*, p.408): la propriété est une notion 'universelle et sacrée'[41] et c'est 'la propriété qui fait le citoyen'.[42] Il faut supprimer le 'droit absurde de primogéniture' et 'entretenir l'égalité politique entre les citoyens' par 'le partage des biens entre les enfants, et au défaut d'enfants, entre les collatéraux' (*Observations*, OP, p.434);
– nécessité de 'l'éducation de la jeunesse' (*OP*, p.388) et d'un 'catéchisme' civil qui permette aux enfants d'apprendre 'la loi de l'Homme, du citoyen et de l'Etat' (*OP*, p.389); valorisation du 'mérite' (*OP*, p.366) et abandon 'au concours [des] places les plus importantes de l'Etat' (*OP*, p.412).

39. Article 'Autorité politique', *Encyclopédie*, OP, p.15.
40. *Histoire des deux Indes*, livre IV, ch.18; *OC*, xv.450.
41. *Histoire des deux Indes*, livre IX, ch.28; *OC*, xv.489.
42. Article 'Représentants', *Encyclopédie*, OP, p.48.

## 3. *La révolution bourgeoise*

Dans ce programme, que nous ne prétendons pas exhaustif, deux notions, celle de 'mérite' et celle de 'propriété', doivent retenir toute notre attention car toutes les deux supposent la sauvegarde des 'inégalités naturelles' que Diderot n'a jamais voulu remettre en cause et que la Révolution de 1789 n'a jamais prétendu abolir.

'La loi et le fisc ne doivent faire exception de personne, pas même du prince du sang' et c'est là le seul 'moyen de remédier à la noblesse héréditaire' (*OP*, p.430) et à son cortège de privilèges. Toute distinction conférée par la seule 'grâce' du souverain est une 'injustice' qui, de surcroît, mène 'un peuple [à] la frivolité et [à] la médiocrité' (*Mémoires*, p.163). La 'seule distinction réelle' qui puisse exister entre les citoyens d'une même nation est 'celle de l'ineptie et du talent, du travail et de la paresse, du vice et de la vertu' (p.168). Les fortunes et les responsabilités 'seront légitimement réparties lorsque la répartition sera proportionnée à l'industrie et aux travaux de chacun' (*Réfutation d'Helvétius*, *OP*, p.474): 'Alors un père opulent dira à son fils: "Mon fils [...] si tu as l'ambition d'être quelque chose dans la société, c'est ton affaire, ce n'est pas la mienne; travaille le jour, travaille la nuit, instruis-toi, car avec toute ma fortune je ne ferais pas de toi un huissier."'

La distinction accordée au seul mérite provoque dans la nation une saine émulation qui fait la prospérité du pays. Dans une monarchie, 'l'ambition est de s'élever'; dans une démocratie, 'l'émulation est d'occuper de la place' (*Observations*, *OP*, p.379). Les 'places, même les plus importantes d'un empire,' doivent être 'abandonnées au concours' (*Mémoires*, p.163) et c'est ce qu'on a compris depuis longtemps en Chine où les 'mandarins' sont occupés 'presque toute leur vie' à étudier pour obtenir des 'grades' à l'aide desquels ils 's'avancent dans les charges, et jouissent de certains privilèges qui les distinguent du peuple et leur donnent des titres de noblesse'.[43] Les Chinois ont d'ailleurs instauré un système d''illustration qui remonte' (*Pages contre un tyran*, *OP*, p.145) dans lequel 'le mérite d'un fils confère la noblesse à son père'.[44]

La consécration dont font l'objet ces vertus éminemment bourgeoises que sont le travail et le mérite personnel ne risque-t-elle pas de faire apparaître dans la société une nouvelle forme d'inégalité aussi pernicieuse que celle inhérente aux 'libertés' féodales? Diderot, pour qui chaque individu est 'heureusement ou malheureusement né' et 'insensiblement entraîné par le torrent général qui conduit l'un à la gloire, l'autre à l'ignominie',[45] fait entrer ces inégalités 'dans la classe des inégalités naturelles' (*Observations*, *OP*, p.366).

---

43. *Lettres édifiantes et curieuses de Chine* (Paris 1979), p.480; cf. aussi *Histoire des deux Indes*, livre I, ch.20; Maspero, p.26.

44. *Histoire des deux Indes*, livre I, ch.21; *OC*, xv.427; cf. aussi *Corr.*, iii.113.

45. *Le Rêve de d'Alembert*, *OPh*, p.364.

L'inégalité des conditions dans la société est 'naturelle' puisqu'elle ne fait que reproduire celle dont les hommes font, cruellement parfois, l'expérience dans leur corps et leur esprit en venant au monde. Dans la 'démocratie même la plus parfaite, l'entière égalité entre les membres est une chose chimérique' et la seule ambition d'un législateur sage sera de rapprocher du plus qu'il est possible les citoyens 'de l'égalité de prétentions et de fortune'.[46] Le législateur ne peut ni ne doit contrarier les desseins de la nature et l'égalité totale serait 'peut-être' le 'principe de dissolution' du meilleur des gouvernements.

Comme le disait Morelly en 1755, 'si l'on eût établi que les hommes ne seraient grands, et respectables qu'à proportion qu'ils auraient été meilleurs, il n'y eût jamais eu entre eux que l'émulation de se rendre réciproquement heureux' (*Code de la nature*, p.46). Les sauvages, d'instinct, ont du 'respect' pour 'les plus intelligents, les plus adroits' (p.57): ce sont 'les nations, et non la nature, [qui] se sont corrompues' (p.56).

L'inégalité naturelle' des talents et des mérites consacre la répartition des tâches et des fonctions dans la société et fait de la 'propriété' une 'notion essentielle et sacrée' (*Fragments échappés*, OC, x.76): en effet, 'comment un homme prit-il possession d'un espace de terre en friche? Par son travail' (*Mémoires*, p.239). Le droit de propriété est donc naturel puisqu'il est un effet du 'mérite personnel' qui, lui-même nous l'avons vu, est une donnée de la nature. L'homme est légitimement maître des fruits de son travail et de ses efforts – c'est là une justification déjà commune au dix-huitième siècle du droit de propriété – et l'inégalité des possessions ne laisse encore 'entre les hommes que la seule inégalité naturelle' (*Mémoires*, p.168) que rien ne pourra totalement faire disparaître. Le propriétaire, comme le magistrat qui a longtemps travaillé pour mériter la responsabilité qu'on lui confie, doit être reconnu comme membre éminent du corps social et politique. D'ailleurs, peut-il y avoir une 'patrie pour celui qui n'a rien ou qui peut emporter avec lui tout ce qu'il a'?[47] L'"intérêt personnel' n'est-il pas 'toujours la mesure du sentiment patriotique'? De ce point de vue, c'est 'la propriété qui fait le citoyen'[48] et le 'corps représentant la nation', chargé 'd'approuver ou de désapprouver les volontés du souverain et de les notifier au peuple', devra être composé de grands propriétaires car seul celui 'qui possède dans l'Etat est intéressé au bien de l'Etat'. Les 'parlements' français que Diderot défendit contre Maupeou avec l'ardeur que l'on sait[49]

46. Article 'Citoyen', *Encyclopédie*, OC, xv.189.
47. *Voyage en Hollande*, OC, xi.355.
48. Article 'Représentants', *Encyclopédie*, OP, p.48.
49. Si, en 1774, après le renvoi de Maupeou, Diderot salue avec autant d'emphase le retour du 'temps de la liberté (*Réfutation d'Helvétius*, OP, p.465) qu'il avait déploré après 1770 l'établissement de l'"état despotique le plus parfait' (*Mémoires pour Catherine II*, p.32), il n'a visiblement pas été dupe de l'alliance contre nature qui réunit, face à l'absolutisme royal, les 'parlements' jansénistes

n'ont cependant que rarement été 'les protecteurs de la nation' (*Mémoires*, p.8) car ces 'simples cours de judicature salariées' n'avaient d'autre souci que de défendre leurs 'privilèges', qui n'étaient que des 'espèces d'usurpation fondées sur des circonstances fortuites', et leurs 'droits chimériques'.[50] Les 'parlementaires anglais, longtemps dignes d'éloge, ont succombé à la corruption et n'ont que trop souvent livré leurs constituants à l'avidité de ceux qui veulent les dépouiller'.[51] En Angleterre, 'l'homme riche achète les suffrages de ses commettants pour obtenir l'honneur de les représenter; la cour achète les suffrages des représentants pour gouverner plus despotiquement'.[52] Pour prévenir tous ces abus, il faut que le 'commettant' soit lui-même un 'grand propriétaire',[53] comme c'est le cas en Hollande. L'assemblée des 'Etats généraux' de Hollande est 'une des plus solennelles et des plus augustes assemblées qu'il y ait au monde. C'est là que sont agitées les affaires de la république et du monde; c'est là qu'on voit des commerçants, des bourgeois prendre le ton imposant et l'air majestueux des rois' (p.351-52). Nul doute que, derrière la figure du 'représentant', qui voit ses pouvoirs et attributions se préciser et s'accroître dans les ouvrages que Diderot destinait à Catherine II, ne se profile l'image de ce 'tiers état'[54] dont Diderot estimait qu'il faisait tant défaut en Russie où, effectivement, 'il n'existait pratiquement, entre l'individu et l'Etat, aucun intermédiaire', 'les groupes sociaux [n'ayant] pas, comme en Occident, un caractère de phénomène autochtone revêtu du prestige de l'ancienneté et d'une continuité ininterrompue'.[55] Diderot, à plusieurs reprises, recommande à Catherine II de tout mettre en œuvre pour doter son pays de cette 'première ou seconde classe de citoyens distingués' (*Mémoires*, p.125) destinée à devenir 'le lien commun des conditions supérieures et des conditions inférieures' et la 'pépinière très féconde de citoyens doués de talents et de mœurs' (p.126).

Farouche défenseur de la notion sacrée de propriété, apologiste fervent des

et anti-philosophes, défenseurs des vieilles 'libertés' féodales et les partisans d'une répartition des pouvoirs plus juste et plus conforme aux exigences de la souveraineté populaire. Il suffit pour s'en convaincre de lire la diatribe étonnamment violente qu'il écrivit en 1769 après la publication de l'*Histoire du parlement de Paris* de Voltaire, et dans laquelle, dénonçant l''ignorance', l''intérêt' et les 'préjugés' des parlementaires, il les accuse d'avoir toujours été 'insolents' sous les rois faibles, lâches sous les rois 'fermes' (*OC*, viii.261). Sur l'ambiguïté du combat commun des philosophes et des parlementaires contre le 'despotisme', voir par exemple Hubert Méthivier, *Le Siècle de Louis XV* (Paris 1977), Norman Hampson, *Le Siècle des Lumières* (Paris 1972), p.148-52.

50. *Lettre critique sur l'Histoire du parlement de Paris par Voltaire, OC*, viii.260.
51. Article 'Représentants', *Encyclopédie, OP*, p.52.
52. *Histoire des deux Indes*, livre XIX, ch.42; *OC*, xv.559.
53. *Voyage en Hollande, OC*, xi.355.
54. *Mémoires*, p.55; *Observations, OP*, p.386.
55. Matthew Anderson, *L'Europe au dix-huitième siècle 1713-1783* (Paris 1968), p.30-31.

droits du 'tiers état', cette 'espèce d'amalgame, qui s'unira également bien et avec la noblesse pauvre et avec la riche bourgeoisie' (p.126), partisan convaincu de la nouvelle société alors en gestation, propriétaire sourcilleux et fier de l'être,[56] bourgeois épris de dignité et de moralité dans la conduite des affaires de famille,[57] Diderot n'en admet pas moins fort aisément, comme nombre de ses contemporains, que 'toute guerre naît d'une prétention commune à la même propriété'[58] et se prend à rêver parfois à la vie insouciante et heureuse de ceux qui, tels les Bacchionites, ont banni entre eux 'les distinctions funestes du "tien" et du "mien"'.[59] Et, en 1772, dans le *Supplément au voyage de Bougainville*, il décrit une société sans 'tien' ni 'mien' qui, dans toutes les acceptions du terme, se trouve aux antipodes de celle qu'il va esquisser un an plus tard pour Catherine II: 'Les travaux et les récoltes s'y faisaient en commun – L'acception du mot "propriété" y était très étroite' (*OPh*, p.503).

A la même époque, nous l'avons vu, il rêve d'une société sans 'contrat', 'l'homme sauvage' qui subsiste en lui proclame que 'l'enfant de la nature abhorre l'esclavage' (*Les Eleuthéromanes*, *OC*, x.20) et que 'la nature n'a fait ni serviteur ni maître' (*OC*, x.22). Rencontrant Dom Deschamps en 1769, il se met à rêver de l'"état social' décrit par le bénédictin et avoue à Sophie Volland que 'l'espèce humaine sera malheureuse tant qu'il y aura des rois, des prêtres, des magistrats, des lois, un tien, un mien, les mots de vice et de vertu' (*Corr.*, ix.128; *LSV*, iii.279). Faut-il ne voir là que la rêverie de l'amateur de 'biens imaginaires'[60] qui retrouve, dans la fiction lointaine de paradis perdus ou exotiques, 'le monde pour lequel [il était] né' (*Corr.*, ix.128; *LSV*, iii.279)? Le *Supplément au voyage de Bougainville* n'est-il qu'une 'rêverie' de 'Denis le philosophe' (*Mémoires*, p.37), un 'conte' qu'il se fait à lui-même? La veine primitiviste qui le caractérise n'est-elle qu'une concession passagère et superficielle à la mode? La société utopique qu'il nous décrit n'est-elle que le fruit du 'divertissement' d'un philosophe qui s'ennuie et laisse vagabonder son esprit vers les 'pays de nulle part'?[61] Le modèle de société que nous propose le *Supplément au voyage de Bougainville* semble n'entretenir que de bien lointains rapports avec le discours politique de Diderot dont nous venons d'évoquer les lignes de force. Il faut essayer d'assigner une place à cette œuvre étrangère, par bien des aspects, à la pensée moyenne de son auteur. La société tahitienne est irréductible au portrait que le révolutionnaire

---

56. Voir par exemple le mépris qu'il affiche pour l'abbé Morellet, dont il 'gage [qu'il] n'a pas un pouce de terre' (*Apologie de l'abbé Galiani*, *OP*, p.94).
57. Voir par exemple tout ce qui concerne le mariage de sa fille.
58. *Supplément*, *OPh*, p.462; cf. aussi *OC*, ix.968.
59. Article 'Bacchionites', *Encyclopédie*, *OC*, xv.102.
60. Article 'Imaginaire', *Encyclopédie*, *OC*, xv.283.
61. Raymond Trousson, *Voyages aux pays de nulle part*.

bourgeois qu'est Diderot trace à Catherine II et aux lecteurs de l'*Histoire des deux Indes* de la société meilleure qu'il appelle de ses vœux. De ce fait, et selon le mot de Georges Benrekassa, le *Supplément au voyage de Bougainville* est une œuvre qui 'fait défaut'.[62] Il nous appartient d'essayer de comprendre quelle est la place, quel est le rôle d'une telle œuvre dans l'économie d'une pensée politique qui lui est à première vue étrangère; plus fondamentalement, de dire quelle est la stratégie de l'utopie au sein d'un discours sur l'histoire.

62. 'Dit et non dit idéologique dans le *Supplément*', *Dix-huitième siècle* 5 (1973), p.31.

# II

# Lieu de l'utopie

# 4. Le *Supplément au voyage de Bougainville* comme utopie

## i. Le texte supplémentaire

UN des traits distinctifs possibles des utopies par rapport aux traités politiques, c'est qu'elles apparaissent 'volontiers comme un avatar du genre romanesque'. Ces 'tableaux imaginaires d'un idéal constructif de la vie en société, supposé réalisé' se situent presque toujours 'dans le cadre d'un récit'.[1] Cette mise en forme romanesque du texte utopique ne répond pas au simple souci de faire de la 'littérature' et de rendre idéologiquement plus efficace un texte moins âpre que celui qui caractérise généralement les traités politiques. L'utopie est un monde 'supposé réalisé' où l'on va s'efforcer de rendre compte minutieusement du quotidien; les personnages doivent se substituer aux concepts, le strict cadre insulaire au vaste champ de l'histoire. La prétention au général de l'utopie est d'autant plus grande qu'elle a su mieux s'inscrire dans le 'vécu' de l'univers romanesque. L'utopie, puisque, par définition, elle anticipe sur la marche de l'histoire, ne peut opter que pour la *fiction* d'un monde déjà institué et constitué. Mais les utopies ont la réputation d'être des romans ennuyeux …

On sait que le voyage vers l'île bienheureuse est le schéma narratif constitutif des utopies de facture classique. Mais dès que le voyageur-narrateur est arrivé à destination, son récit prend fin et il donne la parole à un vieillard ou un sage délégué par la communauté utopique; commencent alors de longues descriptions où le chantre officiel de la cité idéale présente celle-ci sous tous ses angles, politique, économique, moral, militaire, etc. Une succession de tableaux se substitue au récit initial et cette 'imperméabilité à l'action'[2] a toujours – du moins jusqu'à 'l'ère du soupçon' – été considérée comme fatale au roman, et, par conséquent, à l'un de ses 'avatars', l'utopie. Néanmoins, si l'on peut considérer, 'du point de vue littéraire', que la propension de l'utopie à la description soit 'son premier vice de constitution', on ne saurait négliger pour autant la signification profonde, au niveau textuel, de ce qui est d'abord perçu comme un 'défaut'.

La narration – le récit du voyage – est nécessaire pour que s'instaure la distance, l'écart, à la fois géographique et textuel, nécessaire à la découverte de

---

1. Trousson, *Voyages aux pays de nulle part*, p.19.
2. Alexandre Cioranescu, *L'Avenir du passé* (Paris 1972), p.23.

ces 'possibles latéraux' dont parle Raymond Ruyer (*L'Utopie et les utopies*, p.5). Il faut voyager, d'abord, pour découvrir l'ailleurs, pour appréhender l'insularité essentielle des mondes utopiques. La narration – ce mode du temps et de l'histoire – fournit 'les conditions de possibilité textuelle' de l'utopie en plaçant les mondes parfaits 'hors du système de la raison où ils pourraient être jugés selon le vrai et le faux'.[3] En revanche, la narration n'a plus rien à faire dans un monde parfait, où, par définition, il ne se passe rien. Le mode du devenir et de la perfectibilité peut laisser la place au mode d'expression du constitué, c'est-à-dire à la description,[4] laquelle doit se contenter 'de perspectives horizontales, où les détails épiques n'ajoutent qu'un relief factice' (Cioranescu, p.23) puisque l'utopie s'interdit, par essence, 'la grande aventure des coupes verticales ou diachroniques'.

Le relais qui s'opère, au sein de tout texte utopique classique, entre narration et description est donc un trait d'écriture constitutif du discours utopique. Le voyage n'est qu'un pré-texte, un prélude obligé mais en soi insignifiant, au tableau du monde idéal qui va suivre. Il s'agit d'un itinéraire textuel qui permet une prise de distance, un écart nécessaire pour que s'appréhende mieux la parole instituée. La 'littérature' n'est alors que l'alibi, aux sens étymologique et moderne du terme, de l'utopie. Elle permet à la fois d'en signifier et d'en préserver la différence.

Il semble difficile, à première vue, de retrouver dans le *Supplément au voyage de Bougainville* de Diderot ces traits d'écriture utopique. Le texte s'ouvre sur un dialogue entre 'A' et 'B' qui ne quitteront pas le cadre idéal où, sous la 'superbe voûte étoilée' (*OPh*, p.455) ils devisent depuis ... *Madame de La Carlière*.[5] Dans la suite de ce texte 'polyphonique',[6] on passe d'un niveau d'énonciation à un autre, de l'évocation fictive d'un texte réel à la reproduction d'un texte fictif présenté comme réel, et on a du mal à reconnaître là l'évidence avec laquelle d'ordinaire l'utopie se dit. Néanmoins, à y regarder de plus près, on voit se dégager une série de strates d'écriture qui vont nous amener en terrain connu.

De son propre aveu, dans le compte-rendu qu'il donne pour la *Correspondance littéraire* du *Voyage autour du monde* de Bougainville, Diderot a appris, en lisant ce texte, à voyager: 'Voilà le seul voyage dont la lecture m'ait inspiré du goût pour une autre contrée que la mienne. Jusqu'à présent le dernier résultat de

---

3. Louis Marin, *Utopiques, jeux d'espace* (Paris 1973), p.80.
4. Bien sûr, les 'nouveaux romanciers' diront que c'est la description qui est 'narrative'.
5. *OPh*, p.456. Paul Vernière, en note, reprend à ce sujet les conclusions de M. Tourneux et de G. Chinard.
6. G. Benrekassa, 'Dit et non-dit idéologique dans le *Supplément*', p.33.

mes réflexions avait toujours été qu'on n'était nulle part mieux que chez soi.'[7]
Ce texte va devenir, dans l'esprit du philosophe, le 'prétexte' à une vaste
réflexion sur le monde primitif et sur la possibilité d'une autre conception des
rapports des hommes et de la nature. Quand commence le *Supplément*, le voyage
à Tahiti a déjà été fait, a déjà été écrit. Diderot peut faire l'économie du voyage-
alibi. Il suffit à 'A' et 'B' d'évoquer en quelques répliques l'essentiel du *Voyage*
de Bougainville, de donner quelques points de repère qui miment le voyage
que se devait de raconter tout utopiste patenté (*OPh*, p.458):

A. Sa course a été longue?
B. Je l'ai tracée sur ce globe. Voyez-vous cette ligne de points rouges?
A. Qui part de Nantes?
B. Et court jusqu'au détroit de Magellan, entre dans la mer Pacifique, serpente entre
ces îles qui forment l'archipel immense qui s'étend des Philippines à la Nouvelle-
Hollande, rase Madagascar, le cap de Bonne-Espérance, se prolonge dans l'Atlantique,
suit les côtes d'Afrique, et rejoint l'une de ses extrémités à celle d'où le navigateur s'est
embarqué.

Après quelques rappels rapides des questions soulevées par Bougainville lui-
même au sujet de la population de l'île des Lanciers ou des missions jésuites
du Paraguay, on passe très vite à ce qui doit constituer l'essentiel du texte: ce
'supplément' fictif au *Voyage* de Bougainville dont la 'lecture' va nous introduire,
à proprement parler, au cœur de l'univers utopique. Le *Voyage autour du monde*
de Bougainville évoqué rapidement par le premier dialogue entre A et B, c'est
donc ce passage obligé par la narration, par le récit du voyage vers l'ailleurs
d'une autre réalité et d'une autre parole, dont Diderot peut faire ici l'économie.
Tout texte utopique est un texte 'supplémentaire' qui vient s'ajouter au texte
de l'histoire. En inscrivant la 'supplémentarité' dans le titre même de son
ouvrage, Diderot en affiche les intentions, le projet: trouver une parole autre,
une parole supplémentaire qui puisse, peut-être, permettre de se trouver un
supplément d'âme.

Cette narration dont l'utopie a tant besoin pour se constituer en tant que telle
avant de la repousser dans la confusion des paroles de l'histoire, on en voit
peut-être la trace aussi dans ce 'préambule qui ne signifie rien' (*OPh*, p.465)
dont parle 'B' en recommandant à 'A' la lecture du 'Supplément' au *Voyage* de
Bougainville: il lui conseille d'aller 'droit aux adieux que fit un des chefs de
l'île'. On retrouve ici une allusion à ce pré-texte qui est à la fois nécessaire *et*
insignifiant par lui-même et dont Diderot, une deuxième fois, fait l'économie.

---

7. *OC*, ix.972. Le texte n'a finalement pas été publié par Grimm et servit de point de départ à
Diderot pour la rédaction du *Supplément*.

| voyage-narration | tableau de l'Utopie-description |
|---|---|
| 1) *Voyage autour du monde* de Bougainville<br>2) 'dialogue de A et B'<br><br>3) 'le préambule qui ne signifie rien' | – *Supplément au voyage de Bougainville* de Diderot<br>– le 'Supplément' au *Voyage autour du monde* de Bougainville<br>– 'les adieux du vieillard' 'l'entretien de l'aumônier et d'Orou' |
| Le pré-texte | Le texte supplémentaire |

## ii. Le meilleur des mondes

En 1762, la *Correspondance littéraire* publiait un compte-rendu de Diderot sur l'*Essai historique et critique sur les Atlantiques* de M. Baer qui tendait à démontrer que les peuples de l'Atlantide et les Hébreux n'étaient qu'un seul et même peuple (*OC*, v.243-44):

Je vais vous parler [...] de ces temps innocents où le ciel était encore en commerce avec la terre, et ne dédaignait pas de visiter ses enfants; de ces premiers et vénérables agriculteurs qui n'habitèrent presque jamais les villes, qui vécurent sous des tentes et dans les champs, qui eurent de nombreux troupeaux, une grande famille, un peuple de serviteurs; qui épousaient quelquefois les deux sœurs ensemble, et faisaient des enfants à leurs servantes; qui furent pâtres et rois, riches sans or, puissants sans possessions, heureux sans lois. Alors la pauvreté était le plus grand vice des hommes, et la fécondité, la vertu principale des femmes.

Société patriarcale bénie des dieux, souvenirs de l'Age d'or, c'est surtout sous cet angle, nostalgique et volontairement non constructif, que Diderot envisage, comme lors de son séjour à Isles,[8] les mondes utopiques. Cette société rustique n'a de fait que peu de rapports avec les froides constructions des esprits 'systématiques'. Et c'est une survivance de cet état primitif et bienheureux de l'humanité que Bougainville pense découvrir en arrivant à Tahiti (*Voyage*, p.138-39):

Je me croyais transporté dans le jardin d'Eden: nous parcourions une plaine de gazon, couverte de beaux arbres fruitiers et coupée de petites rivières qui entretiennent une fraîcheur délicieuse, sans aucun des inconvénients qu'entraîne l'humidité. Un peuple nombreux y jouit des trésors que la nature verse à pleines mains sur lui [...]; partout nous voyions régner l'hospitalité, le repos, une joie douce et toutes les apparences du bonheur.

Le 'climat sain' de ce jardin d'Eden où (est-ce un hasard?) on ne trouve 'aucun animal venimeux' (p.152), s'il séduit le capitaine de la Boudeuse, transporte

8. Cf. plus loin notre partie intitulée 'Le petit château'.

d'enthousiasme le naturaliste Commerson, disciple de Buffon, qui fait partie de l'expédition de Bougainville. Il a découvert une 'île heureuse' à laquelle il a 'appliqué le nom d'Utopie que Thomas More avait donné à sa république idéale':[9] 'C'est le seul coin de la terre où habitent des hommes sans vices, sans préjugés, sans besoins, sans dissensions. Nés sous le plus beau ciel, nourris des fruits d'une terre féconde sans culture, régis par des pères de famille plutôt que par des rois, ils ne connaissent d'autre dieu que l'Amour' (p.xvii).

Jardin d'Eden, Age d'or, pays de Cocagne, toutes les figures non 'systématiques', non contraignantes, de l'utopie sont ici mises à contribution pour rendre compte de la découverte de cette Nouvelle Cythère. On sait l'engouement que provoquera en Europe le récit de Bougainville pour des îles lointaines où on ne semble attacher que peu d''idées morales à certaines actions physiques qui n'en comportent pas'. Le Tahitien rallume la flamme d'un primitivisme qui s'essoufflait à une époque où les Hurons de La Hontan[10] étaient depuis longtemps passés de mode. La liberté et la générosité sexuelles tahitiennes fascinèrent les voyageurs, puis leurs lecteurs:

Là, ni la honte, ni la pudeur n'exercent point leur tyrannie: la plus légère des gazes flotte toujours au gré des vents et des désirs: l'acte de créer son semblable est un acte de religion; [...] tout étranger est admis à participer à ces heureux mystères: c'est même un des devoirs de l'hospitalité que de les inviter, de sorte que le bon Utopien jouit sans cesse ou du sentiment de ses propres plaisirs ou du spectacle de ceux des autres.[11]

la jalousie est ici un sentiment si étranger que le mari est ordinairement le premier à presser sa femme de se livrer.[12]

Ce collectivisme sexuel, logique en utopie où toute passion exclusive nuit à la cohérence et à la transparence de l'ensemble du corps social, fut également ce qui retint en priorité l'attention de Diderot qui en fit le mythe fondateur de toute sa réflexion dans le *Supplément*.

Néanmoins, si Commerson croit retrouver à Tahiti la trace de cet 'état de l'homme naturel, né essentiellement bon, exempt de tout préjugé et suivant, sans défiance comme sans remords les douces impulsions d'un instinct toujours sûr, parce qu'il n'a pas encore dégénéré en raison' (p.xvii), Bougainville, un premier instant de pure fascination réprimé, retrouve tout son sens critique et, comme il l'avait déjà fait au sujet des missions jésuites du Paraguay, abandonne la 'perspective' idéale pour juger à plat ce qui s'offre à son regard. Si le caractère de la nation tahitienne lui est d'abord apparu 'doux et bienfaisant', il découvre bientôt que ce peuple qui semble ignorer la guerre civile et toute 'haine

9. Extrait de son 'journal', cité dans l'édition Maspero du *Voyage*, p.xvi.
10. *Dialogues avec un sauvage* (1703).
11. Commerson, p.xvii.
12. Bougainville, p.158.

particulière' est 'presque toujours en guerre avec les habitants des îles voisines', fait la guerre 'd'une manière cruelle' (p.155) et sacrifie parfois des victimes humaines. De plus, et plus grave, la société d'abondance et de solidarité collective apparaît à l'examen n'être qu'un leurre (p.167; c'est nous qui soulignons):

J'ai dit plus haut que les habitants de Tahiti nous avaient paru vivre dans un bonheur digne d'envie. Nous les avions cru presque égaux entre eux, ou du moins jouissant d'une liberté qui n'était soumise qu'aux lois établies pour le bonheur de tous. *Je me trompais*, la distinction des rangs est fort marquée à Tahiti, et la disproportion cruelle. Les rois et les grands ont droit de vie ou de mort sur leurs esclaves et valets; je serais même tenté de croire qu'ils ont aussi ce droit barbare sur les gens du peuple qu'ils nomment [...] hommes vils [...]. La viande et le poisson sont réservés à la table des grands; le peuple ne vit que de légumes et de fruit. Jusqu'à la manière de s'éclairer la nuit différencie les états, et l'espèce de bois qui brûle pour les gens considérables n'est pas la même que celle dont il est permis au peuple de se servir.

Même l'enthousiasme soulevé un moment par les mœurs sexuelles tahitiennes se doit d'être tempéré: '*les femmes doivent à leur mari une soumission entière*: elles laveraient dans leur sang une infidélité commise *sans l'aveu de l'époux*' (p.158: c'est nous qui soulignons).

Ce don du corps féminin – comme le comprendra d'ailleurs très bien Diderot – n'a que peu de rapports avec une moderne libération des corps. Il reste l'affirmation archaïque d'un pouvoir mâle dans une société où l'adultère existe – contrairement à ce que pourraient laisser croire les règles de l'hospitalité tahitienne – et dans laquelle les amants non avalisés par le mari cherchent aussi à s'assurer 'secret et impunité' (p.168).

Bougainville, comme le précise 'B', possède ce 'coup d'œil prompt qui saisit les choses' et ce grand 'désir de voir, de s'éclairer et d'instruire' (*OPh*, p.457-58) qui lui ont permis d'apercevoir au travers de la prétendue perfection tahitienne ces 'filous' (*Voyage*, p.144), cette 'canaille' (p.137), qui gâchent la transparence utopique. Néanmoins, la 'fable de Tahiti' (*OPh*, p.464) est née et Diderot va, consciemment, s'en emparer.

L'aumônier du *Supplément* qu'Orou a réussi à convaincre des charmes de la vie insulaire 'se plaint de la brièveté de son séjour dans Tahiti' et regrette ce paradis plus accessible que celui que lui promet depuis si longtemps sa foi (*OPh*, p.503-504):

Rien n'y était mal par l'opinion ou par la loi, que ce qui était mal de sa nature. Les travaux et les récoltes s'y faisaient en commun. L'acception du mot 'propriété' y était très étroite; la passion de l'amour, réduite à un simple appétit physique, n'y produisait aucun de nos désordres. L'île entière offrait l'image d'une seule famille nombreuse, dont chaque cabane représentait les divers appartements d'une de nos grandes maisons.

Evidence du bien et du mal, communauté des biens, travaux et loisirs collectifs, absence de passions: l'utopie triomphe ici dans une vision que Diderot a dégagée de la tradition bucolique prédominante encore, nous l'avons vu, chez un Commerson. Il est vrai qu'on ne saurait parler à propos de la société tahitienne d'une description exhaustive restituant toute la complexité des structures sociale, économique et politique – la structure politique de l'île n'est jamais évoquée directement – semblable à celle que l'on trouve dans l'*Utopie* de More par exemple; il n'en reste pas moins que la Tahiti de Diderot présente nombre des caractères généraux des utopies sociales telles que la littérature critique les a depuis longtemps déjà décrites.

D'abord, et bien sûr, Tahiti est une île, et cette insularité est précisément ce qui lui a permis de sauvegarder, un temps, son particularisme utopique, sa différence radicale. Le vieillard du *Supplément* dénonce la contamination fatale, la souillure de son paradis jusque-là préservé, par la civilisation occidentale. Les utopies qui se proposent la fin de l'histoire, ne peuvent supporter d'être rattrapées par elles. C'est pourquoi elles s'isolent, géographiquement et symboliquement, au milieu des mers où elles vivent en quasi totale autarcie économique. Le vieillard a raison de gémir 'sur les beaux jours de son pays éclipsés' (*OPh*, p.466) et l'originalité de Diderot est d'avoir choisi de construire sa réflexion à partir de cette confrontation dramatique de l'utopie et de l'histoire à l'issue de laquelle la première doit céder la place et se résoudre à (dé)périr. Ce n'est pas simple scrupule d'honnête homme si Bougainville revient aussi souvent dans son *Voyage* sur l'importation par les Européens des 'maux vénériens' maintenant 'naturalisés' en Tahiti (p.170): il ne peut, comme Diderot, manquer de voir là le symbole d'une souillure plus essentielle encore. Les Tahitiens, 'droits, sains et robustes' (*OPh*, p.468) comme il sied à des Utopiens, ont désormais le sang 'infecté' (*OPh*, p.469).

Au communisme tahitien, les Européens ont opposé l'étrange, l'étrangère distinction du 'tien' et du 'mien'. En amour, ils ont transformé les sains transports naturels en féroces élans, ont rendu les femmes 'folles' entre leur bras et ont allumé en elles des 'fureurs inconnues' jusqu'alors (*OPh*, p.467). La propriété sexuelle et son cortège de conséquences funestes – sur lesquelles nous reviendrons en détail ultérieurement – ont mis fin à la transparence utopique. Les passions ont troublé de leurs turbulences le ciel serein de Tahiti sous lequel on ignorait encore ce que sont jalousie, haine, désir effréné de possession, et honte de la 'voix secrète de ses sens' (*OPh*, p.470).

Le communisme allait de pair avec la saine frugalité de ceux qui possèdent tout ce qui est 'nécessaire et bon' et vivent dans 'l'étroite limite du besoin'. Le luxe était inconnu à Tahiti comme en Utopie. Là encore, la corruption est venue de ceux qui cultivent les 'besoins superflus' et recherchent des 'biens imaginaires' pour n'avoir pas compris que la plus grande des jouissances c'est de réduire 'la somme [des] fatigues annuelles et journalières' autant que faire se peut et que rien ne paraît 'préférable au repos' (*OPh*, p.468).

La liberté en utopie n'a, comme le précise par exemple Morelly dans son *Code de la nature*, aucun rapport avec l'"entière indépendance' des individus qui 'exclut absolument tout rapport d'un homme à un autre' (p.80). Le 'Fay ce que voudras' de Rabelais, qui a souvent été salué comme l'incitation à l'invention d'une autre liberté où l'individu serait roi n'échappe pas à la mise en règle collective et introduit, comme le remarque André Glucksman, 'l'unanimité laïque et obligatoire en faisant l'économie du Prince'.[13] Il y a, continue Morelly, dans la cité idéale, 'une mutuelle dépendance, entre les citoyens' qui les fait tour à tour 'commander' et 'servir', c'est-à-dire, être 'secourus' et 'secourir', de sorte qu'il n'y a 'ni maître ni esclave, parce que la dépendance est réciproque' (p.81). Nous verrons combien Diderot redoutait l'implacable logique de cette belle loi d'ordonnance sociale qui ne saurait souffrir le moindre accroc. En 1978, l'écrivain tchèque Milan Kundera parlait aussi de ces pays où 'chacun est une note dans une sublime fugue de Bach, et celui qui ne veut pas en être une reste un point noir inutile et privé de sens qu'il suffit de saisir et d'écraser sous l'ongle comme un pou'.[14] La marginalité, de quelque nature qu'elle soit, est inconcevable en utopie. Depuis Platon, les rêveurs, les malades, les vieillards, tous ceux en un mot qui peuvent troubler l'image de parfaite harmonie et de saine santé que la cité idéale veut donner d'elle-même, tous ceux qui, par leurs souvenirs, leur nostalgie, leurs cicatrices ou leurs rides, rappellent que le temps existe, doivent être exclus.

A Tahiti, nous l'avons vu, le 'repos' est une valeur. Néanmoins, il est, là aussi, des domaines dans lesquels 'l'inaction est un dommage réel fait à la patrie' – comme on le constate dans la France idéale que décrit Louis-Sébastien Mercier (*L'An 2440*, p.182). La Vénus de la nouvelle Cythère est, on le sait, plus 'féconde' que 'galante' (*OPh*, p.489) et la procréation est un devoir d'état: 'Un enfant qui naît, occasionne la joie domestique et publique: c'est un accroissement de fortune pour la cabane, et de force pour la nation: ce sont des bras et des mains de plus dans Tahiti; nous voyons en lui un agriculteur, un pêcheur, un chasseur, un soldat, un époux, un père' (*OPh*, p.485).

Aussi exhorte-t-on les Tahitiens à 'produire' (*OPh*, p.486), sans négliger de faire appel parfois aux étrangers: c'est là l'explication économique de l'hospitalité tahitienne. En revanche, 'avant l'âge de fécondité', on protège les filles nubiles 'de l'approche de l'homme' et les garçons pubères 'du commerce de la femme'. Dans une société où la beauté et la richesse dépendent du nombre d'enfants,

---

13. *Les Maîtres penseurs* (Paris 1979), p.26.
14. *La Toque de Clémentis* (prépublication en 1978 dans *Le Nouvel Observateur*).

ceux qui ne peuvent ou ne veulent satisfaire à cette exigence patriotique sont rejetés: les femmes stériles sont mises à l'écart de la société tahitienne et portent des 'voiles noirs'; les femmes affectées de 'la maladie périodique' sont écartées de même du commerce de leurs semblables et portent des 'voiles gris' (*OPh*, p.494). Pour le plus grand bien de la prospérité nationale 'fornication, inceste, adultère' sont encouragés à Tahiti. En revanche, il ne saurait exister de plus grand crime que le libertinage, c'est-à-dire la 'fornication' sans (re)production: celle qui quitte son voile noir et 'se mêle avec les hommes est une libertine, celui qui relève ce voile et s'approche de la femme stérile, est un libertin' (*OPh*, p.494). La chasteté de l'aumônier et le libertinage sont également condamnables aux yeux d'Orou, comme à ceux de Diderot d'ailleurs, qui fait partager à 'ses' Tahitiens une hantise constante de la 'population' sur laquelle nous aurons l'occasion de revenir. Quoi qu'il en soit, la sexualité tahitienne n'a rien, chez Diderot, d'érotique: le plaisir n'est nullement la première des valeurs et ceux qui le recherchent exclusivement sont sévèrement punis (*OPh*, p.498):

Nous avons de vieilles dissolues, qui sortent la nuit sans leur voile noir, et reçoivent des hommes, lorsqu'il ne peut rien résulter de leur approche; si elles sont reconnues ou surprises, l'exil au nord de l'île, ou l'esclavage, est leur châtiment; des filles précoces, qui relèvent leur voile blanc à l'insu de leurs parents, et nous avons pour elles un lieu fermé dans la cabane; des jeunes hommes, qui déposent leur chaîne avant le temps prescrit par la nature et la loi, et nous en réprimandons leurs parents; des femmes à qui le temps de grossesse paraît long; des femmes et des filles peu scrupuleuses à garder leur voile gris.

Eros enchaîné et planifié, absence de passions individuelles, exclusion et sanction des 'improductifs', autant de 'motifs' qui font de la Tahiti de Diderot une utopie conforme à ce que nous en savons depuis Platon et More. L'oisiveté sexuelle, le plaisir sont bannis d'une société où 'la femme sur laquelle les regards s'attachent et que le désir poursuit, est celle qui promet beaucoup d'enfants [...] et qui les promet actifs, intelligents, courageux, sains et robustes' (*OPh*, p.488). Les cités idéales ont toujours pratiqué une politique eugéniste qui excluait, une seconde fois, les vieillards, les boiteux, les fous, les malades. Il règne dans ces cités 'un air désinfecté'[15] que l'on n'est pas très éloigné de retrouver à Tahiti. Non seulement l'hospitalité amoureuse des Tahitiennes a permis à leur nation de s'enrichir: 'Nous avons des calamités épidémiques à réparer; et nous t'avons employé à réparer le vide qu'elles laisseront. Nous avons des ennemis voisins à combattre, un besoin de soldats; et nous t'avons prié de nous en faire: le nombre de nos femmes et de nos filles est trop grand pour celui des hommes; et nous t'avons associé à notre tâche' (*OPh*, p.500).

15. Gilles Lapouge, *Utopies et civilisation* (Paris 1978), p.300.

Mais on espère qu'elle contribuera aussi à affiner le sang national: 'Plus robustes, plus sains que vous, nous nous sommes aperçus au premier coup d'œil que vous nous surpassiez en intelligence; et, sur le champ, nous avons destiné quelques-unes de nos femmes et de nos filles les plus belles à recueillir la semence d'une race meilleure que la nôtre' (p.500).

Cette tentation de l'eugénisme, dont Paul Vernière, après Gilbert Chinard, nous dit qu'elle aurait pu être inspirée à Diderot par l'*Essai sur la manière de perfectionner l'espèce humaine* du docteur Vandermonde, docteur-régent de la Faculté de médecine de Paris (*OPh*, p.500, n.1), nous la retrouvons sous une forme plus brutale dans l'*Entretien d'un père avec ses enfants*, où le philosophe recommande au docteur Bissei de laisser mourir tous les 'Cartouche ou Nivet' qui viendraient un jour à avoir besoin de son art (*OPh*, p.416):

> Et quel remords pourriez-vous avoir, je ne dis point d'avoir tué, car il ne s'agit pas de cela; mais d'avoir laissé périr un chien enragé? [...]
> Je ne m'occuperai point de rendre à la vie celui dont il m'est enjoint par l'équité naturelle, le bien de la société, le salut de mes semblables, d'être le dénonciateur.

L'assainissement de la société va de pair avec la volonté de la purifier dès sa source. Tout ce qui peut porter atteinte à l'harmonie et à la perfection de l'ensemble doit être impitoyablement écarté, éliminé, tranché, 'écrasé comme un pou'.[16] Alors, et alors seulement, la société utopique pourra célébrer ces fêtes de la 'transparence' où chacun voit *en étant vu*, où la nation tout entière se donne en spectacle à elle-même. Les fêtes révolutionnaires d'après 1789 furent la mise en scène grandiose d'une nation qui se croyait enfin réconciliée avec elle-même. La volonté constante de l'utopic de se créer un nouvel 'espace de visibilité' où le 'centre [est] partout et la circonférence nulle part',[17] et dont le phalanstère de Fourier constitue un exemple achevé, fait de la fête le moment privilégié où l'individu se rend compte à quel point il fait 'masse', à quel point son plaisir est désormais indissociable de la liesse collective dont il est à la fois la source et le produit. La fête mime la transparence idéale du meilleur des mondes. Le naturaliste Commerson avait noté le caractère public et festif de la sexualité tahitienne: 'L'acte de créer son semblable est un acte de religion; les préludes en sont encouragés par les vœux et les chants de tout le peuple assemblé, et la fin célébrée par des applaudissements universels' (p.xvii).

Orou, dans le *Supplément au voyage de Bougainville* (*OPh*, p.487-88), précise à l'aumônier que c'est

> une grande fête que celle de l'émancipation d'une fille ou d'un garçon. Si c'est une fille, la veille, les jeunes garçons se rassemblent en foule autour de la cabane, et l'air retentit

---

16. Kundera, *La Toque de Clémentis*.
17. Glucksman, *Les Maîtres penseurs*, p.24, applique la formule à 'l'état moderne'.

pendant toute la nuit du chant des voix et du son des instruments. Le jour, elle est conduite par son père et par sa mère dans une enceinte où l'on danse et où l'on fait l'exercice du saut, de la lutte et de la course. On déploie l'homme nu devant elle, sous toutes les faces et dans toutes les attitudes. Si c'est un garçon, ce sont les jeunes filles qui font en sa présence les frais et les honneurs de la fête et exposent à ses regards la femme nue, sans réserve et sans secret.

De fait, c'est la société tahitienne toute entière qui se met à nu, 'sous toutes les faces et dans toutes les attitudes'. Elle célèbre dans l'allégresse rituelle l'union de *tous* ses membres.

Cette 'transparence' totale qui fascine les utopistes et que l'on retrouve dans la Tahiti du *Supplément* ne ménage aucun espace de liberté pour l'individu dans sa différence. Elle révélera son envers, son enfer, lorsqu'elle se matérialisera sous la forme de l'œil du 'Big Brother' de George Orwell dans *1984*.

Collectivisme, eugénisme, refus des différences et des marginalités, recherche de la transparence, la Tahiti de Diderot affiche sans complexe son 'utopisme'. Mais que vient donc faire ce 'texte supplémentaire' dans le cours d'une pensée dont nous allons voir à quel point elle est réfractaire à la logique de ces 'mathématiciens' de l'idéologie que sont les utopistes?

# 5. Stratégies de l'utopie

## i. L'utopie comme refuge

### a. Le 'petit château'

Ah, mes amis, si nous allons jamais à Lampedouse
fonder, loin de la terre, au milieu des flots de la mer,
un petit peuple heureux![1]

CE rêve d'une communauté de 'happy few' se réfugiant sur 'la petite île déserte de la mer d'Afrique, située à une distance presque égale de la côte de Tunis et de l'Ile de Malte' (OE, p.105, note de Diderot), pour y célébrer leurs 'sabbats' théâtraux, nous le retrouvons, sous une forme plus romanesque mais non moins idyllique, à plusieurs reprises dans les premières lettres de Diderot à Sophie Volland qui nous soient parvenues. Diderot y évoque un 'établissement' chimérique, le 'petit château'[2] où se retrouveraient, loin du bruit et de la fureur du monde, les deux amants et quelques rares élues. Dans les lettres qui se succèdent pendant les mois de juillet et août 1759, période pendant laquelle il se trouve à Langres puis à Isles et est séparé de Sophie restée à Paris, Diderot ne cesse de 'perfectionner' (Corr., ii.191) cette oasis de paix et d'harmonie.

Il destine 'Sœurette', 'la créature la plus originale et la plus tranchée' qu'il connaisse, au rôle de 'ménagère du petit château' et rêve d'introduire dans la communauté une femme, peut être madame Le Gendre, sœur de Sophie, 'un personnage qui fût le confident de tous et qui fît entre eux le rôle de conciliateur commun' (ii.191).

Il est difficile, à l'évocation de cette 'maison bénie' où 'les mortels les plus heureux par le bien' qu'ils feront, vivront 'sans glaces, sans tableaux, sans sophas'[3] avant de se fermer un jour 'les yeux les uns aux autres',[4] de ne pas penser au Clarens de Rousseau qui, deux ans plus tard, en 1761, donnera dans *La Nouvelle Héloïse* forme romanesque à ce rêve de 'transparence'[5] qui se fait jour ici dans la rêverie du 'petit château' de Diderot.

Dans une lettre du 17 ou 18 août, écrite à Isles où Diderot de retour de Langres fait une courte halte avant de reprendre le chemin de Paris en

1. *Seconde Entretien sur le Fils naturel, OE,* p.105.
2. Lettre à Sophie Volland, 31 juillet 1759, *Corr.,* ii.190; *LSV,* i.54.
3. Lettre à Sophie Volland, 17 août 1759, *Corr.,* ii.225; *LSV,* i.78.
4. Lettre à Sophie Volland, 4 août 1759, *Corr.,* ii.195; *LSV,* i.58.
5. Cf. Jean Starobinski, *Jean-Jacques Rousseau: la transparence et l'obstacle* (Paris 1971).

compagnie de madame Volland, le 'petit château idéal' semble pour la première fois prendre quelque épaisseur. On quitte un instant l'ordre de l'imaginaire pour se situer dans une perspective existentielle et Diderot, qui vient de visiter le domaine des Volland et de découvrir avec un plaisir extrême le lieu où vit Sophie, s'exclame: 'Ne nous y retrouverons-nous jamais tous, avec des âmes bien tranquilles et bien unies? Il serait tout élevé, tout bâti, ce petit château idéal' (*Corr.*, ii.231; *LSV*, i.84, 85).

Diderot, qui vient d'être doublement frappé en quelques mois par la révocation des lettres de privilège accordées à l'*Encyclopédie* (le 8 mars 1759) et par la mort de son père (le 3 juin 1759), ne cache pas, en cet été provincial, toute l'appréhension qu'il éprouve à retourner bientôt dans ce 'lieu de tumulte et de peines' (*Corr.*, ii.231) qu'est Paris et où l'attendent les âpres réalités de la lutte encyclopédique. Se ménageant en compagnie de la 'chère et attentive maman', avec qui il s'est réconcilié, une ultime pause, Diderot visite le domaine d'Isles et, ne craignant 'ni les ronces, ni les épines, ni le fumier',[6] il salue la Marne 'sa compatriote et fidèle compagne de voyage' au spectacle de laquelle il évoque le souvenir ému de 'ces patriarches, dont on ne lit jamais l'histoire sans regretter leur temps et leurs mœurs' et qui 'n'ont habité que sous des tentes et dans des étables' (*Corr.*, ii.228-29). Le jardin secret devient ici jardin d'Eden. La littérature fournit à la rêverie intérieure le cadre qui lui manquait et c'est à une vision stéréotypée de l'Age d'or que nous convie Diderot: 'Il n'y avait pas l'ombre d'un canapé, mais de la paille bien fraîche, et ils se portaient à merveille, et toute leur contrée fourmillait d'enfants.'

L'article 'Agriculture' de l'*Encyclopédie*, sous la plume de Diderot, décrivait de même la société préservée des 'marques éclatantes de la grandeur et de la méchanceté des peuples', de ces hommes rustiques 'plus jaloux d'augmenter leur félicité dans le coin de terre qu'ils occupaient que de se transplanter en différents endroits pour s'instruire du bonheur ou du malheur des autres' (*OC*, xv.20): 'L'agriculture fut presque l'unique emploi des patriarches, les plus respectables de tous les hommes par la simplicité de leurs mœurs, la bonté de leur âme, et l'élévation de leurs sentiments' (*OC*, xv.18).

Diderot, revendiquant sa rusticité[7] et poursuivant dans le ton bucolique qui caractérise la lettre des 17 et 18 août 1759, se prend à rêver d'une vie rustique, sereine, calme et voluptueuse: 'C'est là que j'habiterais; c'est là que je rêverais; que je sentirais doucement; que je dirais tendrement; que j'aimerais bien; que je sacrifierais à Pan et à la Vénus des champs, au pied de chaque arbre, si on le voulait et qu'on me donnât du temps.'

---

6. Lettre à Sophie Volland, 17-18 août 1759, *Corr.*, ii.229; *LSV*, i.82.
7. *Corr.*, ii.299; *LSV*, i.82: 'Je suis un rustre et je m'en fais honneur, mesdames.'

Et Diderot-Silène d'apostropher la malheureuse Sophie qui le rappelle à Paris, où tous les arbres 'sont estropiés en tête de chou, et où l'on étouffe, quoiqu'on ait pris tant de précaution en élaguant, coupant, brisant, gâtant, pour [vous] donner un peu d'air et d'espace' (*Corr.*, ii.228-29).

L'odeur du fumier retrouvée avec tant de joie et de frémissement sera l'occasion, au détour d'une phrase, de rappeler que 'pour un nez honnête et qui a conservé son innocence naturelle, ce n'est point une chèvre, c'est une femme bien musquée, bien ambrée, qui pue' (*Corr.*, ii.228-29). L'*Histoire des deux Indes* dressera des grandes villes, ces demeures 'du crime, du vice, des mœurs dissolues', un portrait apocalyptique (livre IX, ch.5; *OC*, xv.485).

L'homme, c'est l'art, c'est l'artifice. Il a tout gâté le jour où il a quitté 'la bêche pour manier l'or et les pierreries': 'Le sauvage [...] de tous les lieux que la nature a plantés est un sublime que la main des hommes rend joli quand elle y touche.'[8]

Problème du luxe, confrontation de l'état de nature et de la civilisation, on reconnaît là quelques uns des grands motifs de la pensée des Lumières et de son 'primitivisme'. Cette rencontre entre la rêverie personnelle d'un homme qui rêve 'transparence' là où, précisément, s'interpose toujours la médiation de la communication épistolaire et certains des thèmes fondamentaux sur lesquels va s'élaborer la réflexion politique du philosophe, n'est évidemment pas fortuite ni dénuée de significations, pas plus d'ailleurs que l''utopie' de Clarens n'est étrangère à la complexité de la pensée politique de Rousseau.[9]

Il n'en reste pas moins que le 'petit château', c'est, d'abord, la rêverie d'un 'amateur de bonheur imaginé'.[10] 'Nous serions trop malheureux, si nous n'avions beaucoup de biens imaginaires', affirme Diderot dans l'article 'Imaginaire' de l'*Encyclopédie* (*OC*, xv.282-83). Dès que la réalité est intolérable ou simplement décevante, l'homme se réfugie dans son 'château en Espagne' pour se sauver 'des fâcheux, des méchants, des importuns, des envieux': 'c'est là', affirme Diderot dans une lettre à Falconet, 'que je passe les deux tiers de ma vie' (15 février 1766; *OC*, vi.455). De plus, 'un bonheur "imaginaire" est un bonheur réel, une peine "imaginaire" une peine réelle' car, si l'imaginaire est 'dans le motif, dans l'objet', 'la réalité est toujours dans la sensation' et que 'la chose soit ou ne soit pas comme [on] l'imagine, [on] souffre ou [on est] heureux' (*OC*, xv.282-83). La réalité de la sensation éprouvée par celui qui imagine explique que l'on puisse, comme Diderot, préférer 'le rêve du matin' à 'la jouissance de l'après-midi': 'Ne me détachez pas de la meilleure partie de mon bonheur.

---

8. Lettre à Sophie Volland, 17-18 août 1759, *Corr.*, ii.230; *LSV*, i.83.

9. Cf. Jean Starobinski, *La Transparence*; Michèle Duchet, 'Clarens, le lac d'amour où l'on se noie', *Littérature* 21 (février 1976).

10. Emile Cioran, *Histoire et utopie* (Paris 1968), p.138-39.

Celui que je me promets est presque toujours plus grand que celui dont je jouis' (*OC*, vi.455).

Devant l'accumulation des obstacles ou des déceptions, apparaît la tentation de recourir à ce vagabondage de l'esprit où l'homme en proie à la 'déréliction' et au sentiment amer 'd'être jeté dans l'existence sans nécessité véritable',[11] emprunte les voies de l'imaginaire pour se sortir, momentanément, des impasses du vécu. Les difficultés avec madame Volland, la trahison des libraires, les tracas de la 'Librairie', la mort du père, autant de motifs pour Diderot de se réfugier dans l'un de ces mondes imaginaires où, selon le mot de Jean Servier à propos des utopies politiques, 'les choses s'administrent d'elles-mêmes'.[12] Echappant à toute contingence matérielle, à toute réalité sociale et politique, l'individu retrouve la sécurité, l'innocence et l'irresponsabilité de l'univers matriciel et de ces mondes d'avant la Chute – qu'elle soit morale ou historique – où la nature et les dieux sont seuls maîtres d'une infinie mise en perspective du bonheur humain.

Mais, indiquait déjà Platon, les républiques idéales n'ont que faire des rêveries marginales des êtres d'exception: 'la loi ne se préoccupe pas d'assurer un bonheur exceptionnel à une classe de citoyens mais [...] elle s'efforce de réaliser le bonheur de la cité tout entière, en unissant les citoyens par la persuasion ou la contrainte, et en les amenant à se faire part les uns aux autres des avantages que chaque classe peut apporter à la communauté.'[13]

La cité idéale ne peut fonctionner pour le seul profit de quelques privilégiés. Toutes les conditions doivent être associées pour construire un ensemble cohérent: 'nous croyons façonner la cité heureuse, non pas en prenant à part un petit nombre de ses habitants pour les rendre heureux, mais en la considérant tout entière' (p.171-72). Cette solidarité des diverses parties est d'ailleurs nécessaire à la cohérence d'une société qui ne peut accepter la disparité des cheminements individuels sous peine de s'effondrer.

Entre le monde refuge de quelques élus et la cité idéale, la ressemblance n'est que superficielle. L'une installe l'individu dans une communauté qui refuse la complexité des structures sociales pour ne sauvegarder que la transparence des rapports inter-individuels; l'autre, au contraire, prétend épuiser cette complexité sociale par la mise en place d'une dialectique de l'individuel et du collectif où souvent l'individu se perd. Ils partagent néanmoins la même haine du temps et de l'histoire qu'ils mettent, l'un et l'autre, entre parenthèses afin de mieux promouvoir le bonheur parfait – c'est-à-dire à jamais 'achevé' – qu'ils revendiquent en commun.

11. Jean Servier, *L'Utopie*, p.89.
12. *L'Utopie*, p.119; cf. aussi G. Lapouge, *Utopies et civilisations*, p.42-43, 281.
13. *La République* (Paris 1966), p.278.

## b. Socrate, Ariste, Sénèque ou le philosophe engagé

Le directeur de l'*Encyclopédie* a-t-il, lui aussi, succombé aux charmes du 'petit château'? S'est-il un moment, par lassitude, par angoisse de l'avenir, engagé sur les 'voies parallèles' de cette forme de 'rêve éveillé qui ignore les problèmes du siècle'[14] qu'est parfois l'utopie? A-t-il recherché et retrouvé avec bonheur les 'structures contraignantes de la cité traditionnelle' (p.94) qui décharge l'individu de sa liberté? A-t-il enrichi la collection de ces systèmes 'immatures', dont parle Engels,[15] qui présentent une vérité absolue, 'indépendante du temps, de l'espace et du développement de l'histoire humaine' (p.76)? L'utopie, comme rêve, comme refuge, acceptable sur le plan personnel en tant que compensation thérapeutique à un mal de vivre auquel la réalité ne peut remédier, est toujours sévèrement condamnée, non seulement par la pensée marxiste mais par toute pensée politique 'sérieuse' qui n'admet pas que l'on joue ainsi avec le devenir d'une société qui n'a rien à attendre des systèmes sortis du cerveau de quelque esprit inventif mais incapable de comprendre et d'expliquer la complexité des rapports socio-économiques qui font l'histoire.

Citant les excuses adressées à Catherine II par le philosophe 'qui s'avise de politiquer sous sa gouttière' et qui, loin de comprendre 'ce qui se passe dans la tête d'une souveraine', n'est bon qu'à produire des 'rêveries',[16] Jacques Proust ne voit dans les textes 'russes' de Diderot qu'une longue et malheureuse digression au cours de laquelle le philosophe, prenant conscience de ce qui sépare la généralité de ses principes de l'application pratique qu'on peut en faire, se serait réfugié dans le rêve et l'utopie:

Diderot tenta d'esquiver la difficulté en se réfugiant dans l''utopie', il dit le 'rêve'.

L'imaginaire alors prend le relais de la raison, le poète se substitue au philosophe, et ce qui n'est possible ni dans la théorie ni dans la pratique se réalise fictivement dans la rêverie sur le thème du 'roi Denis'[17]

Déçu par Catherine, incapable de mettre en application ses rêves, 'Denis le philosophe' se réfugierait dans un discours d'auto-satisfaction, sans aucune prétention, désormais, d'influer en quoi que ce soit sur la conduite des affaires russes. Mais il semble pour le moins étrange de coiffer l'ensemble des textes composant les *Mémoires pour Catherine II* et les *Observations sur le Nakaz*, dont Jacques Proust lui-même vante le réalisme politique et la portée critique, de cet avertissement que Diderot n'avait explicitement destiné qu'au deuxième des

14. Jean Servier, *L'Utopie*, p.14.
15. *Socialisme utopique et socialisme scientifique* (Paris 1973), p.66.
16. *Mémoires*, p.35.
17. 'Diderot et l'expérience russe: un exemple de pratique théorique au dix-huitième siècle', *Studies on Voltaire* 154 (1976), p.1783-84.

fragments réunis par Paul Vernière dans son édition des *Mémoires*.[18] De plus, s'il est incontestable que Diderot accuse la distance très grande entre ce qu'il propose et ce qu'on en retient, on ne saurait – sous peine d'assimiler à l'utopie tout texte qui prend ses distances par rapport à une pratique gouvernementale – voir dans ses 'rêveries' autre chose qu'un alibi destiné à prédisposer mieux, par l'excuse de l'innocence présumée de toute divagation, l'interlocutrice du philosophe à mieux écouter ce qu'elle ne peut entendre. Il est vrai que c'est là, aussi, une des stratégies de l'utopie mais l'assimilation faite par Jacques Proust se veut ici essentiellement réductrice en ce qu'elle oppose une pratique politique cohérente et efficace à une 'dérive' utopique sans prise directe sur la réalité des choses. On peut admettre sans difficulté avec lui que, face à l'échec, en Russie, de cette 'philosophie rationnelle qui devait s'imposer par sa seule évidence aux despotes, et les conduire naturellement à faire le bonheur de leurs peuples', Diderot ait eu un moment de trouble, d'interrogation, dont les *Mémoires* et les *Observations* seraient le vivant témoignage, avant de s'engager dans la mise en question radicale de 'la conception qu'il avait des rapports entre la Volonté Générale, le Philosophe, le Prince et le Peuple' et qui conduira le 'censeur des rois' à se muer en 'moniteur des peuples' (Proust, p.1799). En revanche, l'assimilation qu'il fait entre ces textes de réflexion et de combat et l'utopie refuge du citoyen en proie au doute nous semble pour le moins hasardeuse. Jacques Proust nous semble mieux inspiré lorsqu'il souligne, dans le même article, que 'l'œuvre littéraire de Diderot et son œuvre politique – ou philosophique – ne sont pas extérieures l'une à l'autre' et qu'il y a des liens nécessaires entre elles et des points de passage obligés de l'une à l'autre' (p.1784) dont les 'rêveries' qu'il vient d'évoquer et le *Supplément* sont de bons exemples. Nous y reviendrons.

Quoi qu'il en soit, nous voyons explicitement apparaître ici cette idée, communément répandue d'ailleurs, selon laquelle l'utopie n'est qu'une fuite, une dérobade, même momentanée, face à la complexité du réel. Et c'est par référence à cette définition que Jacques Proust définit le *Supplément au voyage de Bougainville*: 'Les "rêveries" de St-Pétersbourg ont été précédées par l'utopie du *Supplément au voyage de Bougainville*; elles seront suivies par la "rhapsodie" de *Jacques le fataliste*' (p.1784).

Mais le 'poète' s'est-il vraiment substitué au 'philosophe' dans une œuvre écrite en 1772, c'est-à-dire, au moment même où Diderot commence à collaborer à l'*Histoire des deux Indes* de Raynal, à une époque où, depuis son voyage à Langres, en 1769, le fait politique semble avoir concrètement pénétré l'esprit jusque-là peut-être trop 'systématique' du philosophe qui va trouver bientôt en

18. 'Ma rêverie à moi Denis le philosophe', p.37ss.

Hollande un 'modèle' historique et qui veut vérifier, par l'expérience, le bien-fondé de ses vues en Russie? A vrai dire, jamais période de la vie de Diderot n'a semblé moins propice à un repli, à la recherche d'une satisfaction imaginaire dans le cadre tout idéal de Tahiti. Catherine II décevra l'attente du philosophe mais, en 1772, tout semble encore possible. La Russie, voilà le véritable espace à conquérir et à construire, cet ailleurs utopique qu'il n'est pas besoin, pour l'instant, d'aller chercher dans l'exotisme américain. La chance de voir s'éclore une société meilleure, Diderot croit pouvoir la trouver en Russie. Dans les *Observations sur le Nakaz*, écrites après le séjour à St-Pétersbourg, Diderot entamera, sous des dehors polis encore, une critique désabusée de l'autocratisme de Catherine tel qu'il le dénoncera en 1780 dans l'*Histoire des deux Indes*.[19] Mais, au moment où il rédige les *Mémoires*, il ne tarit pas d'éloges pour cette femme qui réunit 'l'âme d'une Romaine et les séductions de Cléopâtre'[20] et qui devrait, comme elle le lui a 'promis' (*Corr.*, xiii.210; *LSV*, iv.251), changer la face de son empire. Comment l'homme qui, critiquant avec la violence que l'on sait la réforme de Maupeou, avoue ne s'être 'jamais connu plus libre que depuis [qu'il] habite la contrée' que l'on appelle 'des esclaves' (*Mémoires*, p.44), pourrait-il songer à fuir cette réalité exaltante et prometteuse pour une rêverie insignifiante qui n'aurait, à vrai dire, de raison d'être éventuelle que si elle se situait *après* et non avant le séjour en Russie?

De plus, cette fuite devant les difficultés du moment que l'on cherche à fuir dans le pays des chimères, peut-elle avoir été celle d'un homme qui a de tout temps fait du philosophe un individu hors du commun et dont la tâche primordiale est, précisément, de prodiguer ses conseils aux peuples et aux nations en satisfaisant 'un penchant invincible à dire la vérité, au hasard d'exciter l'indignation et même de boire dans la coupe de Socrate'?[21] Les philosophes constituent 'une race d'hommes odieuse aux grands, devant lesquelles ils ne fléchissent pas le genou; aux magistrats, protecteurs par état des préjugés qu'ils poursuivent; aux prêtres qui les voient rarement au pied de leurs autels' et même aux peuples, 'de tout temps les esclaves des tyrans qui les oppriment, des fripons qui les trompent, et des bouffons qui les amusent'.[22] Ils constituent ce 'très petit nombre de grands hommes' dont Salluste constatait, nous dit Diderot, qu'il avait suffi à conduire 'à une heureuse fin tant d'entreprises étonnantes'.[23] Le philosophe, cet individu d'exception, investi de cette lourde tâche qui consiste à 's'expliquer

19. Cf. notre première partie.
20. *Mémoires*, p.43. Cf. aussi des formules très voisines in lettre à Sophie Volland, 30 mars 1774, *Corr.*, xiii.209; *LSV*, iii.250.
21. *Observations*, *OP*, p.367; *Histoire des deux Indes*, livre XIII, ch.11; *OC*, xv.517.
22. *Jacques le fataliste*, *OC*, xii.92.
23. *Politique des souverains*, *OP*, p.205.

librement sur la religion, le gouvernement et les mœurs' (*Essai, OC,* xiii.493), ne peut se satisfaire, sous peine de déchoir, d'une satisfaction illusoire et imaginaire. Il doit combattre sans cesse, quels que soient les risques, pour un mieux-être général; on dirait aujourd'hui qu'il doit 's'engager' toujours plus avant dans son siècle en refusant le retrait que s'autorisent parfois impunément les 'belles âmes' de Hegel.

Le contraire du philosophe, c'est le moine. Non pas seulement parce qu'ils ne partagent pas la même foi. Mais le moine, c'est celui qui croit que 'la charité bien ordonnée est de faire son bien à quelque prix que ce puisse être' et qui, en conséquence, s'enfermant dans sa règle, oublie son siècle et ses semblables. Sont 'moines' tous ceux qui, de la même façon, 'sous le prétexte de leur salut, désertent la société à laquelle ils devraient tous leurs services' et 'se rendent inutiles à la terre'.[24] L'ennemi du philosophe, c'est le 'promeneur solitaire', c'est celui qui veut ignorer que 'l'homme de bien est dans la société, et qu'il n'y a que le méchant qui soit seul' (*Le Fils naturel, OC,* iii.89). Nous n'allons pas ici reprendre tous les termes de la querelle fratricide qui opposa Rousseau à Diderot et que l'*Essai sur les règnes de Claude et de Néron* conclut de manière si brutale. Pour Diderot, son ami, celui qui ose, c'est là le premier paradoxe, se faire appeler 'citoyen', n'est qu'un traître à la cause philosophique. Son repli, ses 'rêveries' sont autant de trahisons de la noble mission du philosophe. Mais, objectera-t-on, Rousseau n'est-il pas aussi l'auteur des deux *Discours,* du *Contrat social,* cette 'somme' que l'on reproche parfois à Diderot de n'avoir précisément pas écrite?[25] La vérité est que le problème de l''engagement' du philosophe est, chez Diderot, d'une grand complexité et ne saurait se résoudre à la seule opposition entre ceux qui ont choisi 'de passer des jours tranquilles et obscurs dans leurs foyers' et ceux qui, au contraire, pour 'servir le monde, ou leur patrie', 'négligèrent leur fortune, leur vie, leur liberté, et même leur bonheur'.[26]

En 1745, dès la 'traduction' de Shaftesbury, on voit se constituer cette figure idéale du Philosophe à laquelle Diderot restera à jamais fidèle, même quand la réalité en accusera d'autant plus cruellement l'idéalité: Socrate, ce philosophe profond *et* cet 'homme courageux et sincère qui aime mieux périr que de se rétracter',[27] voilà le vrai modèle du Philosophe, sans compromis ni compromissions. On sait que Diderot, qui rêvait d'écrire une pièce sur la mort de Socrate, s'est livré à une constante 'identification fantasmatique'[28] avec le philosophe

24. *Introduction aux grands principes, OC,* v.205.
25. Cf. à ce sujet l'introduction de R. Lewinter à l'édition qu'il a donnée en 1972 de l'*Essai* en 10/18 et les articles de J. Fabre et G. R. Havens in *Diderot studies* 3 (1961).
26. *Lettre apologétique de l'abbé Raynal, OPh,* p.633.
27. *Réfutation d'Helvétius, OPh,* p.595.
28. R. Lewinter in *OC,* ii.237.

athénien. Voltaire, écrivant à Raynal, l'informe des démarches de madame Du Châtelet qui 'a écrit au gouverneur de Vincennes pour le prier d'adoucir autant qu'il le pourra la prison de Socrate-Diderot'.[29]

Mais, en 1749 précisément, lorsque 'l'honnête homme qui a eu le malheur d'encourir la disgrâce du ministère' pour 'quelques intempérances d'esprit'[30] est enfermé à Vincennes et promet au lieutenant général de police Berryer 'de ne rien faire à l'avenir qui puisse être contraire en la moindre chose à la religion et aux bonnes mœurs' (*Corr.*, i.96) en se proposant de déposer 'de vive voix' 'les noms et des libraires et des imprimeurs', de tous ceux, en un mot, qui 'ont trempé dans la publicité de ces ouvrages', 'afin qu'ils soient à l'avenir aussi sages' (*Corr.*, i.89-90) que le philosophe imprudent a résolu de l'être, on comprend que, traduisant de mémoire l'*Apologie de Socrate*, Diderot ait eu plus que jamais besoin de 'retrouver dans l'imaginaire la fermeté qui, dans la réalité, lui manquait cruellement'.[31]

N'est pas Socrate qui veut. Et le souvenir de Vincennes pèsera longtemps dans la conscience d'un homme qui sait que bonheur individuel et engagement sont exclusifs l'un de l'autre et qu'il vaut mieux éviter de 'faire de la poésie dans la vie' comme le font 'les héros, les amants romanesques, les grands partriotes, les magistrats inflexibles, les apôtres de religion, les philosophes à tout outrance, tous ces rares et divins insensés' qui, pour le bien des autres, font leur malheur en oubliant qu'il faut savoir 'garder en tout un juste milieu'.[32]

Mais, au delà des timidités d'un individu que l'on peut 'condamner à rester dans [une] prison, mais non pas à y vivre' (*Corr.*, i.85), ne faut-il pas chercher des causes plus profondes à ce reniement soudain qui va conduire Diderot à renoncer à toute publication personnelle d'importance de 1758 à 1778? Toutes les œuvres qui font aujourd'hui la réputation de Diderot à nos yeux restèrent en effet ignorées de ses contemporains qui ne voyaient en lui, ce qui certes n'était pas rien, que le directeur de l'*Encyclopédie*. On s'est souvent interrogé sur les causes de ce silence. On a évoqué la peur, bien sûr, à la lecture des lettres écrites de Vincennes que nous venons de citer. Quand Diderot lui-même évoque 'la sévérité' des juges, la 'satiété' des lecteurs, la 'médiocrité' de son talent (*Essai*, *OC*, xiii.603), on ne peut s'empêcher de ne voir là qu'une coquette-rie d'auteur qui n'a d'autre utilité, sans doute, que de mieux masquer la vérité. Vérité qui s'exprime peut-être par la voix de Bordeu dans le *Rêve de d'Alembert* lorsqu'il explique à Mlle de L'Espinasse le bien-fondé des 'actions solitaires'

29. Cité par R. Lewinter, *OC*, ii.847. Cf. aussi une autre lettre de Voltaire où il est question du 'Platon moderne', 28 juillet 1766, in *OC*, vi.597.
30. Au chancelier d'Aguesseau, *Corr.*, i.82-83.
31. Roger Lewinter in *OC*, ii.237.
32. *Salon* de 1767, *OC*, vii.158.

avant de préciser néanmoins que ce serait 'commettre un crime de lèse-société que de divulguer ces principes'. L'entretien s'est déroulé 'sans temoins', *donc* 'sans conséquence' (*OPh*, p.378). Il y a certes dans cette réserve, et Bordeu ne s'en cache pas, un souci de respectabilité sociale. Néanmoins, comme on le lit dans la 'Lettre d'envoi' qui précède les *Eléments de physiologie*, la vérité est ... que toute vérité n'est pas bonne à dire, ici et maintenant, que 'sans être inconséquent on ne fait pas tout ce qu'on écrit' et qu''il est une doctrine spéculative qui n'est ni pour la multitude ni pour la pratique'.[33] En conséquence, parler haut et fort comme Socrate, c'est non seulement dangereux mais c'est aussi, et peut-être surtout, inutile. La perfection du discours socratique ne peut être appréhendée immédiatement par ceux à qui elle est principalement destinée. Le discours du sage est inintelligible le plus souvent pour la société dans laquelle il vit. C'est la raison pour laquelle 'il faut être supérieur [...] à la continuité des propos de l'ignorance, du cri des préjugés, des lenteurs de la paresse, des travers de l'inconstance, des efforts de la mauvaise volonté, des imputations de la calomnie, de la méchanceté ou de la jalousie' (*Mémoires*, p.79) ou, si cette lutte devient insupportable parce que totalement inefficace, il faut se tourner vers ceux qui viendront après, vers ceux qui, seuls, peuvent comprendre: 'On ne pense, on ne parle avec force que du fond de son tombeau: c'est là qu'il faut se placer, c'est de là qu'il faut s'adresser aux hommes' (*Essai*, *OC*, xiii.464).

De plus, quelle que soit la vigilance du philosophe, il pourrait compromettre l'intégrité de sa pensée dans un régime où la censure n'a pas forcément besoin de s'exercer pour être effective. La 'servitude volontaire' des esprits est la plus dangereuse: 'La contrainte des gouvernements despotiques rétrécit l'esprit sans qu'on s'en aperçoive; machinalement on s'interdit une certaine classe d'idées fortes, comme on s'éloigne d'un obstacle qui nous blesserait; et lorsqu'on s'est accoutumé à cette marche pusillanime et circonspecte, on revient difficilement à une marche audacieuse et franche.'[34]

L'héroïsme socratique est donc dangereux, politiquement souvent inutile et philosophiquement toujours pernicieux. Le philosophe, qui ne peut d'autre part oublier qu'il appartient à 'la masse générale des sujets' (*Mémoires*, p.236) et se doit donc d'être un citoyen 'décent'[35] qui se soumet aux 'lois insensées' qu'il réprouve 'jusqu'à ce qu'on les réforme' (*Supplément*, *OPh*, p.515), doit trouver ce lieu de parole idéal qui rende au discours philosophique toute son efficacité. Le vrai philosophe, c'est celui qui confie son message à la postérité, celui dont

33. Cité par Vernière, *OPh*, p.375, n.1.

34. *OC*, xiii.464. Le philosophe risque de sombrer dans la 'pusillanimité', précise l'*Histoire des deux Indes*, livre XIX, ch.12; *OC*, xv.567.

35. Cf. dans notre première partie: 'Contrat et souveraineté populaire: les ambiguïtés d'une théorie'.

l'amour-propre n'a pas besoin de 'rétribution populaire',[36] celui qui sait attendre qu'enfin son message soit entendu: 'Si le philosophe ne croyait pas que la périlleuse vérité qu'il va dire fructifierait dans l'avenir, il se tairait. Il parle en attendant un grand prince, un grand ministre qui exécute' (*Essai, OC*, xiii.455).

Il peut alors, comme Socrate, dire à ses concitoyens: 'c'est quand je ne serai plus que vous me rendrez justice'.[37] Seules les rares 'happy few' de la *Correspondance littéraire* de Grimm et Meister connaîtront au dix-huitième siècle le versant 'socratique' de l'œuvre de Diderot. Ce renoncement philosophiquement fondé à une œuvre personnelle audacieuse *et* publique permet au philosophe, désormais délivré des soucis immédiats, des tracas de la censure et de l'incompréhension des contemporains, de se consacrer tout entier à son grand œuvre dans un face à face avec la postérité que rien ne devrait plus venir troubler.

Dès 1747, dans le discours préliminaire de *La Promenade du sceptique*, et en 1758, dans les dernières pages du *Discours sur la poésie dramatique*, Diderot construit 'à son propre usage' la seconde figure de son 'personnage idéal'.[38] Jacques Chouillet a montré en quoi 'Ariste est Diderot mais [...] est en même temps plus que lui. Il est "le" philosophe au sens où l'on dit qu'Alceste est "le" Misanthrope' (p.571). Il nous semble que se constitue alors une image de substitution à celle de l'impossible Socrate: Ariste, ce philosophe qui fréquente peu 'les endroits où les hommes s'assemblent', qui préfère le recueillement des 'lieux écartés' au fracas de la multitude et qui n'aime guère 'à parler des affaires publiques',[39] c'est Diderot dans son dialogue avec la postérite. Délaissant la contingence des affaires de la cité, il préfère désormais 's'entretenir sur les lettres et sur la morale'.

Mais cet Ariste, 'grave dans son maintien, sévère dans ses mœurs, austère et simple dans ses discours', à qui il ne manque que 'le manteau d'un ancien philosophe' (p.282) – la 'robe de Socrate' sans doute dont il était question dans *Les Bijoux indiscrets* (*OC*, i.604) – n'a-t-il pas ce côté un peu 'moine' que récuse précisément l'idéal socratique? Ne risque-t-il pas, par cet 'esprit monacal' (*Essai, OC*, xiii.466), de céder lui-aussi à des 'vues monastiques et anti-sociales' et de finir par 'se perdre dans les nues' (*OC*, xiii.487)? Ariste est une figure incomplète, la 'robe de Socrate' n'est pas totalement 'restituée' par celui qui risque, au bout du compte, de 'n'être ni parent, ni ami, ni citoyen'.

Le recul que s'autorise le Philosophe et la 'décence' du citoyen ne justifient

---

36. Lettre à Sophie Volland, 10 novembre 1765; *Corr.*, v.168; *LSV*, ii.306.
37. Lettre à Sophie Volland, 10 décembre 1765; *Corr.*, v.217; *LSV*, ii.338.
38. 'Le mythe d'Ariste ou Diderot en face de lui-même', *Revue d'histoire littéraire de la France* 64 (1964), p.569.
39. *Discours sur la poésie dramatique, OE*, p.283.

pas pour autant le repli satisfait du penseur dans les 'nues'. Il faut combattre l'"esprit monacal' d'Ariste en portant sa philosophie 'à la cour, près des grands, dans l'exercice des fonctions publiques' (*OC*, xiii.466) ... On peut craindre de voir ici Diderot s'enfermer dans la contradiction. Quelle différence faire entre l'héroïsme jugé inutile et dangereux de Socrate et l'"engagement' d'Ariste? L'introduction d'une troisième figure est de fait nécessaire pour que soit levée la contradiction et achevé le modèle du Philosophe. Ce dernier se doit désormais d'admettre une distinction entre son *dire* et son *faire*: Diderot-Ariste, dans un discours que rien ne saurait venir altérer, s'adressera aux rares abonnés de la *Correspondance littéraire* ou parlera pour la postérité; Diderot-Sénèque, 'dans l'antre de la bête féroce' (*Essai*, *OC*, xiii.418) qu'est le Prince, tentera de rendre plus supportable le présent et nourrira de son expérience du siècle une pensée qui doit craindre la sécheresse théorique de ceux qui adoptent le point de vue de Sirius. Le Philosophe, qui a dû renoncer à l'héroïsme socratique, a désormais, comme le dieu Janus, deux visages. Il est le sage qui parle pour les temps à venir et le conseiller des princes qui n'hésite pas à se mettre 'en évidence comme l'athlète dans l'arène' (p.466). Préservant l'intégrité de sa pensée par la distance dans laquelle s'élabore désormais son œuvre mais sauvegardant dans le même temps le lien indispensable qui doit l'unir à ses concitoyens, le Philosophe tente d'échapper également aux compromissions du présent et aux séductions d'une pensée purement spéculative.

Les contemporains de Diderot étaient condamnés, par définition, à rester étrangers aux subtilités d'une telle répartition des tâches philosophiques. Quand Diderot, en 1782, dans l'*Essai sur les règnes de Claude et de Néron*, prend, avec la violence que l'on sait, la défense de Sénèque, ce n'est pas, à proprement parler, par dépit de n'avoir su ou pu être le Socrate de son siècle. Le Philosophe ne supporte pas le double malentendu dont il s'estime victime. 'On' lui reproche d'une part ses compromis, voire ses compromissions auprès de Catherine II, en ignorant, puisqu'il l'a ainsi voulu, les textes sans concessions des *Observations* que lui a inspirés cette expérience russe: seule notre époque a pu soupçonner l'ampleur et l'importance de sa collaboration à l'*Histoire des deux Indes*. D'autre part, 'on' lui oppose l'image d'un Rousseau vertueux ayant su préserver sa vie et sa pensée de la promiscuité des grands de ce monde. Cette image d'un Rousseau exempt de tout reproche, et qu'il accuse de poser au Socrate, est insupportable à Diderot. Dans l'*Essai sur la vie de Sénèque* de 1778, et plus encore dans l'*Essai sur les règnes de Claude et de Néron* de 1782, après la publication des *Confessions*, il s'en prend à ce 'disert atrabilaire' (*Essai*, *OC*, xiii.356), en tout temps démagogue dans sa patrie' (*OC*, xiii.358), 'anti-philosophe' (*OC*, xiii.359) que 'ses plus ardents défenseurs n'absoudraient de méchanceté qu'en l'accusant de folie' (*OC*, xiii.355). La véritable origine de ce débordement de haine d'"un amant trompé' envers son 'infidèle' (*OC*, xiii.360) sans doute l'entrevoyons-nous mieux dans un texte de 1765 dans lequel Diderot, commentant pour la *Correspondance littéraire* les *Lettres de la montagne*, accuse explicitement son rival de prendre la pose socratique: 'Vous avez sans doute bien mérité d'une patrie que vous illustrez par vos talents, et il se peut que vos concitoyens ne vous aient pas rendu tous les égards qu'ils vous devaient; mais *Cimon, Thémistocle, Aristide, Miltiade, ont été traités plus indignement que vous par les Athéniens et ne se sont pas plaints.*'[40]

Ce texte, qui a été récrit par Grimm à partir d'une lettre que lui avait adressée Diderot (*OC*, v.852-53), se termine par une attaque plus directe encore et qui, si elle ne peut être attribuée avec certitude à Diderot lui-même (*OC*, v.858), a le mérite de situer le débat à son véritable niveau. Interdiction est faite au 'citoyen' de Genève de s'approprier illégitimement le martyre socratique: 'Vous n'êtes pas [...] plus sage et plus vertueux que Socrate, et Nos concitoyens ne vous ont pas condamné à la mort, comme il le fut par les siens.'

Quant à ceux qui, ignorant l'étendue de l'œuvre 'socratique' cachée que Diderot-Ariste destine à la postérité, reprochent au philosophe de s'être conduit auprès de Catherine comme le fit Burrhus auprès de Néron: 'Apprendre la langue de Burrhus avec Néron, "maerens ac laudens"; il se désolait mais il louait. Il fallait se désoler mais il ne fallait pas louer. C'est ce qu'aurait fait Burrhus, s'il eût plus aimé la vérité que la vie.'[41] Diderot leur rappelle que dans la longue lutte pour l'*Encyclopédie*, il a été 'exposé à la perte de l'honneur, de la fortune et de la liberté' (*Mémoires*, p.262), qu'il est des moments où le philosophe, renonçant à changer radicalement la société qui l'entoure, doit savoir se montrer 'prudent' (*Essai, OC*, xii.336) s'il veut conserver l'espérance de voir les choses s'améliorer un peu. En conséquence, 'il y a des circonstances où la conduite du courtisan et du philosophe peuvent être la même'. L'*Essai sur les règnes de Claude et Néron et sur les mœurs et les écrits de Sénèque* est une 'apologie' (*OC*, xiii.361), une longue justification d'un Diderot-Sénèque conscient de ce que le rôle obscur et parfois compromettant dans lequel il s'est cantonné peut avoir de préjudiciable pour lui dans l'esprit de ses contemporains. Il fait donc de ce texte, dont la première version rompait un silence de vingt ans et qui, en 1782, constitue son dernier mot, une perpétuelle défense et illustration de l'engagement du philosophe dans la cité où il se voit contraint à tous moments de préférer la 'belle action' à la 'belle page' (*OC*, xiii.527). Voltaire, avec qui Diderot eut toujours des relations pour le moins distantes, est ici promu à la dignité de Philosophe exemplaire; on avoue lui envier 'la défense des Calas et

---

40. *OC*, v.503; c'est nous qui soulignons.
41. *Principes de la politique des souverains*, *OP*, p.161.

non la tragédie de *Mahomet*. Il faut justifier ici à tout prix l'action de Sénèque puisque – tel a été le choix fait après 1749 – on a choisi de confier à la postérité les œuvres, audacieuses et sans compromis, d'Ariste. Néanmoins, à l'heure du bilan d'une vie et d'une œuvre, l'incertitude apparaît: 'j'ai été forcé toute ma vie de suivre des occupations auxquelles je n'étais pas propre, et de laisser de côté celles où j'étais appelé par mon goût, mon talent et quelques espérances de succès' (*OC*, xiii.621).

N'a-t-il pas trop sacrifié au seul Sénèque? Restera-t-il suffisamment de 'belles pages' pour convaincre la postérité qu'il fut, aussi, un Philosophe à part entière? Mais face à ses contemporains, à qui il ne peut expliquer le choix philosophique et existentiel fait en 1749, Diderot se voit contraint de défendre une forme d'engagement à laquelle il n'attache plus qu'un crédit tout relatif. En effet, dès 1772, dans un des *Fragments échappés du portefeuille d'un philosophe*,[42] Diderot avance l'idée selon laquelle on a, en Russie, omis de 'commencer par le commencement'. Que faut-il, en effet, pour civiliser un peuple? Il faut assurer à chacun une prospérité relative qui permette de se consacrer à ces 'enfants du génie, de la paresse et de l'ennui' (*OC*, x.103) que sont les beaux-arts. Au lieu de cela, qu'a fait Catherine II? Elle a 'commencé son édifice par le faîte, en appelant auprès d'elle des hommes de génie de toutes les contrées' (*OC*, x.102). Or, 'que produiront ces rares plantes exotiques? Rien' car 'si vous empruntez des modèles étrangers, vous ignorerez la raison de leur perfection, et vous vous condamnerez à n'être jamais que de pâles copies' (*OC*, x.104). Les philosophes qui se consacrent au service du prince en espérant réformer de l'intérieur un système qu'ils condamnent seront-ils plus efficaces que ces 'plantes exotiques' dont il est ici question? Avant même son départ pour St-Pétersbourg, Diderot semble mettre en doute l'utilité du rôle qu'il va tenir auprès de Catherine. Il est vrai que les 'lumières étrangères' peuvent 'accélérer les progrès' et faciliter l'apparition d'une 'police indigène'. Il conviendrait mieux, cependant, de commencer effectivement par le commencement et de suivre le conseil que Diderot adressait à la souveraine russe: 'Cultivez votre sol!' Il appartient au prince qui se veut le bienfaiteur de ses sujets de ne pas dégénérer en Néron, et les Burrhus n'y peuvent rien, ou si peu.

Diderot a été la victime de la complexité et de l'incontestable ambiguïté de la stratégie philosophique adoptée après 1749. Mais quoi qu'il en soit des regrets et des hésitations ultimes, le *Supplément au voyage de Bougainville*, que Diderot réserva d'emblée à la seule postérité mais qu'il rédigea à la veille de son départ pour la Russie, ne peut être la rêverie innocente d'un philosophe

---

42. *OC*, x.100-105; cf. aussi *Histoire des deux Indes*, livre XIX, ch.2; *OC*, xv.552-56.

désireux de se perdre dans les 'nues' où prospèrent les cités idéales. Les 'petits châteaux' de l'Utopie ne peuvent séduire un esprit qui ne cesse d'affirmer le nécessaire enracinement dans le siècle du philosophe qui a la prétention de tenir un discours vrai sur l'histoire. Le *Supplément au voyage de Bougainville* que Diderot-Ariste rédigea dans le silence absolu des 'nues' n'est peut-être que l'*alibi* d'un Diderot-Sénèque qui cherche la trace d'une réalité autre, non pour s'y perdre, mais pour mieux guider les pas de ceux qui, comme lui, estimeront nécessaire d'aller mesurer la justesse de leurs idées dans 'l'antre de la bête féroce' (*Essai*, *OC*, xiii.418).

## ii. L'utopie comme modèle

Que le *Supplément au voyage de Bougainville* soit le fruit d'une réflexion qui traverse l'ensemble du siècle des Lumières et le produit d'une écriture utopique à laquelle, peu ou prou, tout le monde a sacrifié au dix-huitième siècle, voilà qui n'est guère contestable. Le Tahitien succède au Huron mais, derrière l'exotisme de son discours, c'est plus radical encore, le même regard critique que l'Européen porte sur son propre système. Si le *Supplément au voyage de Bougainville* avait été publié du vivant de son auteur – Grimm n'osera même pas le soumettre à la sagacité des lecteurs couronnés de la *Correspondance littéraire* – nul doute qu'il n'ait alors constitué une redoutable œuvre de contestation de la 'police' européenne.[43] On trouve en effet dans ce texte une condamnation du colonialisme comparable à celle qui va se développer au fil des éditions dans l'*Histoire des deux Indes*, une mise en accusation – c'est là, d'ailleurs, le sens du sous-titre – des mœurs européennes et de l'hypocrisie morale qui règne dans ces pays où le célibat des prêtres et le libertinage des grands privent les nations des enfants dont elles auraient besoin, et où la multiplication des interdits conduit en fait aux pires excès: comme le répétera plus tard Fourier, 'partout où il y a défenses, il faut qu'on soit tenté de faire la chose défendue' (*OPh*, p.498). L'Européen, qui a confié aux prêtres et aux magistrats le soin de lui dire ce qui est juste et ce qui est injuste, oubliant que la seule source du Vrai et du Bien se trouve inscrite au plus profond de son 'organisation', ne sait plus être 'ni homme, ni citoyen, ni pieux' (*OPh*, p.481), perdu qu'il est dans les contradictions des 'trois codes' (*OPh*, p.505). La société du luxe, du gaspillage et de la galanterie ne pouvait que difficilement accepter un tel réquisitoire; Diderot fut particulièrement soucieux de préserver son œuvre de l'incompréhension de la multitude et de la haine vindicative de ceux qui, pour mieux en

---

43. Le texte ne sera publié qu'en 1796; le préfacier accusera violemment Diderot d'être 'le véritable instituteur de le sans-culotterie'. Cité par Vernière, *OPh*, p.450.

masquer la profondeur et l'audace, auraient voulu n'y voir qu'une nouvelle preuve de l'esprit graveleux de l'auteur des *Bijoux indiscrets*.[44]

Le *Supplément au voyage de Bougainville* aurait constitué, s'il avait été publié, une redoutable 'utopie ponctuelle de contestation'.[45] Mais Diderot-Ariste n'a pas cru bon de lancer sa 'machine de guerre'[46] dans 'l'antre de la bête féroce' (*Essai*, *OC*, xiii.418) et paraît s'en remettre aux 'lumières' à venir pour légitimer le sens de son discours. L'utopie tahitienne s'apparente-t-elle donc à ces 'utopies systématiques' (J. V. Vuarnet) que l'on propose comme modèle, comme norme d'une nouvelle vérité sur l'histoire, aux générations suivantes?

### a. Le bonheur comme programme

#### 1. Une question d'"organisation"

L'homme du dix-huitième siècle, qui comprend de mieux en mieux que 'tout désormais dépend de lui, qu'il est à lui-même sa seule justification',[47] détourne son regard des espaces infinis et écoute la voix de sa nature: qu'il 'étende ou non ses espérances au delà de son état présent, il faut rendre sa bonté morale indépendante de tout espoir futur, et qu'elle soit le motif et l'objet de son bonheur présent'.[48]

Diderot, comme Morelly et tant d'autres en ce siècle, a mis le bonheur au programme. Il s'agit du 'premier article d'un code antérieur à toute législation, à tout système religieux' (*Observations*, *OP*, p.371); le bonheur est inscrit dans le code génétique de l'humanité: 'Il n'y a qu'un devoir, c'est d'être heureux. Puisque ma pente naturelle, invincible, inaliénable, est d'être heureux, c'est la source et la source unique de mes vrais devoirs, et la seule base de toute bonne législation' (*Mémoires*, p.235).

A l'aube de l'humanité, les individus isolés dans la nature se sont regroupés au sein des sociétés pour mieux préserver et assurer cette exigence fondamentale. Rousseau pensait que la société n'était en rien inévitable. Diderot, au contraire, a toujours cru, comme nous l'avons vu précédemment,[49] que les hommes ne pouvaient pas ne pas se réunir en société à partir du moment où, précisément, le bonheur était l'une des données quasi-génétiques de l'espèce. L''état sauvage, idéal et chimérique' de l'homme isolé n'est qu'une supposition malhonnête de

---

44. A ce sujet, on sait que le manuscrit du Fonds Vandeul a été raturé en plusieurs endroits.

45. Vuarnet, 'Utopie et atopie'; cf. notre introduction.

46. H. Wolpe, *Raynal et sa machine de guerre* (Paris 1957).

47. Robert Mauzi, *L'Idée de bonheur dans la littérature et la pensée française au dix-huitième siècle* (Paris 1965), p.12.

48. Morelly, *Code de la nature*, p.125.

49. Voir dans notre première partie, 'Déterminisme historique et perfectibilité du corps politique'.

ceux qui ont voulu faire 'la satire des premiers fondateurs des nations'.[50]

Si la nature sait être généreuse et donner aux sauvages peu 'nombreux' de quoi subsister, il lui arrive aussi de se montrer cruelle ou avare et c'est 'la lutte de l'homme contre la nature' qui devient alors 'le premier principe de la société' (*Mémoires*, p.174). Pour mieux lutter contre les intempéries, les animaux sauvages, la faim, la soif, le froid, les hommes ont compris 'la nécessité de réunir leurs forces' pour ne faire qu''une seule famille qu'on nomme société'.[51] Comme le disait déjà Platon, 'ce qui donne naissance à une cité [...], c'est [...] l'impuissance où se trouve chaque individu de se suffire à lui-même' (*La République*, p.117-18). Mais si les hommes renoncent ainsi volontairement 'à une portion de l'indépendance dans laquelle la nature les a fait naître', ce n'est pas pour se soumettre ensuite à une autorité despotique qui, négligeant les termes du contrat originel, oublierait que 'le but de tout gouvernement est le bien de la société gouvernée'.[52] Les hommes devenus citoyens de par leur propre autorité, ne sauraient 'se livrer sans réserve à des maîtres arbitraires, ni donner les mains à la tyrannie et à l'oppression ni conférer à d'autres le droit de les rendre malheureux'.

La société des hommes ne s'est originellement choisi des souverains 'que pour veiller plus efficacement à son bonheur et à sa conservation'.[53] Le roi de droit divin se soucie au contraire beaucoup plus du *salut* de ses sujets que de leur *bonheur*, oubliant par là-même qu'il doit son pouvoir d'un contrat passé, non avec le ciel, mais avec son peuple et que 'l'objet, la fin de tout gouvernement doit être le bonheur des citoyens, la force et la splendeur de l'Etat et la gloire du souverain' (*Observations, OP*, p.354), laquelle ne dépend elle-même que du 'bonheur dont [le prince] fait jouir'[54] ses administrés. La puissance et la gloire militaires ne sont rien auprès de l'éclat d'un prince respectueux de ses engagements qui sait se faire aimer de ses peuples: 'Le bonheur public est la première loi, comme le premier devoir. [...] Chaque enfant qui naît dans l'Etat, chaque nouveau citoyen qui vient respirer l'air de la patrie qu'il s'est faite, ou que lui a donnée la nature, a droit au plus grand bonheur dont il puisse jouir. Toute obligation qui ne peut se concilier avec celle-là est rompue.'[55]

Et que doit faire le prince pour assurer le bonheur à ses peuples? Essentiellement – c'est à la fois peu et beaucoup – leur assurer leur 'subsistance', c'est-à-dire les moyens d'être des hommes dignes de ce nom, capables de vivre

50. *Histoire des deux Indes*, livre XIX, ch.2; *OC*, xv.550.
51. Article 'Souverains', *Encyclopédie, OP*, p.54.
52. Article 'Pouvoir', *Encyclopédie, OP*, p.35.
53. Article 'Souverains', *Encyclopédie, OP*, p.54.
54. Article 'Puissance', *Encyclopédie, OP*, p.39.
55. *Histoire des deux Indes*, livre XVIII, ch.42; *OC*, xv.541.

sans souci excessif du lendemain et d'assurer la descendance de l'espèce. Là encore, c'est la nature qui parle: manger et/pour se reproduire, telle est l'exigence de l'humaine condition: 'C'est dans la nature de l'homme qu'il faut chercher ses moyens de bonheur. Que lui faut-il pour être aussi heureux qu'il peut l'être? La subsistance pour le présent et, s'il pense à l'avenir, l'espoir et la certitude de ce premier bien' (livre XVII, ch.4; *OC*, xv.525).

## 2. *Le chemin de Langres*

Lors de son voyage à Langres en 1770, Diderot a pu constater à quel point ce programme minimum était loin d'être réalisé. Il a alors découvert dans toute sa nudité la misère d'une campagne française où le paysan lutte sans cesse pour assurer une précaire auto-suffisance. Il constate 'l'horreur de la disette'[56] qui accompagne trop souvent 'l'incertitude des récoltes': 'Il faisait des pluies continuelles; je voyais des champs couverts, et je ne savais pas si l'on recueillerait un épi. Joignez à cette idée le spectacle présent de la misère. Je commence à me rassurer depuis que je vois la terre se dépouiller; et à en juger par le soulagement que j'éprouve, il fallait que la crainte de la disette pour mes semblables entrât considérablement dans mon malaise.'[57]

On sait la part prise par Diderot dans la querelle qui opposa Galiani aux partisans de la libre circulation des grains instituée depuis 1764. Pour défendre les thèses de son ami attaqué par le clan 'économiste', Diderot, selon un processus d'écriture qui lui est familier – nous y reviendrons – rédigea en 1769 une réfutation ... de la réfutation que l'abbé Morellet avait écrite des *Dialogues sur les blés* de Galiani. Cette réfutation, en forme de lettre adressée à Morellet, ne fut jamais ni envoyée ni publiée et perdit très vite de son actualité puisque le système de la libre circulation des grains fut abondonné en décembre 1770. Elle nous montre un Diderot prenant fait et cause pour le système, traditionnel en France, du stockage des grains en vue, précisément, d'éviter ou du moins de limiter les disettes. Il reproche à son adversaire sa méconnaissance du monde agricole et des mécanismes économiques qui le régissent et qui broient trop souvent les plus humbles. Il dénonce la spéculation par 'enarrhement'[58] des grains et ses conséquences désastreuses; il décrit les souffrances du 'petit peuple' qui, 'au milieu de la lutte des cupidités du propriétaire et du monopoleur', endure des 'maux infinis' (*Apologie de l'abbé Galiani*, *OP*, p.102); il dénonce les 'oisifs' qui s'en tiennent à 'payer le travail des autres et à en jouir' (*OP*, p.97-98) et

---

56. *Voyage à Bourbonne et à Langres*, *OC*, viii.625.
57. Lettre à Sophie Volland, 23 août 1770; *Corr.*, x.112; *LSV*, iii.228.
58. 'Enarrher consiste à bloquer la récolte chez le producteur en payant des arrhes [...] l'enarrhement est donc à proprement parler un stockage spéculatif' (Vernière, in *OP*, p.101).

mettent de ce fait en danger l'équilibre socio-économique déjà si précaire des campagnes.

Après la disette de 1768, et reniant ses anciennes amours 'économistes', Diderot revendique avec force la restauration d'un système qui permette au moins d'assurer au petit peuple de France ce minimum vital dont le sauvage des deux Indes jouit pourtant, si éloigné soit-il de la police européenne, au sein de la nature: 'la terre et la mer sont des magasins et des réservoirs toujours ouverts à ses besoins. La pêche ou la chasse sont de toute l'année, ou suppléent à la stérilité des saisons mortes.'[59]

Si les ressources naturelles se raréfient, si la fécondité de la mère commune s'épuise, les sociétés naturelles 'peu nombreuses' (livre IX, ch.5; *OC*, xv.485) se déplacent et, par une saine et juste répartition des sols et de l'espace, assurent leur subsistance. La société et ceux qu'elle a commis aux plus hautes responsabilités n'ont pas su assurer à l'homme civil 'ce nécessaire absolu' (livre XVII, ch.4; *OC*, xv.525) dont profite le sauvage. Au contraire, dans un monde où désormais l'air est 'infecté', où les eaux sont 'corrompues', où 'la terre est épuisée à de grandes distances', 'les horreurs de la disette [...] sont extrêmes'. L'Europe, où l'abondance ne profite qu'à quelques privilégiés, est devenue 'le lieu de la naissance des maladies épidémiques', 'la demeure du crime, du vice, des mœurs dissolues' (livre IX, ch.5; *OC*, xv.485) et de l'exploitation: 'Dans nos campagnes, le colon serf de la glèbe, ou mercenaire libre, remue toute l'année des terres dont le sol et le fruit ne lui appartiennent point, trop heureux quand ses travaux assidus lui valent une portion des récoltes qu'il a semées' (livre XVII, ch.4; *OC*, xv.526). Bien éloignés d'assurer à leurs peuples l'élémentaire subsistance, les princes européens qui vivent dans le luxe réduisent à la servitude 'cette multitude d'hommes qui, dans tous les Etats, supporte les travaux pénibles et les charges de la société'. Mais, renonçant désormais aux aléatoires compensations de la vie dans l'au-delà, le philosophe revendique pour lui-même, mais surtout pour ceux qui sont encore – et pour longtemps[60] – sans voix, le droit à la dignité dans la cité.

L'auteur du *Neveu de Rameau* se souviendra des premières années difficiles du jeune Langrois découvrant à Paris les âpres réalités de la vie quotidienne d'une grande cité. Et le retour à Langres, cette longue traversée d'une France rurale et misérable, c'est le chemin de Damas du collaborateur de l'*Histoire des deux Indes*, qui prend enfin l'exacte mesure de la misère de 'cette énorme bête qu'on appelle le peuple' (*Essai*, *OC*, xiii.371). Evoquant en 1774 les mines du Harz, Diderot note combien cette misère est liée aux nécessités de l'industrialisa-

---

59. *Histoire des deux Indes*, livre XVII, ch.4; *OC*, xv.525.
60. Au siècle suivant, Michelet se demandera encore comment faire *parler* le peuple.

tion: 'Les mines du Harz recèlent dans leurs immenses profondeurs des milliers d'hommes qui connaissent à peine la lumière du soleil et qui atteignent rarement l'âge de trente ans' (*Réfutation d'Helvétius, OP,* p.471-72).

Néanmoins, le philosophe qui soutiendra encore dans sa dernière œuvre que 'se dépopulariser ou se rendre meilleur, c'est la même chose' (*Essai, OC,* xiii.506), ne parvient pas, comme d'ailleurs la plupart de ses contemporains éclairés, à se forger du 'peuple' une image claire, distincte et univoque. Si le peuple en tant que corps de la nation a désormais acquis ses droits à l'existence et à la dignité – voire à la révolte – face au prince; si la misère du petit peuple champenois excite maintenant l'indignation du philosophe, la hantise et la peur de la 'plebs' subsistent. En Hollande comme ailleurs, 'le peuple s'enivre de bière, souvent de liqueurs fortes, quelquefois de vin. Son ivresse qui dure longtemps et qui se répète souvent, le rend brutal et furieux' (*Voyage en Hollande, OC,* xi.344). Et, 'quand il s'agit de pain, il n'y a qu'un homme ivre qui n'en ait pas peur' (*Apologie de Galiani, OP,* p.117). C'est néanmoins cette brute assoiffée de vin et de sang, mais transfigurée par la noblesse de la tâche, qui, dans un bain de sang rédempteur, est chargée de plonger le poignard de la Révolution dans le cœur des tyrans. Le philosophe oublie alors la canaille pour célébrer le peuple en colère.

### 3. Bonheur et 'vertu'

En attendant les jours plus heureux où les gouvernants prendront enfin à cœur leur véritable tâche et pour hâter la venue de ces temps meilleurs, le citoyen, qui sait qu'une amélioration de son sort a pu naître autrefois de la convergence des intérêts particuliers de chacun et de leur fusion idéale dans l'unanimité d'une volonté 'générale', se doit d'adopter en tout lieu et en toute circonstance une attitude qui soit à la fois conforme à ses propres intérêts et non préjudiciable à l'ensemble du corps social: 'L'homme veut toujours et invinciblement être heureux; son impuissance l'avertit sans cesse qu'il ne le peut sans communication de secours: il est aussi informé, qu'il est une infinité d'êtres possédés du même désir que lui; il est à chaque instant convaincu que son bonheur dépend de celui des autres, et que la "bienfaisance" est le premier et le plus sûr moyen de sa félicité présente' (Morelly, p.110).

Comme Morelly, Diderot met l'accent sur le lien essentiel et originel qui unit bonheur collectif et bonheur individuel. Les hommes qui veulent unanimement, du fait de leurs 'organisations' identiques, assurer leur bonheur savent qu'ils doivent conspirer au bonheur de tous pour mieux assurer le bonheur de chacun. C'est là le vrai fondement de la morale sociale. Et ce que Morelly appelle 'bienfaisance', Diderot le nomme 'vertu'. Dès 1749, et la 'traduction' de

Shaftesbury, il affirmait qu'il ne saurait y avoir de 'bonheur sans vertu'[61] en précisant que 'l'homme est intègre ou vertueux lorsque, sans aucun motif bas et servile, tel l'espoir d'une récompense ou la crainte d'un châtiment, il contraint toutes ses passions à conspirer au bien général de son espèce: effort héroïque, et qui toutefois n'est jamais contraire à ses intérêts particuliers'. Lorsqu'en 1769, Diderot s'interroge à nouveau sur les rapports entre vertu et bonheur, c'est pour regretter la conception trop étoite, trop restrictive qu'il avait du premier de ces deux termes lorsque, 'bien jeune' encore, il voulait 'prouver aux hommes, qu'après tout, pour être heureux, on n'avait rien de mieux à faire dans ce monde que d'être vertueux'.[62] Nous aurons l'occasion de revenir ultérieurement sur l'éclatement d'une notion restée, en dépit des apparences, trop étroitement moraliste, trop chrétienne en un mot. Mais, pour l'heure, l'essentiel, c'est de voir Diderot réaffirmer avec force, dans le dialogue des deux protagonistes de l'*Introduction aux grands principes*, ce qui faisait tout l'intérêt de la définition de 1745: 'Le sage: Quels sont à votre avis les devoirs de l'homme? / Le prosélyte: De se rendre heureux: d'où dérive la nécessité de contribuer au bonheur des autres, ou en d'autres termes d'être vertueux' (*OC*, v.204).

Le 'principe physique, constant et éternel' qui est dans l'homme, 'la similitude d'organisation d'un homme à un autre, similitude d'organisation qui entraîne celle des mêmes besoins, des mêmes plaisirs, des mêmes peines',[63] est le fondement même de la morale. L'homme, qui 'doit' biologiquement se rendre heureux, sait qu'il ne peut y parvenir sans le recours à l'autre, son semblable. En participant à l'élaboration du bonheur de tous, il assure par là-même le sien. Dans le dernier livre de l'édition de 1780 de l'*Histoire des deux Indes*, Diderot précise encore très clairement que l'homme 'qui vit dans l'état social' n'est 'rien par lui-même' et 'doit tout au corps politique auquel il appartient'. C'est la raison pour laquelle il doit donc 'tendre constamment au bien général, puisque c'est de cette prospérité que dépend la sienne' (*OC*, xv.570).

### 4. Au delà du bien et du mal

Cette 'vertu' *républicaine*, au sens étymologique du mot, par laquelle se réconci-lient eudémonisme collectif et bonheur individuel, c'est en fait celle que *préconise* tout contrat social – celui de Rousseau par exemple – et que *présuppose* tout système utopique.

On a souvent décrit les mondes utopiques comme des mondes parfaits, c'est-à-dire moralement achevés, où toutes les turbulences individuelles sont désormais considérées comme nulles et non advenues et où règne une concep-

---

61. *Essai sur le mérite et la vertu*, *OC*, i.21.
62. *Introduction aux grands principes*, *OC*, v.204.
63. *Histoire des deux Indes*, livre XIX, ch.14; *OC*, xv.569 (cf. aussi *Fragments échappés*, *OC*, x.70).

tion normative et totalitaire du bien et du mal. L'individu n'a plus à s'exprimer en tant que tel puisque la société qu'il a contribué à forger l'exprime désormais tout à fait. Il n'y a plus d'échange entre le 'singulier' et le 'général', plus de rapport dialectique de l'un à l'autre. La volonté générale, oubliant ce qui la fonde, devient despotique et impose, d'en haut, ce qui ne devrait normalement résulter que d'une idéale convergence démocratique. C'est alors que le bonheur devient obligatoire et la recherche du bien respect de la norme. Ce monde clos, parfait, c'est-à-dire achevé et irréprochable, offre le spectacle d'une perfection que Diderot ne saurait concevoir: 'Je ne dirai pas avec Pope que tout est bien. Le Mal existe.'[64]

On ne peut nier que la nature n'ait aussi ses 'désordres physiques', ses 'tremblements de terre', ses 'volcans', ses 'tempêtes' (*OC*, v.203). Le mal moral, de même, est une réalité à laquelle l'homme se trouve quotidiennement confronté, et ce d'autant plus naturellement, que le Mal est aussi, comme Diderot l'affirme depuis 1756,[65] une nécessité, une donnée de sa nature. Tout est naturel, vice ou vertu; tout est dans 'l'organisation' de chaque individu et si l'homme est 'un effet commun', le 'monstre' n'est qu''un effet rare', mais tous les deux sont 'également naturels' (*Rêve de d'Alembert*, *OPh*, p.310-11). On est 'heureusement ou malheureusement né, on est insensiblement entraîné par le torrent général qui conduit l'un à la gloire, l'autre à l'ignominie' (*OPh*, p.364). Et ce penchant pour le bonheur que tous les hommes ont reçu en apanage n'emprunte pas obligatoirement les voies de 'l'hédonisme vertueux'[66] classique que Diderot avait, un temps, emprunté à Shaftesbury. Si 'beaucoup d'écrivains ont cherché les premiers principes de la morale dans les sentiments d'amitié, de tendresse, de compassion, d'honneur, de bienfaisance, parce qu'ils les trouvaient gravés dans le cœur humain', 'n'y trouvaient-ils pas aussi la haine, la jalousie, la vengeance, l'orgueil, l'amour de la domination?'[67]

En vérité, la distinction traditionnelle entre vertu et vice ne tient pas ou importe finalement peu. Car enfin, pourquoi de tous temps, a-t-on 'plutôt fondé la morale' sur les sentiments dits nobles que sont l'amitié, le respect, l'honneur, etc.? Parce qu'on a cru qu'ils tournaient par nécessité et essence 'au profit commun de la société' (*Histoire des deux Indes*, Benot, p.356). Or, il est évident qu'il est un point, 'un terme', au-delà duquel ces prétendues vertus 'dégénèrent en vices': 'Comment se déterminer à punir le coupable, si l'on n'écoutait que la compassion? Comment se défendre des partialités, si l'on ne prenait conseil

64. *Introduction aux grands principes*, *OC*, v.203.
65. Lettre à M. Landois du 29 juin 1756, *Corr.*, i.209-18.
66. Robert Mauzi, 'Les rapports du bonheur et de la vertu dans l'œuvre de Diderot', *CAIEF* 13 (1961), p.255-68.
67. *Histoire des deux Indes*, livre XIX, ch.14; Benot, p.356.

que de l'amitié? Comment ne pas favoriser la paresse, si l'on ne consultait que la bienfaisance?' (p.357).

Tout, vice ou vertu, peut contribuer à la sauvegarde de la société et au bonheur de l'espèce. De plus, les passions, d'ordinaire considérées comme facteurs de trouble et de désordre, ne 'nous inspirent-[elles] pas toujours bien, puisqu'elles ne nous inspirent que le désir du bonheur'? En réalité, trop souvent, c'est 'l'esprit qui nous conduit mal, et qui nous fait prendre de fausses routes': 'c'est la raison et non la nature qui nous trompe'.[68]

De fait, à condition d'admettre qu'il n'y a toujours pour l'homme qu'un devoir, 'c'est de se rendre heureux', on comprendra qu'il n'y a qu'une justice, dont les 'règles invariables' sont celles que dicte 'la justice par essence, ou, ce qui revient au même, [...] l'intérêt des hommes réunis en société'.[69] Le raisonnement se referme ici sur lui-même. On sait les difficultés rencontrées en d'autres lieux par Diderot pour concilier déterminisme et moralité. Mais le grand principe reste invariable: la 'nature de l'homme', qui contient en elle-même le principe de sa propre perfectibilité, est 'la base éternelle du juste et de l'injuste'.[70] 'Puisqu'il n'y a rien de bon qui n'ait quelque inconvénient, pas même la vertu, rien de mauvais qui n'ait quelque avantage, pas même le crime',[71] vice, vertu, bien, mal, tout conspire finalement au bien général de la société ou de l'espèce. La voix de la nature ne peut tromper l'homme sur la voie de sa propre conservation. Tout conspire au plus grand bien de l'ensemble. L'intérêt supérieur du corps social et de l'espèce se substitue aux exigences traditionnelles du vice et de la vertu, qu'il convient d'ailleurs de redéfinir complètement: est 'bien' désormais tout ce qui contribue, en dépit des apparences parfois et des enseignements de la morale traditionnelle, à la sauvegarde et à la prospérité de l'individu *et* de la société à laquelle il appartient. Les passions, considérées traditionnellement comme mauvaises, peuvent, comme plus tard dans le phalanstère de Fourier, se conjuguer pour le plus grand profit d'un monde en harmonie. Il est alors évident que ce que commande la nature ne peut être 'mal' puisqu'elle ne saurait se nier elle-même et vouloir sa propre destruction. Il y a là, à la pointe extrême du raisonnement, un retour à un idéalisme qu'en dépit du strict matérialisme de son point de départ Diderot ne peut éviter; il fait de la nature un nouvel absolu – nous aurons l'occasion d'y revenir – lequel n'a d'autre avantage, mais il n'est certes pas négligeable, que d'être désormais une 'cause propre à l'homme'.[72]

68. *Introduction aux grands principes*, *OC*, v.207.
69. *Histoire des deux Indes*, livre XIX, ch.14; Benot, p.357.
70. *Réflexions sur le livre De l'esprit par M. Helvétius*, *OC*, iii.242.
71. Lettre à Viallet de juillet 1766, *OC*, vi.592.
72. Cf. l'article de Jacques Chouillet, 'Des causes propres à l'homme', in *Approches des Lumières:*

Si le mal existe, il est 'une suite nécessaire des lois générales de la nature et non l'effet d'une ridicule pomme'.[73] Mais le 'mal moral qui n'est autre chose que le vice ou la préférence de soi aux autres' est *aussi* 'un effet nécessaire de cet amour-propre si essentiel à notre conservation'. Dans la nature physique, dans la nature humaine, tout est pertinent, tout est *un* et conspire, quoi qu'il en soit en apparence, au bien général de l'ensemble et 'le mal tient au bien même, on ne pourrait ôter l'un sans l'autre, et ils ont tous les deux leur source dans les mêmes causes'. En conséquence, même s'il est non moins incontestable que 'partout on connaît le juste et l'injuste', la 'vertu' connaîtra de multiples avatars en fonction des individus, des climats, des époques. De ce fait, personne ne peut prétendre être le censeur absolu de ses semblables et chacun conspire *à sa manière* au bonheur collectif par des voies que réprouverait parfois la morale conventionnelle. C'est ainsi, par exemple, que l'homme riche 'qui ne renvoie pas directement son superflu à la terre' mais l'emploie à des besoins souvent considérés, par Diderot lui-même, comme superflus et qui tendent à développer le goût du luxe et des 'vices' dans la nation, n'en participe pas moins au bonheur général en rendant 'sa nation recommandable aux autres qui la visitent' et en faisant 'vivre un grand nombre de citoyens, qui sont autant de consommateurs qui donnent du prix aux fruits de la terrre'. C'est ainsi que, tout en 'satisfaisant son goût', 'il accroît le nombre [des] jouissances' (*Observations*, *OP*, p.404) de tous en empruntant les voies tortueuses d'un moralisme qui n'a évidemment plus aucun rapport avec la morale classique.

Pour Diderot, comme pour le libertin Gaudet que met en scène Restif de La Bretonne dans *Le Paysan perverti*, la nature, qui produit le 'héros' et le 'scélérat',[74] 'ne fait rien d'inutile' (i.233): 'Qui sommes-nous pour sonder son impénétrable profondeur, et juger l'intelligence infinie? [...] Pourquoi la nature produit-elle des poisons dans le règne minéral et dans le règne végétal? Par les mêmes vues sages qui font qu'elle a produit les animaux carnassiers dans le règne animal; et pour suivre la gradation, elle produit encore parmi les êtres intelligents, les vicieux et les scélérats, par les mêmes vues qui lui ont fait produire les poisons et les animaux carnassiers.'

## 5. Les 'idiotismes' moraux

Evoquant pour Catherine II (*Observations*, *OP*, p.365) le livre de Lemercier de La Rivière, l'*Ordre essentiel et naturel des sociétés politiques* qui date de 1767, Diderot se voit 'malheureusement' contraint de le classer dans la catégorie de ces livres qui ne respectent pas la 'loi de nature' et qu'on appelle des 'Utopies'.

*mélanges offerts à Jean Fabre* (Paris 1974), p.53-62.
73. *Introduction aux grands principes*, *OC*, v.203.
74. (Paris 1978), i.232.

Il se demande en effet ce qu'il faut 'penser d'un système où l'on ne fait point entrer en compte la folie et les passions, l'intérêt et les préjugés, etc'. L'ouvrage de Lemercier lui semble, à l'image de la plupart des ouvrages modernes, 'une montre qui sortirait de la main d'un géomètre, qui n'aurait fait entrer en calcul ni les frottements, ni les chocs, ni la pesanteur'. Le monde utopique, dépourvu de cette 'pointe d'aigreur'[75] qui fait la vie, est un univers qui prétend avoir fait disparaître tout esprit 'hérétique' (p.146), toute imperfection et toute différence. Pour Diderot, au contraire, 'la perfection ne regarde pas l'universalité des hommes ni des choses'[76] et la loi civile, tout comme la loi religieuse, devrait éviter de parler 'non pour le bien, mais pour le meilleur': 'La plupart des fondateurs de religion, de sociétés, de monastères, ont destiné leurs institutions à un grand nombre d'hommes, quelquefois à toute la terre, tandis qu'elles ne pouvaient convenir qu'au petit nombre de ceux qui leur ressemblaient.'[77]

Dans la cité, loin de 's'opposer aux passions des hommes', il faut au contraire 'les encourager en les appliquant à l'intérêt public et particulier'.[78] Il ne faut pas priver la société des hommes de ce qui en fait la force et la vitalité. Il faut admettre dans la cité 'toutes les sortes de vices que la nature inspire et que le fanatisme proscrit' car une 'société nombreuse ne peut être sans vicieux' (*Observations*, *OP*, p.404). Alors, bien sûr, 'il y aura *aussi* des malheureux', des 'sots qui n'ont point d'industrie', des 'paresseux' qui ne veulent pas employer la leur, des 'dissipateurs', des 'fous de toute espèce' (c'est nous qui soulignons): c'est là le signe et la cause d'une vitalité économique et morale que ne connaît pas le monde utopique. Les malades, les vieillards, les déviants sexuels, tous ceux en un mot qui pourraient déranger la belle ordonnance uniforme de l'ensemble sont, depuis Platon, régulièrement exclus de la cité idéale. On a souvent mis l'accent sur cet anti-vitalisme fondateur des utopies[79] pour dénoncer les menaces terrifiantes qu'il fait peser sur l'individu. L'histoire contemporaine s'est d'ailleurs chargée de montrer à quel point d'extrême horreur pouvaient conduire le besoin d'aseptisation des mondes utopiques et la volonté de retrancher sans nuance toutes les parties malades du corps social. Morelly, pourtant parfait 'utopiste' sur tant de points, est l'un des rares créateurs de mondes parfaits à 'convenir' que, 'malgré les sages précautions' du système d'éducation,

---

75. Cioran, *Histoire et utopie*, p.142.
76. Article 'Célibat', *Encyclopédie*, *OC*, xv.162.
77. Article 'Rigorisme', *Encyclopédie*, *OC*, xv.375.
78. Article 'Législation', *Encyclopédie*, *OC*, xv.326.
79. Cf. par exemple: 'Messieurs, permettez-moi de vous le dire, vous donnez trop de force à vos calculs, et pas assez aux penchants du cœur humain et au jeu des passions. Votre système est très bon pour les gens de l'Utopie; il ne vaut rien pour les enfants d'Adam' (Rousseau, lettre à M. le marquis de Mirabeau du 26 juillet 1767, cité par R. Derathé in *Utopie et institutions au dix-huitième siècle*, éd. P. Francassel, Paris 1963, p.75).

il existera toujours plus ou moins de 'légères irrégularités', même 'passagères', et 'quelques sujets de contention, de dispute' parmi les hommes (*Code de la nature*, p.50).

Dans le *Supplément au voyage de Bougainville*, les femmes stériles ou libertines sont exclues du parfait bonheur tahitien en ce qu'elles ne peuvent ou ne veulent pas se plier à la norme reproductiviste de la nouvelle Cythère, où l'on fait mine d'oublier que les 'jouissances' dont l'homme a besoin pour être heureux sont autant 'relatives à l'âme' qu'aux 'sens' (*Observations*, *OP*, p.404):

Si l'homme n'est fait que pour labourer, recueillir, manger et vendre, tout est bon; mais il me semble qu'un être qui sent est fait pour être heureux par toutes ses pensées. Y a-t-il quelque raison à poser une limite à l'esprit et aux sens et à dire à l'homme: Tu ne penseras que jusque là [tu ne sentiras que jusque-là?] J'avoue que cette espèce de philosophie tend à tenir l'homme dans une sorte d'abrutissement, et dans une médiocrité de jouissances et de félicité tout à fait contraire à sa nature; et toute philosophie contraire à la nature de l'homme est absurde.

Définissant ce qu'est 'l'homme heureux du stoïcien', Diderot décrit un homme 'qui ne connaît d'autre bien que la vertu, d'autre mal que le vice, qui n'est abattu ni enorgueilli par les événements; qui dédaigne tout ce qu'il n'est ni le maître de se procurer, ni le maître de garder, et pour qui le mépris des voluptés est la volupté même' avant de conclure que c'est là 'peut-être l'homme parfait' mais que cet homme idéal ne saurait être 'l'homme de la nature' (*Essai*, *OC*, xiii.551). Et, de fait, l'ascétisme stoïcien, s'il séduit parfois et par certains aspects un Diderot vieillissant, n'en garde pas moins pour le créateur du neveu de Rameau une part d'inexpliqué, voire d'inexplicable: 'la nature, dont la main bienfaisante et prodigue a répandu tant de biens autour de notre berceau, nous en interdit-elle la jouissance? Le stoïcien se refuse-t-il à la délicatesse des mets, à la saveur des fruits, à l'ambroisie des vins, au parfum des fleurs, aux caresses de la femme.'

A dire vrai, le philosophe ne connaît pas de 'doctrine plus éloignée de la nature que celle de Zénon' (*OC*, xiii.552) et c'est sans aucun doute ce qui explique la haine implacable que les stoïciens vouaient aux autres sectes: 'D'où venait cette intolérance des stoïciens? De la même source que celle des dévots outrés. Ils ont de l'humeur, parce qu'ils luttent contre la nature, qu'ils se privent et qu'ils souffrent' (*OC*, xiii.561).

Le neveu de Rameau déjà ne s'accommodait pas 'du bonheur de quelques visionnaires' (*OC*, x.346) car ceux-ci s'imposent 'une tâche qui ne leur est pas naturelle' et, malheureux dans leur corps, ils deviennent 'durs', 'fâcheux' et 'insociables', tant il est vrai que 'quand on souffre, on fait souffrir les autres' (*OC*, x.345-46). L'ascétisme ne peut conduire qu'au malheur et/ou à l'hypocrisie. Mieux vaut convenir avec le philosophe interlocuteur du neveu que l'homme ne peut, sans se renier, mépriser 'les plaisirs des sens' (*OC*, x.342):

J'ai un palais aussi, et il est flatté d'un mets délicat, ou d'un vin délicieux. J'ai un cœur et des yeux; et j'aime à voir une jolie femme. J'aime à sentir sous la main la fermeté et la rondeur de sa gorge; à presser ses lèvres des miennes; à puiser la volupté dans ses regards, et à en expirer entre ses bras. Quelquefois avec mes amis, une partie de débauche, même un peu tumultueuse, ne me déplaît pas.

Jacques et son maître ne pourraient en disconvenir. Et même si le philosophe, le 'Moi' du *Neveu de Rameau*, ajoute aussitôt après qu'il lui est 'infiniment plus doux encore d'avoir secouru le malheureux, d'avoir terminé une affaire épineuse, donné un conseil salutaire' (*OC*, x.342), il n'en reste pas moins que chacun, en fonction de son 'organisation', trouvera en ce monde des moyens forts divers de satisfaire l'aspiration commune au bonheur.

Rapportant en 1769 une conversation avec l'abbé Galiani sur les charmes de la campagne que le prélat italien ne goûtait guère, Diderot, qui rend compte pour la *Correspondance littéraire* du *Temple du bonheur*, un ouvrage collectif paru sans nom d'auteur la même année et qui se prétend le 'recueil des plus excellents traités sur le bonheur', constate à quel point 'le bonheur d'un homme [diffère] du bonheur d'un autre' (*OC*, viii.168). Il n'en faut pas plus pour le dégoûter 'de tous ces traités du bonheur, qui ne sont jamais que l'histoire du bonheur de chacun de ceux qui les ont faits'.

Le neveu de Rameau reproche de même au philosophe de croire que 'le même bonheur est fait pour tous' (*OC*, x.338) et de 'décorer' du nom de vertu, de philosophie, ce qui n'est que 'goût particulier' (*OC*, x.339). Si l'aspiration au bonheur est la chose la mieux partagée du monde, il faut admettre qu''il y a autant de manières d'être heureux que d'individus' (*Observations*, *OP*, p.404). Il faut savoir accepter les 'idiotismes moraux' (*Neveu de Rameau*, *OC*, x.335) car 'chacun a son bonheur particulier'[80] qu'il ne peut aliéner, au risque de mettre en péril la cohérence de l'ensemble: 'Je veux que la société soit heureuse; mais je veux l'être aussi' (*Observations*, *OP*, p.404).

### 6. *Contre les bonheurs obligatoires*

Diderot ne peut accepter le 'bonheur mathématique et exact' dont parle Zamiatine dans *Nous autres*.[81] Il ne peut accepter le bonheur uniforme qu'impose toute société utopique. Dans un texte composé à l'occasion du sacre ... du roi de la fève en janvier 1770, le *Code Denis*, on peut lire ce programme très peu 'utopique': 'Dans ses Etats, à tout ce qui respire un souverain prétend donner la loi; c'est le contraire en mon empire le sujet règne sur son roi [...] j'aime la

80. *Le Temple du bonheur*, *OC*, viii.168.
81. Traduction française (Paris 1979), p.15.

liberté et si j'ai quelque volonté c'est que chacun fasse la sienne [...] Au frontispice de mon code il est écrit: sois heureux à ta mode; car tel est notre bon plaisir' (*OC*, viii.529-30). Prise en considération de la multiplicité des bonheurs individuels, refus d'un bonheur uniforme, légal et obligatoire, telles sont sans doute les raisons profondes qui ont conduit Diderot, contrairement à ce qu'affirme parfois la légende, à rejeter avec fermeté et conviction ce qu'il est convenu d'appeler le 'despotisme' éclairé'.

Dans l'*Histoire des deux Indes*, on lit à plusieurs reprises que l'Européen redevient 'tigre' quand il pénètre dans les forêts du Nouveau Monde. La soif du sang le reprend, une violence primitive s'empare de lui et le 'sauvage' n'est pas toujours celui qu'on pourrait croire. La colonisation européenne des deux Indes, si elle partait le plus souvent des meilleurs intentions, a été brutale, voire féroce; on a imposé de force, sans discernement, le 'modèle' occidental à des peuples qui ne comprenaient pas toujours tout le bien qu'on leur voulait. Diderot, qui, comme la plupart de ses contemporains, condamne les excès de la colonisation mais beaucoup plus rarement la colonisation elle-même, préférerait que l'on utilisât ce 'penchant qui entraîne tout homme à rendre sa condition meilleure' (livre IX, ch.1; Benot, p.151) pour convaincre les sauvages des bienfaits de la civilisation. Mariages, vertus de l'exemple, collaboration effective, tout doit être fait pour persuader au lieu de 'contraindre par la force' des peuples à être heureux malgré eux.

Or, quelle différence y-a-t-il, en dépit des apparences, entre la brute coloniale et le despote éclairé? L'un et l'autre se refusent à utiliser ce 'penchant qui entraîne tout homme à rendre sa condition meilleure' dont parle Diderot dans le livre de Raynal et nous avons déjà noté la haine politique farouche que Diderot voua à Frédéric de Prusse et la déception qu'engendra pour lui son engagement russe.[82] C'est sans ambiguïté qu'à plusieurs reprises Diderot a condamné le 'gouvernement d'un despote juste et éclairé: 'On a dit quelquefois que le gouvernement le plus heureux serait celui d'un despote juste et éclairé: c'est une assertion très téméraire' (*OC*, x.74). Cette affirmation tirée des *Fragments politiques échappés du portefeuille d'un philosophe* de 1772 se retrouve en des termes quasi identiques dans les *Mémoires pour Catherine II* (p.117ss) de 1773, les *Observations sur le Nakaz* (*OP*, p.353ss) et la *Réfutation d'Helvétius* (*OP*, p.619ss) de 1774, dans le chapitre 2 du livre XIX de l'*Histoire des deux Indes* (*OC*, xv.550-51), enfin, en 1780.

L'inacceptable du despotisme éclairé pour un esprit qui croit à la pluralité des bonheurs individuels, c'est que le souverain contraint ses administrés à faire leur un bonheur qu'ils n'ont pas choisi et dont, après tout, ils ne veulent peut-

---

82. Cf. *Itinéraire de St-Pétersbourg à Philadelphie*.

être pas. En 1772, Diderot va plus loin encore en affirmant que, même si le choix des peuples peut paraître objectivement – mais qui peut en décider 'objectivement'? – erroné, nul n'a le droit de les forcer à emprunter une voie qu'ils n'ont pas préalablement reconnue comme bonne: 'On force [les bêtes] à quitter un mauvais pâturage pour passer dans un plus gras: mais ce serait une tyrannie d'employer la même violence avec une société d'hommes. S'ils disent: nous sommes bien ici; *s'ils disent même*: D'accord, *nous y sommes mal, mais nous y voulons rester*, il faut tâcher de les éclairer, de les détromper, de les amener à des vues saines par la voix de la persuasion, mais jamais par celle de la force.'[83]

On sait à quelles cyniques aberrations peut en effet conduire la volonté de ceux qui font de leur conception du bonheur un absolu. Car ce qui compte alors, ce n'est pas l'étendue supposée du bonheur qu'ils prodiguent, mais la nature du pouvoir qu'ils exercent: 'Qu'est-ce qui caractérise le despote? est-ce la bonté ou la méchanceté? Nullement, ces deux notions n'entrent pas seulement dans sa définition. *C'est l'étendue et non l'usage de l'autorité qu'il s'arroge*.'[84] Il y a là une rupture du contrat originel qui stipule que 'même un bon roi, n'est point le père dans la société: il n'en est que l'intendant'.[85] Le 'bon souverain qui aurait fait le bien contre la volonté générale' se rendrait de fait coupable de 'lèse-société' (*OC*, x.75), crime qui peut légitimement amener les peuples à se révolter contre celui qui les amène de force dans les verts pâturages qu'ils n'ont pas choisis. La perversion profonde du despotisme éclairé, c'est qu'il conduit les peuples '*par le bonheur* à l'oubli complet de leurs privilèges, au plus parfait esclavage' (*Réfutation d'Helvétius*, *OP*, p.620; c'est nous qui soulignons).

C'est à cette terrible conclusion que parviendra aussi le Chigalev de Dostoïevski lorsque, expliquant à ses amis ses plans de bonheur universel, il observera: 'Je dois déclarer que mon système n'est pas encore tout à fait au point, que ma conclusion est en contradiction directe avec l'idée qui m'a servi de point de départ: partant de la liberté illimitée, j'aboutis au despotisme sans limite.'[86] Dans *La République* de Platon, la loi 's'efforce de réaliser le bonheur de la cité tout entière, en unissant les citoyens par la persuasion *ou* la contrainte' (p.278; c'est nous qui soulignons) et son souci n'est pas de 'les laisser libres de se tourner du côté qu'il leur plaît' mais bien de les faire unanimement 'concourir à fortifier le lien de l'état'.

Parfait législateur, prince d'utopie ou despote éclairé, celui qui passe outre à la volonté générale des hommes dans la cité outrepasse ses devoirs légitimes et 'le gouvernement arbitraire d'un prince juste et éclairé est toujours mauvais'

---

83. *Fragments échappés*, *OC*, x.74. C'est nous qui soulignons.
84. *Réfutation d'Helvétius*, *OP*, p.620. C'est nous qui soulignons.
85. *Fragments échappés*, *OC*, x.74.
86. *Les Démons* (cité par Gilles Lapouge in *Magazine littéraire*, no 139, 1978, p.17).

(*Réfutation d'Helvétius*, *OP*, p.619). Le despote éclairé 'fût-il le meilleur des hommes, en gouvernant selon son bon plaisir, commet un forfait' en oubliant que le 'droit d'opposition' est dans la cité 'un droit naturel, inaliénable et sacré' (*Mémoires*, p.116). Dès lors, 'un des plus grands malheurs qui pût arriver à une nation libre, ce seraient deux ou trois règnes consécutifs d'un despotisme juste et éclairé' (p.118) car le peuple, un instant subjugué, perd peu à peu le sentiment de sa liberté et le souvenir de ses droits (*Observations*, *OP*, p.354-55):

> ces trois despotes excellents accoutumeraient la nation à l'obéissance aveugle; sous leurs règnes les peuples oublieraient leurs droits inaliénables; ils tomberaient dans une sécurité et une apathie funestes; ils n'éprouveraient plus cette alarme continuelle, la conservatrice nécessaire de la liberté. Ce pouvoir absolu qui, placé dans la main d'un bon maître, faisait tant de bien, le dernier de ces bons maîtres le transmettrait à un méchant, et le lui transmettrait scellé par le temps et par l'usage; et tout serait perdu.

Le despotisme éclairé procure donc aux peuples 'un bonheur de dix ans qu'ils payeront de vingt siècles de misère' (*Mémoires*, p.118). Accoutumés à obéir aveuglément, ils ne pourront plus, ils ne sauront plus résister au pouvoir pernicieux d'un prince qui, succédant à un souverain doué de réelle grandeur d'âme, se révélera être, 'selon une loi de nature que nous ne pouvons déranger', un 'sot', un 'méchant' ou un 'fou' (*Observations*, *OP*, p.353). C'est là une des raisons pour lesquelles Diderot se montre si pressant auprès de Catherine II pour que celle-ci rende permanente sa 'commission', seule dépositaire de la sagesse 'pour le moment présent et pour les règnes qui suivront' (*Mémoires*, p.120). Le despotisme éclairé 'accoutume à respecter et à chérir un maître, quel qu'il soit' (p.116) et 'celui qui pourrait nous contraindre au bien, pourrait aussi nous contraindre au mal' (*Essai*, *OC*, xiii.508). Les aspects momentanément positifs du despotisme éclairé s'inversent ici en leur exact contraire et la recherche du bien, parce qu'elle a été menée par les voies essentiellement perverses de la contrainte, débouche sur un système d'oppression qui n'a plus rien à envier au 'despotisme oriental' ou à celui d'un Frédéric II qui confessait, par Diderot interposé, que ses idées 'suivies par cinq ou six successeurs, conduiraient infailliblement à la monarchie universelle' dans laquelle les sujets ne sont que des 'ilotes sous un nom plus honnête'.[87]

## b. Les 'rêves en équation'

### 1. Contre les 'systématiques'

Le despote éclairé veut précipiter le cours naturel de l'évolution des esprits, passer outre à la nécessaire maturation des choses. Lui faire confiance, c'est

---

87. *Principes de politique des souverains*, *OP*, p.181.

contre l'évidence historique, croire à la possibilité d'une société où 'l'on soit sûr de quarante neuf bons rois pour un mauvais, au lieu de quarante neuf mauvais pour un bon'.[88] Dans l'*Apologie de l'abbé Galiani*, Diderot accuse son adversaire d'accorder sa créance à un 'gouvernement des anges', de prôner une 'folle philosophie' qui 'veut s'assujettir les lois de la nature et le train du monde' avant de conclure: 'Mon cher abbé, vous utopisez à perte de vue.' 'Utopiser'! voilà l'accusation maîtresse que Diderot porte contre la crédibilité de Morellet, accusé de rêver de 'ramener et fixer un âge où tout soit dans un ordre renversé de celui-ci'.

Diderot, convaincu que la nature s'est donné une fois pour toutes des lois imprescriptibles et irréfutables et que la société, pas plus que l'homme, ne peut échapper aux contraintes de son 'organisation', est persuadé que 'le train du monde ne changera pas': il ne croit guère à la perméabilité des hommes et des faits si nécessaire à la construction de la cité idéale. 'Utopiser', c'est croire que l'on peut changer le monde et la vie sans se donner les moyens politiques et économiques de cette transformation radicale. C'est vouloir passer de l'obscurantisme gothique à la dixième époque de Condorcet en faisant l'économie historique des Lumières. C'est, ajoute et précise Diderot, se conduire en 'raisonneur abstrait, utopique' en 'ne s'appuyant sur aucun fait de détail', en 'les méprisant même' (*OP*, p.97).

Les mondes utopiques sont ces 'monstres' dont parlent Bordeu et d'Alembert: ils ne sont pas la figure d'un réel non encore appréhendé mais le produit 'de plusieurs animaux dépecés' dont on tire 'un bizarre qu'on n'a jamais vu en nature' (*Rêve de d'Alembert, OPh*, p.369). On a souvent souligné que les utopistes, contrairement aux apparences, ne créent pas de mondes vraiment *nouveaux*. Ils empruntent aux sociétés historiques connues ce que bon leur semble et composent cette machine idéologique parfaite à qui il ne manque que la vie et le pouvoir de fonctionner réellement. Alors que, nous dit encore Diderot, la 'bonne philosophie' est celle qui épouse le 'train nécessaire' du monde, l'utopiste se meut dans un univers parallèle où la perfection s'est substituée à jamais à la perfectibilité. L'utopiste comme le mathématicien, 'c'est un homme qui met ses rêves en équation' (*Sur Clairaut, OC*, v.526).

En 1753, dans *De l'interprétation de la nature*, Diderot opposait ces mêmes mathématiciens, ou 'géomètres', aux 'physiciens' (*OPh*, p.177-78). Les premiers, disait-il, ont 'beaucoup d'idées et n'ont point d'instruments'; les seconds, au contraire, ont 'beaucoup d'instruments et peu d'idées'. Utopistes et 'politiques' s'opposent de la même façon et Diderot – nous le verrons ultérieurement – n'est pas éloigné de penser que, dans le domaine des idées politiques aussi, il serait

---

88. *Apologie de l'abbé Galiani, OP*, p.90-91.

bon que 'ceux qui réfléchissent daignassent enfin s'associer à ceux qui se remuent' pour le plus grand 'intérêt de la vérité'. L'utopiste et l'homme engagé dans son siècle devraient collaborer; le premier trouverait dans cette collaboration la matière et la complexité historiques qui lui font tant défaut; le second y trouverait peut-être la justification des 'mouvements infinis qu'il se donne'. Pour l'heure, l'utopiste, le mathématicien évoluent dans un 'monde intellectuel, où ce que l'on prend pour des vérités rigoureuses perd absolument cet avantage, quand on l'apporte sur notre terre'. L'utopie, comme les mathématiques, n'est-elle pas cette 'espèce de métaphysique générale où les corps sont dépouillés de leurs qualités individuelles' (*OPh*, p.179)? Mably, critiquant le systématisme des physiocrates, remarquait de même qu''il n'en est pas des vérités morales et politiques comme des vérités géométriques; [...] Il ne s'élève aucune dispute sur les propositions d'Euclide, tandis qu'il n'y a rien en morale ni en politique sur quoi les gens qui ont l'esprit le plus exercé et le plus de lumières ne se trouvent partagés.'[89]

## 2. Les 'Spartiates en jaquette noire'

L'utopiste, qui se laisse entraîner par la méthode hypothético-déductive[90] à négliger les 'obstacles de toutes les couleurs que l'expérience seule des choses apprend à connaître', est, comme Diderot face à Catherine II, un rêveur, un 'philosophe systématique, qui arrange le bonheur d'une société sur son oreiller' (*Mémoires*, p.109-10). Quand, en 1772, le *Supplément au voyage de Bougainville* évoque la tentative faite par les jésuites d'acclimater cet esprit de système au Paraguay, c'est pour dénoncer en termes violents ces 'cruels Spartiates en jaquette noire' (*OPh*, p.461) qui ont réduit les Indiens en esclavage. Dès 1772, l'*Histoire des deux Indes* apporte une importante contribution à un débat qui divisa l'opinion éclairée du dix-huitième siècle. Les jésuites, haïs en Europe d'où ils furent d'ailleurs chassés en 1763, avaient établi, sur les deux rives du fleuve Paraguay, un état dans lequel ils prétendaient 'rassembler en corps de nation'[91] les Indiens qu'il convenait d'arracher à la féroce cupidité des Conquistadores en donnant pour base à leur association 'les maximes que suivaient les Incas dans le gouvernement de leur empire et dans leurs conquêtes' (p.128). Dans cette nouvelle 'cité du soleil', les moines, nous dit l'*Histoire des deux Indes*, eurent l'humanité et surtout l'intelligence 'de civiliser, jusqu'à un certain point, les sauvages, avant de penser à les convertir' (p.128) et utilisèrent

---

89. *Doutes proposés aux philosophes économistes sur l'ordre naturel et essentiel des sociétés politiques*, in *Œuvres complètes* de l'abbé de Mably (Londres 1789), xi.33, cité par Paolo Casini, 'La loi naturelle: réflexion politique et sciences exactes', *Studies on Voltaire* 151 (1976), p.430.

90. Cf. notre 'Introduction'.

91. *Histoire des deux Indes*, livre VIII, ch.14; Maspero, p.127.

la 'persuasion' plutôt que la contrainte. Bientôt, rien ne fut plus 'rare au Paraguay que les délits. Les mœurs y étaient belles et pures par des moyens encore plus doux qu'au Pérou [...] On n'y craignait pas les châtiments; on n'y craignait que sa conscience' (p.129). Dans un état où la propriété individuelle n'existait pas, où chacun vivait dans une frugale aisance sans les superfluités du luxe européen, 'il n'y avait point de distinction entre les états' (p.130). Et on trouve, dans la description qui nous est faite de ce paradis jésuite, tous les autres 'motifs' constitutifs des utopies classiques: absence d'argent, magasins publics, autarcie économique.

Néanmoins, dans le cours même de cette description euphorique de l'expérience jésuite, apparaît subrepticement, ce qui constitue, nous le savons mieux aujourd'hui depuis Swift, Huxley, Orwell et quelques autres, l'envers de toute perfection utopique. Si la société des Indiens du Paraguay est la seule 'sur la terre où les hommes aient joui de cette égalité qui est le second des biens', il semble bien qu'elle n'ait guère connu la liberté, qui est 'le premier' (p.130). Dans ce 'gouvernement théocratique', la contrition a remplacé la sanction: le coupable, poussé par le remords, se rendait 'aux pieds du magistrat' et, 'au lieu d'éluder sa peine, il venait la demander à genoux' de sorte que 'le châtiment, qui partout ailleurs effraie les coupables faisait ici leur consolation en étouffant les remords par l'expiation' (p.129). Dans cet état où il n'y avait point de lois criminelles 'parce que chacun s'accusait et se punissait volontairement', on avait obtenu 'la soumission volontaire des esprits'. Raynal,[92] qui s'interroge un instant sur les accusations portées contre les abus de ce 'gouvernement monacal' (ch.15, p.132), refuse de voir dans cette 'soumission volontaire' une des formes possibles de l'oppression (p.132-33):

l'oppression n'est que dans les travaux et dans les tributs forcés; dans les levées arbitraires soit d'hommes, soit d'argent, pour composer des armées et des flottes destinées à périr; dans l'exécution violente des lois imposées sans le consentement des peuples et contre la réclamation des magistrats [...] Jamais elle n'est dans une soumission volontaire des esprits, ni dans la pente et le vœu des cœurs, en qui la persuasion opère et précède l'inclination, qui ne font que ce qu'ils aiment à faire et n'aiment que ce qu'ils font.

Si Diderot pouvait apprécier dans cette expérience jésuite la substitution supposée de la persuasion à la contrainte, il ne pouvait en revanche admettre avec Raynal 'ce doux empire de l'opinion, le seul peut-être qu'il soit permis d'exercer sur des hommes, parce qu'il rend heureux ceux qui s'y abandonnent' (p.132-33) quand, et c'est Raynal lui-même qui le souligne sans s'en offusquer, on rend les peuples 'dociles' 'à force de les rendre heureux' (ch.14, p.129).

92. Nous attribuons indifféremment à l'auteur avoué et public de l'*Histoire* tout ce qui n'est pas de Diderot.

Raynal lui-même – à l'issue de cette série de trois chapitres où s'instaure un débat contradictoire qui traduit bien l'exemplaire plurivocité du texte de l'*Histoire des deux Indes* – ne peut écarter cette inquiétante conclusion selon laquelle les jésuites, ayant réuni les 'deux pouvoirs', le politique et le religieux, 'en un seul', eurent bientôt 'la disposition absolue des pensées, des affections, des forces de leurs néophytes' (ch.16, p.139). Qu'est-ce qui distingue, se demande alors Diderot, ces jésuites des 'despotes éclairés'? Ces ecclésiastiques, animés sans aucun doute des meilleures intentions du monde, n'ont-ils pas eux-aussi mené leurs peuples à l'esclavage par le bonheur? On ne s'étonnera pas de voir Diderot intervenir en 1781 dans le débat pour condamner sans ambiguïté, par de nombreuses additions au texte initial,[93] la tyrannie des jésuites (ch.17, p.140):

Les Guaranis étaient des espèces de moines, et il n'y a pas peut-être un moine qui n'ait quelquefois détesté son habit. Les devoirs étaient tyranniques. Aucune faute n'échappait au châtiment. L'ordre commandait au milieu des plaisirs. Le Guaranis, inspecté jusque dans ses amusements, ne pouvait se livrer à aucune sorte d'excès. Le tumulte et la licence étaient bannis de ses tristes fêtes. Ses mœurs étaient trop austères. L'égalité à laquelle ils étaient réduits et dont il leur était impossible de se tirer éloignait entre eux toute sorte d'émulation.

La condamnation avait été encore plus vigoureuse dès 1772, dans le *Supplément au voyage de Bougainville* (*OPh*, p.461):

ces cruels Spartiates en jaquette noire en usaient avec leurs esclaves indiens, comme les Lacédémoniens avec leurs ilotes; les avaient condamnés à un travail assidu; s'abreuvaient de leurs sueurs, ne leur avaient laissé aucun droit de propriété, les tenaient sous l'abrutissement de la superstition; en exigeaient une vénération profonde; marchaient au milieu d'eux, un fouet à la main et en frappaient indistinctement tout âge et tout sexe.

Bougainville, qui est la source explicite de 'A' et 'B' dans le texte de Diderot, avait noté dans son *Voyage autour du monde* 'l'intervalle immense' qui sépare, en politique, 'la théorie de l'administration' (p.63). Découvrant les missions des jésuites, Bougainville ne peut en effet cacher sa surprise et sa déception quand il apprend que des Indiens se sont révoltés contre leurs bienfaiteurs ou ont cherché à fuir cette cité idéale: 'Comment l'accorder avec tout ce que j'avais lu sur la manière dont ils étaient gouvernés? J'aurais cité les lois des missions comme le modèle d'une administration faite pour donner aux humains le bonheur et la sagesse' (p.62). Bougainville se voit contraint de renoncer à l'adéquation parfaite qu'il avait admise entre ces missions et le meilleur des mondes tel qu'il peut sortir tout armé du cerveau de quelque bienfaiteur de l'humanité (p.62-63):

93. Michèle Duchet (*Diderot et l'Histoire des deux Indes*), contrairement à Yves Benot, ne signale pas ces interventions de Diderot. La similitude de certaines formules de l'*Histoire* avec le texte du *Supplément* est pour le moins troublante.

quand on se représente de loin et en général ce gouvernement magique fondé par les seules armes spirituelles, et qui n'était lié que par les chaînes de la persuasion, quelle institution plus honorable à l'humanité! c'est une société qui habite une terre fertile sous un climat fortuné, dont tous les membres sont laborieux et où personne ne travaille pour soi; les fruits de la culture commune sont rapportés fidèlement dans les magasins publics, d'où l'on distribue à chacun ce qui lui est nécessaire pour sa nourriture, son habillement et l'entretien de son ménage; [...] les maisons particulières sont commodes, les édifices publics sont beaux; le culte est uniforme et scrupuleusement suivi; ce peuple heureux ne connaît ni rangs ni conditions; il est également à l'abri des richesses et de l'indigence.

On reconnaît là toute une série de motifs utopiques: fertilité des lieux, collectivisme du travail et de la consommation excluant par définition l'oisiveté, égalité, santé, beauté ... Mais, avoue Bougainville, cette terre fortunée ne lui est apparue telle que 'dans le lointain et l'illusion de la perspective' (p.63). Cette 'perspective', les historiens de l'*Histoire des deux Indes* ont tenté de la préserver et on retrouve essentiellement dans leur texte la vision du 'gouvernement magique' que Bougainville s'attendait à trouver. Diderot, en revanche, a su mieux lire le texte du *Voyage autour du monde* et a préféré, refusant la mise en 'perspective' idéologique à laquelle le conviaient les faiseurs d'utopies, s'en tenir aux témoignages que firent à Bougainville 'unanimement cent témoins oculaires' (p.64, 65, 72):

Les Indiens avaient pour leurs curés une soumission tellement servile que non seulement ils se laissaient punir du fouet à la manière du collège [...] mais qu'ils venaient eux-mêmes solliciter le châtiment des fautes mentales;

Le peuple cependant était depuis huit heures du matin distribué aux divers travaux soit de la terre, soit des ateliers, et les corrégidors veillaient au sévère emploi du temps; [...] à cinq heures et demie du soir on se rassemblait pour réciter le rosaire et baiser encore la main du curé; [...] ils pouvaient ensuite se livrer à quelques jeux aussi tristes que le reste de leur vie.

Les maisons y sont tellement uniformes qu'à en voir une on les a vues toutes comme à voir un homme et une femme, on a vu tous les habitants, attendu qu'il n'y a pas la moindre différence dans la façon dont ils sont vêtus.

Les Indiens n'avaient en quelque sorte aucune propriété et [...] étaient assujettis à une uniformité de travail et de repos cruellement ennuyeuse.

Paradis ou enfer, les apparences ne peuvent décider, le monde de Thomas More et celui de George Orwell ne sont pas fondamentalement différents, tout dépend précisément de la 'perspective' dont parlait Bougainville, et du regard que l'on porte sur la cité idéale. Jusqu'au dix-neuvième siècle, la cité idéale ne se dévoile que par l'intermédiaire de l'un de ses représentants officiels – le sage vieillard qui accueille le voyageur – et fait illusion. Quand le regard porté sur l'expérience utopique se fait interne à celle-ci, quand le Guaranis a enfin le pouvoir de s'exprimer, l'utopie révèle ses effrayants secrets. Les utopistes 'critiques'[94] donnent la parole aux Utopiens et permettent ainsi d'appréhender 'à plat' la réalité du meilleur des mondes et de comprendre que l'Enfer n'est que l'envers du Paradis.

Pour Diderot, qui intervient en 1781 pour infléchir d'une manière décisive le texte de Raynal, comme il le fait ailleurs pour la Chine (cf. livre I, ch.21), il ne semble pas qu'il y ait eu la moindre ambiguïté ou illusion: le système du bonheur obligatoire se mue, c'est là la loi de son 'organisation', en système d'oppression généralisée et la 'soumission volontaire' est la pire des servitudes. L'esprit de système des 'mathématiciens' de l'idéologie prétend modeler l'individu selon l'*idée* qu'ils se font de l'homme et ne tient pas compte de la multiplicité des destins et des choix individuels, irréductibles les uns aux autres, et qui font, selon Diderot, la richesse des sociétés historiques et la vitalité des nations. Il n'y a rien d'étonnant, contrairement à ce qu'affirme Raymond Trousson, à ce que Diderot 'n'ait pas versé plus ouvertement dans le genre utopique' en dépit d'un incontestable 'goût pour l'hypothèse' (p.140). Une hypothèse n'est constructive, aux yeux de Diderot, que si elle n'est pas 'systématique'. L'exploration des 'possibles latéraux'[95] n'est fructueuse que lorsqu'elle est menée avec la liberté de ton que savent se ménager les protagonistes du *Rêve de d'Alembert*. Mais les rêveurs en politique négligent trop souvent la complexité des organismes qu'ils mettent en jeu et, oubliant que dans 'cette machine appelée société, tous les ressorts [sont] agissants, réagissant les uns contre les autres' (*Supplément*, *OPh*, p.512), ils perdent toute créance et toute légitimité à parler des hommes et de leur histoire. Diderot avait décidément la 'fibre' peu utopiste: on l'imagine mal proposant comme modèle à ses contemporains ou à la postérité ce monde rigoureux et contraignant sorti tout armé du cerveau du 'philosophe systématique, qui arrange le bonheur d'une société sur son oreiller' (*Mémoires*, p.109-10), dont il s'est cependant plu à prendre le masque en écrivant le *Supplément au voyage de Bougainville*.

## c. Les 'plantes exotiques'

On a souvent noté qu'au dix-huitième siècle, de par la rencontre inattendue de l'utopie et de 'l'idée de progrès',[96] il s'était produit une 'multiplication des franges de l'utopie' (p.37). L'utopie n'est plus un univers inaccessible dans le temps et l'espace. On continue d'aller chercher ses 'bons sauvages' à Tahiti ou en Australie mais, dans le même temps, on s'aperçoit que le 'non-lieu', le 'nulle-

---

94. Il est difficile de trouver un terme pleinement satisfaisant pour Huxley, Orwell, Zamiatine, etc. On parle suivant le cas de 'contre-utopistes', d''anti-utopistes', etc.
95. Raymond Ruyer, *L'Utopie et les utopies*, p.5.
96. Baczko, *Lumières de l'utopie*, p.154.

part' de l'utopie se rapproche: Clarens et ses vendangeurs, le bourg de Loudun et ses statuts.[97] De plus, avec, par exemple, *L'An 2440* de Louis-Sébastien Mercier, l'utopie, pour la première fois, devient une fin possible de l'histoire. Le monde qui nous est ici décrit n'est pas un monde sans commencement ni fin sorti tout armé du crâne de son législateur mais le produit d'une 'perfectibilité' qui s'est substituée à la 'perfection' utopique: 'Nous sommes sortis de la barbarie où vous étiez plongés; quelques têtes furent d'abord éclairées, mais la nation en gros était inconséquente et puérile. Peu à peu les esprits se sont formés. Il nous reste à faire plus que nous n'avons fait, nous ne sommes guère qu'à la moitié de l'échelle. Patience et résignation font tout, mais *j'ai bien peur que le mieux absolu ne soit pas de ce monde.*'[98]

Le Parisien éclairé du vingt-cinquième siècle initie le 'rêveur' du dix-huitième aux charmes d'un monde où l'homme est revenu 'à la lumière pure de l'entendement' (p.79) par la seule force de sa propre perfectibilité. La Dixième époque de Condorcet, l'"âge d'or" vers lequel chemine l'abbé de Saint-Pierre, sont le fruit d'une humanité qui a su, inéluctablement, tirer profit de son aptitude constante au progrès. Les utopistes 'classiques', comme Platon ou More par exemple, présupposaient une structure idéologique idéale dont ils exploitaient au maximum toutes les possibilités logiques; au dix-huitième, bon nombre d'utopistes se situent dans une perspective historique où l'utopie, se proposant d'être la fin de l'histoire, apparaît comme un 'modèle' crédible de ce dont doit ou peut être fait le proche avenir.

Diderot, dans les conseils qu'il prodigue à Catherine II, pour l'aider dans cette rude tâche que constitue la civilisation de la Russie, lui propose, à plusieurs reprises, de faire appel à des colons venus des 'contrées policées' d'Europe, et de les installer dans 'la province la plus belle et la plus féconde' (*Fragments échappées, OC*, x.101), de donner à ces 'hommes libres et de bonne volonté' (*OC*, x.102) tous les moyens d'une prospérité qui servira ensuite d'exemple au reste de l'empire puisque, si 'l'invention est le propre du génie', 'l'imitation est le propre de l'homme':[99] 'Je ne dirais pas à un peuple esclave: sois libre; mais je lui mettrai sous les yeux les avantages de la liberté, et il la désirera' (*OC*, x.102). Cette 'idée systématique sur la manière d'amener un peuple au sentiment de la liberté et à l'état policé', peut-elle avoir une réelle efficacité? Ces colons libres, perdus au sein d'un empire étranger, seront-ils vraiment plus utiles que les artistes appelés à la cour de la souveraine pour y répandre l'esprit de culture et l'amour des beaux-arts? On a vu le peu de crédit accordé à ces 'plantes

---

97. Restif de La Bretonne, *Le Paysan perverti*, p.291-303.

98. *L'An 2440*, p.232. La dernière phrase que nous avons soulignée est à rapprocher de celle, déjà citée, où Diderot affirmait ne pas croire que la perfection fût de ce monde.

99. *Histoire des deux Indes*, livre XII, ch.7; *OC*, xv.508.

exotiques' par un Diderot qui ne craint pas, dans le même fragment de 1772 (*Fragments échappés*, *OC*, x.100-105), de prôner les vertus de l'exemple et de l'imitation puis d'en nier l'efficacité réelle à long terme si on ne consent pas à 'commencer par le commencement' et à cultiver son propre 'sol': 'Si vous empruntez des modèles étrangers, vous ignorerez la raison de leur perfection, et vous vous condamnerez à n'être jamais que de faibles copies' (*OC*, x.104).

Cette certitude qu'il y a peu de profit à tirer de l'exemple d'une perfection exogène, exotique, c'est peut-être ce qui explique les réticences constantes de Diderot à l'égard du 'modèle' chinois que lui proposaient bon nombre de ses contemporains, et non des moindres. Il est en effet difficile de nier, dans un premier temps, que la pensée politique de Diderot, telle qu'elle s'exprime dans ses œuvres sur la Russie ou dans le *Voyage en Hollande*, n'ait été fortement influencée par l'image euphorique que les jésuites donnèrent au dix-huitième siècle de la Chine, qu'ils s'efforçaient tant bien que mal d'évangéliser. Dans la lettre du 2 décembre 1725 qu'il écrivit de Canton et qui inspira fortement Voltaire pour *Le Siècle de Louis XIV*, le père Contencin décrit un pays où un 'prince infatigable' 'pense nuit et jour à établir la forme d'un sage gouvernement, et à procurer le bonheur de ses sujets',[100] à qui il manifeste généralement 'une tendresse de père' (p.308). Ce prince éclairé règne sur une contrée heureuse où tous les enfants du pays, grâce à la bonne administration de l'état qui sait prévenir les effets désastreux des mauvaises récoltes, mangent à leur faim. Le mérite seul est reconnu 'par les épreuves des examens publics' (p.310; cf. p.315) et les 'grands de l'Empire ou les tribunaux supérieurs' ont le loisir de faire au Prince des 'remontrances' 'sur sa propre conduite ou sur ses décisions' (p.306). Montesquieu, Voltaire et Diderot liront avec intérêt et parfois passion ces lettres[101] où s'édifie le mythe du prince éclairé. L'exotisme semble nécessaire à l'élaboration des modèles en un siècle où vont désormais s'affronter les figures radicalement adverses du Grand Turc et de l'Empereur chinois.

Le chapitre 20 du livre I de l'*Histoire des deux Indes* témoigne encore, en 1772, de la vivacité du mythe chinois dans la pensée politique des Lumières. Et le portrait que Raynal trace alors de l'Empire du Milieu a tout pour séduire le penseur politique qui va bientôt prendre le chemin de St-Pétersbourg. Les 'lettres' des jésuites avaient déjà mis l'accent sur les querelles autour de l''antiquité' de la Chine, antiquité qui remettait en question de façon fort troublante la chronologie biblique. Raynal de même affirme d'entrée que les Chinois, 'enfermés et garantis de tous côtés par les eaux et les déserts, ont pu,

---

100. *Lettres édifiantes et curieuses de Chine par des missionnaires jésuites*, éd. I. et J. L. Vissière (Paris 1979), p.303.
101. Cf. aussi lettre du 16 octobre 1724, p.229ss; lettre du 15 décembre 1727, p.316ss.

comme l'ancienne Egypte, former un état durable' (Maspero, p.19) à qui l'on accorde 'une durée suivie de quatre mille ans' (p.17) en combattant et retardant 'les progrès successifs de la destruction universelle' (p.19). Cette altération, qu'il croit inévitable, Diderot souhaitera que les jeunes Etats Unis puissent, au moins pour un temps, y échapper.[102] En Chine, continue Raynal, dans ce pays où la religion s'appuie sur la loi naturelle et n'est elle-même 'que la pratique des vertus sociales' (livre I, ch.20; Maspero, p.20), l'empereur, le 'père des peuples' (p.21), épargnant à ses administrés les 'abus tyranniques des lois féodales' (p.22), respecte le 'contrat inviolable qui l'a mis sur le trône' en leur assurant 'les choses de première nécessité': il sait que 'c'est le premier devoir de conserver les peuples, qui fait le droit des rois' (p.24). Voilà qui assurément ne pouvait déplaire au philosophe qui faisait, nous l'avons vu, de la 'subsistance' la première condition du bonheur. Diderot, qui ne cessera de recommander à Catherine II d'instituer des concours de recrutement aux charges de l'Empire, de vanter la suprématie du 'mérite' sur le 'privilège', pouvait-il de même ne pas être séduit par le système du 'mandarinat' et par cette absence de 'distinctions chimériques attachées à la naissance' (p.25) qui caractérise la Chine? Dans ce 'gouvernement patriarcal, qui est celui de la nature', on a, semble-t-il, retrouvé ou gardé le secret de 'cette égalité primitive que la nature établit entre les hommes et qui ne doit céder qu'aux talents et aux vertus'.

On a déjà relevé[103] la présence troublante de quelques lignes communes à ce texte et à la version révisée de la *Dispute sur la postérité* du Fonds Vandeul. L'hypothèse selon laquelle Diderot aurait été le 'panégyriste'[104] de la Chine avant d'en être, en *1781*, le 'détracteur'[105] est certes plausible: nous savons que Diderot aime à poser le 'pour' et le 'contre' et la 'réfutation' de 1781, que l'on sait pourtant avec certitude être de Diderot, est paradoxalement, sur le chapitre de la noblesse par exemple, plus étrangère à sa pensée que le texte initial qu'il s'est proposé de réfuter. Néanmoins cette hypothèse, aussi séduisante soit-elle en nous autorisant l'image idéale d'un Diderot se réfutant lui-même, paraît peu acceptable puisque deux 'fragments' de 1772 sont, déjà, très nettement en contradiction avec l'image euphorique que nous donne de la Chine l'*Histoire des deux Indes*. Qu'est-ce qui incite donc Diderot à prendre ses distances avec un 'modèle' qui, pourtant, informe incontestablement sur certains points son idéal politique?

Certaines lettres, moins 'édifiantes' mais tout aussi 'curieuses', des mission-naires jésuites avaient depuis toujours mis en garde le public lettré contre

102. Cf. notre première partie.
103. Benot, *Diderot, de l'athéisme à l'anticolonialisme*, p.169-70.
104. *Histoire des deux Indes*, livre I, ch.20; Maspero, p.16.
105. Maspero, p.33; *OC*, xv.416-28.

l'illusion exotique que constituait à leurs yeux le système chinois. Diderot, dans sa contribution à l'*Histoire des deux Indes*, dénoncera aussi les 'sottises' que peut faire dire la 'révérence des temps passés et des contrées éloignées' (livre I, ch.21; *OC*, xv.420). Dans une lettre du 28 septembre 1735, le père Parennin dénonce l'incurie de l'administration impériale chinoise, la distance qui sépare la 'théorie' instituée au temps béni où les empereurs 'regardaient leurs sujets comme leurs propres enfants' de la 'pratique [qui] ne répond qu'à demi' (*Lettres édifiantes*, p.377). Spéculation, corruption, lenteurs administratives font qu'en dépit de l'immémoriale institution des 'greniers publics', le peuple, là comme ailleurs, 'attend, espère, et meurt sans être soulagé' et 'l'abondance revient' quand le pays est déchargé de ses 'bouches inutiles' (p.379).

Diderot, dans sa réfutation de l'*Histoire des deux Indes*, dénonce la fréquence des disettes en Chine au cours desquelles 'il se commet plus de forfaits, plus de meurtres, plus d'incendies, plus de pillages qu'il ne s'en commettrait dans l'irruption d'une horde de sauvages' (*OC*, xv.417). Il s'indigne de voir fouler aux pieds ce 'sentiment si naturel qu'il est commun à l'homme et à la brute, la tendresse des pères et des mères pour leurs petits' dans un pays où l'on se résout parfois 'à les tuer, à les étouffer, à les exposer'. Le sage dispositif mis en place pour assurer la 'subsistance' des peuples ne fonctionne pas mieux 'à la Chine' qu'en Europe. Et si le souverain chinois ne parvient pas à assurer une vie digne de ce nom à tous ses sujets, alors 'la notion du gouvernement patriarcal de la Chine est une espèce de rêverie' qui, d'ailleurs, 'ferait sourire l'empereur et les mandarins' (*OC*, xv.421) … Et Diderot de dénoncer avec violence les tares d'un système politique qui rappelle fâcheusement le 'despotisme éclairé' que professent certains souverains européens. Nous avons vu antérieurement avec quelle précision Diderot démontait le mécanisme oppresseur du despotisme éclairé qui prétend conduire les hommes à l'esclavage par le bonheur. L'analyse qu'il fait du système chinois le conduit aux mêmes conclusions: on a décidément partout consacré 'le titre de despote par celui de père', les Chinois vivent 'courbés sous le joug d'une double tyrannie, de la tyrannie paternelle dans la famille, de la tyrannie civile dans l'empire' et nourrissent, en dépit du 'respect extérieur' qu'ils affichent, 'une haine impuissante et secrète pour les pères' (*OC*, xv.419). Ici comme ailleurs, cette apparente 'humble soumission des enfants', qui n'est nullement une preuve de 'la bonté du père', précipite le peuple dans une 'abjection dont il ne se relèvera jamais': les Chinois sont devenus – c'est là la logique du despotisme (éclairé) – 'les plus doux, les plus insinuants, les plus respectueux, les plus timides, les plus vils et les moins dangereux des esclaves'. Ayant perdu jusqu'au souvenir de leur liberté, les Chinois se sont abandonnés aux charmes d'une 'servitude volontaire' qui conduit à la 'bassesse' et à 'l'extinction de toute vertu'. Quant au contrôle qu'exercerait un 'tribunal toujours subsistant' sur le gouvernement du prince, il n'est constitué que d'un 'petit nombre de lettrés' (*OC*, xv.420) qui sont 'les plus grands fripons, les juges les plus iniques qu'il y ait au monde' (*Fragments échappés*, *OC*, x.96). La 'barrière qui protège le peuple' n'est 'à la Chine qu'une grande toile d'araignée sur laquelle on aurait peint l'image de la justice et de la liberté' et on n'a jamais vu 'un grand nombre de tyrans déposés, emprisonnés, jugés, mis à mort'.[106]

Diderot refuse donc sans ambiguïté l'image d'une Chine idéale qu'il ne croit pas reconnaître dans la matérialité des informations qu'il possède; de toute manière, la Chine ne saurait être que le funeste modèle qu'il faut cacher aux princes et aux peuples afin qu'ils ne succombent pas aux charmes pervers du despotisme éclairé. Cependant, on ne peut pas ne pas être étonné d'une hargne anti-chinoise, qui le conduit parfois à opter pour des positions tout à fait contraires à certaines de ses convictions les plus assurées en d'autres lieux. Ainsi le voyons-nous prendre la défense de la noblesse héréditaire (!) qui 'a aussi ses avantages' (*OC*, xv.427) sans s'attarder sur cette institution chinoise qui, privilégiant le mérite et la vertu, 'anoblit', nous dit Raynal, 'quelquefois les aïeux d'un homme qui a rendu des services importants' (Maspero, p.26). De même, il dénonce à plusieurs reprises l'"excessive population de la Chine' (*OC*, xv.417) qu'il rend responsable en grande partie de la fréquence des disettes alors que, partageant en cela l'une des grandes obsessions de son siècle, il a toujours été hanté – c'est là d'ailleurs une des explications de la sexualité tahitienne – par le spectre de la dépopulation. Partisan farouche, en d'autres lieux, d'une forte natalité considérée comme un des facteurs de la prospérité nationale, il en vient ici à soutenir que 'l'expérience générale' nous apprend que 'les vices des sociétés sont en proportion du nombre des individus qui la composent' et que cette 'population tant vantée a des limites au-delà desquelles c'est un fléau qui ôte à l'homme le temps du repos, l'entraîne à des actions atroces et détruit dans son âme l'honneur, la délicatesse, la morale et même le sentiment d'humanité' (*OC*, xv.425). Enfin, il n'est pas à l'abri, dans bien des passages, d'un ethnocentrisme mal contenu: le Chinois est 'un barbare à prétentions' (*OC*, xv.424), sa politesse n'est qu'hypocrisie et 'momerie d'usage chez un peuple cérémonieux' et 'tous ceux qui ont commercé avec les Chinois conviennent unanimement que l'on ne saurait trop prendre de précautions si l'on ne veut pas être dupé' (*OC*, xv.422). Et l'Europe n'a-t-elle pas aussi 'parmi [ses] ecclésiastiques, [ses] magistrats et [ses] philosophes, des hommes qui ne le cèdent [...] aux lettrés, ni en lumières ni en bonnes mœurs' (*OC*, xv.421)? Enfin, 'qu'est-ce que ce Confucius dont on parle tant, si on le compare à Sidney et à Montesquieu?' (*OC*, xv.425).

106. *Histoire des deux Indes*, livre I, ch.21; *OC*, xv.421.

Pourquoi cet acharnement anti-chinois qui confine parfois à la mauvaise foi? Diderot semble terriblement agacé par ce 'modèle' que ne cessent de lui vanter quelques-uns des plus fins esprits de son siècle. Bien sûr, il y a d'abord en lui, nous venons de le voir, la volonté de dénoncer ce qu'il considère comme une illusion dangereuse. Mais, derrière cette volonté de mettre à jour la réalité chinoise et de dessiller les yeux de ses contemporains, se profile peut-être le désir ancré au plus profond de lui-même, de refuser tout 'modèle', tout système de référence imposé de l'extérieur qui tende à nier la multiplicité des cheminements collectifs vers le mieux-être des sociétés et la singularité des bonheurs individuels.

Dans une lettre du 25 septembre 1760, Diderot, qui est au Grandval chez d'Holbach, fait part à Sophie de l'enthousiasme du baron et du père Hoop pour la Chine. Enthousiasme qu'il partagerait 'si ce que l'on raconte de la sagesse de ces peuples est vrai', si vraiment il existe un pays où l'on assigne 'des récompenses aux actions vertueuses' et où le monarque est 'subordonné à un conseil de censeurs' (*Corr.*, iii.87-88; *LSV*, i.188-89). Mais, continue le philosophe, ce sont là des 'choses qu'on ne [le] trouvera pas disposé à croire' car il n'a que 'peu de foi aux nations sages' et il reste persuadé que les hommes sont 'presque les mêmes partout' et qu'il faut donc s'attendre, à Paris, à St-Pétersbourg ou à Pékin, 'aux mêmes vices et aux mêmes vertus'. La perfection n'est pas de ce monde: telle est, nous l'avons vu,[107] la conviction profonde de Diderot. Et la Chine ne peut échapper à la règle commune: le bien et le mal sont trop indissociablement liés. Derrière la façade des Lumières chinoises se profile l'ombre du despotisme extrême oriental. Mais, quelle que soit la réalité historique concrète, c'est la notion même de *modèle* que Diderot ne peut accepter. Dans un monde où la perfection est inconcevable, où il faut savoir accepter la multiplicité des voies individuelles vers le bonheur, proposer un modèle, c'est contraindre l'individu à emprunter une démarche qu'il n'a pas choisie; c'est, encore une fois, se conduire en 'despote éclairé' en transformant 'sa' conception du bonheur en bonheur obligatoire.

Diderot, dans sa 'réfutation' du modèle chinois, ne cesse de nier son caractère exceptionnel: 'Voici ce qu'on dit: "l'empereur sait qu'il règne sur une nation qui n'est attachée aux lois qu'autant qu'elles font son bonheur ..." Y-a-t-il entre le Chinois et l'Européen quelque différence sur ce point?'[108] Il souligne qu'en Chine comme dans 'toutes les autres contrées' une loi de nature veut que 'pour une fois qu'il arrive au génie et à la vertu de tomber du ciel sur la demeure du maître, cent mille fois ils doivent tomber à côté' (*OC*, xv.420); il atteste

---

107. Voir ci-dessus 'Le bonheur comme programme'.
108. *Histoire des deux Indes*, livre I, ch.21; *OC*, xv.419.

l'existence 'dans toutes les contrées' d'un 'tribunal' qui est chargé de surveiller le prince. Quand on lui affirme que 'l'autorité souveraine est limitée à la Chine', il s'interroge: 'où ne l'est-elle pas?'

Contradictions, mauvaise foi, mépris pour les Chinois: tout est acceptable pour celui qui estime que tout doit être fait pour nier l'exception, l'exceptionnel. Les modèles historiques n'existent pas et il est dangereux d'y avoir recours quand on sait, comme Diderot, que l'idée du bonheur est la moins bien partagée du monde. Pour le philosophe des idiotismes politiques, la notion de 'modèle' n'a pas de sens. Chacun doit trouver son chemin vers les 'gras' pâturages (*Fragments échappés*, *OC*, x.74). Et Tahiti, dont le collectivisme n'a que peu de rapports avec la société bourgeoise que promeut le conseiller de Catherine II, ne saurait être proposé aux Européens comme l'exemple à imiter pour retrouver l'équilibre naturel d'une société plus juste et plus humaine. Le Philosophe se refuse à indiquer du haut de ses nues le chemin de la vérité à ses semblables. La question reste donc pour nous entière: quel est le 'lieu' de l'œuvre utopique dans l'ensemble des écrits politiques de Diderot? Quel est le sens de cette écriture utopique au sein d'une pensée qui s'est toujours montrée réfractaire au 'systématisme'? Peut-être nous faut-il, pour mieux le comprendre, mimer cet écart dans lequel toute utopie se constitue et nous résoudre à un détour par l'esthétique qui nous permette de mieux appréhender le fonctionnement interne de la pensée politique de Diderot.

## iii. L'utopie comme 'modèle idéal'

### *a. Le beau en politique*

On voit s'élaborer au dix-huitième siècle une esthétique du Sujet[109] qui, sans nier les qualités intrinsèques de l'objet perçu, pose comme condition nécessaire à la constitution de l'objet esthétique le regard du sujet percevant: 'Quand je dis donc qu'un être est "beau" par les rapports qu'on y remarque, je ne parle point des rapports intellectuels ou fictifs que notre imagination y transporte, mais des rapports réels qui y sont, et que notre entendement y remarque par le secours de nos sens.'[110]

Diderot n'a cessé d'affirmer 'qu'en quelque idiome qu'on en fasse usage', le mot 'beau' n'a qu'une acception: 'il suppose perception de rapports' (p.426). 'Rapports', tel est le maître-mot d'une esthétique qui s'affine au fil des années sans cependant jamais renier les grands concepts fondamentaux sur lesquels

109. Cf. E. Cassirer, *La Philosophie des Lumières* (Paris 1970), p.275ss.
110. Article 'Beau', *Encyclopédie*, *OE*, p.425.

elle se fonde.[111] Quant à savoir ce qu'il recouvre très exactement, ce n'est pas là tâche aisée. Les 'notions d'ordre, de rapports, d'arrangement, de symétrie, de convenance, de disconvenance'[112] sont souvent présentées comme synonymes: 'Quand je prononce [...] d'un poisson qu'il est "beau", qu'entends-je? Si je considère cette fleur ou ce poisson solitairement, je n'entends pas autre chose, sinon que j'aperçois entre les parties dont ils sont composés, de l'ordre, de l'arrangement, de la symétrie, des rapports (car tous ces mots ne désignent que différentes manières d'envisager les rapports mêmes)' (p.420). Mais, dans le cours du même texte, on lira aussi qu'il peut arriver, quand on parcourt 'tous les êtres qu'on nomme "beaux"', que l'on soit dans l'obligation d'en exclure quelques-uns qui présentent même 'l'apparence marquée d'ordre et de symétrie': 'telle serait la peinture d'un orage, d'une tempête, d'un chaos' (p.426). De fait la 'symétrie' des diverses parties de l'objet esthétique est moins importante que la nécessaire *solidarité* qu'elle suppose entre toutes les parties dans la constitution du Tout: 'Le rapport en général est une opération de l'entendement, qui considère soit un être, soit une qualité, en tant que cet être ou cette qualité suppose l'existence d'un autre être ou d'une autre qualité. Exemple: quand je dis que Pierre est un "bon père", je considère en lui une qualité qui suppose l'existence d'une autre, celle de fils' (p.424).

De même que la vertu ne saurait se concevoir sans prise de conscience de la nécessaire solidarité du bien et du mal, la beauté d'une horloge ne peut s'appréhender sans la perception du 'rapport de ses parties entre elles' (p.425). Rien n'existe en soi et pour soi: en 1769, dans le *Rêve de d'Alembert*, le 'philosophe qui rêve' met l'accent sur la 'sympathie' qui unit tous les 'animaux distincts' de la 'grappe' humaine; la 'continuité' (*OPh*, p.293), telle est la loi de l'univers qui s'impose au philosophe matérialiste et dont peut s'émerveiller l'esthète. La nature est à la fois une et multiple et le 'rapport' est la loi de fonctionnement d'un monde où tous les êtres réagissent les uns sur les autres.

Dans la cité aussi existe cette 'sympathie' entre tous les membres d'une communauté où doit se résoudre la contradiction première de l'un et du multiple. Néanmoins, là aussi, il faut avoir recours au rêve pour concevoir le passage effectif de la 'contiguïté' à la 'continuité': seuls les mondes utopiques offrent l'image parfaite de ces sociétés où coïncident idéalement l'intérêt de l'individu et celui de la communauté tout entière. Rien n'est plus 'beau' en politique que l'utopie: le monde utopique rend transparents les 'rapports' de 'convenance' qui unissent les individus entre eux dans la parfaite unanimité qui

111. Sur l'idée de 'rapports', voir essentiellement J. Chouillet, *La Formation des idées esthétiques de Diderot 1745-1763* (Paris 1973), p.110-31.
112. Article 'Beau', *Encyclopédie, OE*, p.417.

le caractérise. La symétrie des rues mime l'idéal 'arrangement' des cœurs et des esprits.[113]

Les faiseurs d'utopie qui procèdent par la 'méthode hypothético-déductive'[114] mettent à nu les rapports secrets que tient voilés l'opacité historique des sociétés réelles. L'utopiste 'édifie un système logique, une forteresse de déductions qui devrait être inexpugnable' et dans ce 'puzzle compliqué'[115] qu'est la cité idéale, tout est supposé 'nous donner [les] idées d'ordre, d'arrangement, de symétrie, de mécanisme, de proportion, d'unité'[116] dont Diderot nous suppose le besoin, en politique comme dans tout autre domaine de l'activité humaine. L'utopie, c'est ce qui est le mieux à même de 'réveiller' en nous 'l'idée de rapports' (p.418), c'est la découverte du plaisir en politique.

### b. 'Beau relatif' et 'modèle idéal'

C'est parce que 'nous naissons avec des besoins qui nous contraignent de recourir à différents expédients' et que 'la plupart de ces expédients étaient un outil, une machine, ou quelque autre invention de ce genre' qui suppose 'combinaison, arrangement des parties tendantes à un même but' (*OE*, p.415-16) que peu à peu nous avons fait nôtre 'la notion positive et abstraite d'ordre, d'arrangement, de proportion, de combinaison, de rapports, de symétrie'. Ces notions sont donc 'expérimentales comme toutes les autres' et elles 'ont passé par nos sens pour arriver dans notre entendement'. Le 'beau absolu' (*OE*, p.419) n'existe donc pas et 'il n'y aurait point de Dieu', la notion de rapports ne nous serait pas moins familière. Nous n'avons pas d'appréhension du beau sans perception et l'homme n'est accessible qu'au 'beau aperçu'. Certes, il existe un 'beau réel' qui réside dans les choses prises 'solitairement': 'Que je pense ou ne pense point à la façade du Louvre, toutes les parties qui la composent n'en ont pas moins telle ou telle forme et tel ou tel arrangement entre elles: qu'il y eût des hommes ou qu'il n'y en eût point, elle n'en serait pas moins "belle"' (*OE*, p.419).

Mais comme 'la nature ne fait rien d'incorrect', il n'y a pas un être 'qui ne soit comme il doit être' (*Essais sur la peinture*, *OE*, p.665) et, en conséquence, il y a un 'maximum de beauté dans chaque ouvrage de la nature, considéré en lui-même'.[117] Les notions de beauté et de laideur n'entrent donc en considération qu'avec l'intervention du sujet percevant. Mais ce 'beau aperçu' n'est lui-même qu'un 'beau relatif' car 'un même objet, quel qu'il soit, peut être considéré

---

113. Article 'Beau', *Encyclopédie*, *OE*, p.417.
114. Cioranescu, *L'Avenir du passé*, p.25.
115. R. Mucchielli, *Le Mythe de la cité idéale* (Paris 1960), p.62.
116. Article 'Beau', *Encyclopédie*, *OE*, p.416.
117. Article 'Beau', *Encyclopédie*, *OE*, p.421.

solitairement et en lui-même, ou relativement à d'autres' (*OE*, p.420): dans le premier cas, nous venons de le voir, toute fleur est 'belle', tout poisson est 'beau' d'un 'beau réel' puisque toute production de la nature 'contient en soi de quoi réveiller l'idée de rapport' (*OE*, p.422); ce n'est donc qu'en comparant l'objet esthétique 'relativement à d'autres' qu'on peut percevoir s'il est beau relativement à nous, 'relativement à l'emploi qu'on en peut faire dans les arts d'imitation': ainsi 'le mot sublime de la tragédie des *Horaces*: Qu'il mourût' n'est en soi ni 'beau' ni 'laid'; il ne devient 'sublime' que parce que le spectateur est à même de prendre en considération 'ses rapports avec les circonstances': 'Changez les circonstances et les rapports, et faites passer le "qu'il mourût" du théâtre français sur la scène italienne, et de la bouche du vieil Horace dans celle de Scapin, le "qu'il mourût" deviendra "burlesque"' (*OE*, p.423).

Seul le 'rapport', c'est-à-dire la relation établie entre plusieurs êtres, nous permettra d'évaluer la beauté de l'objet perçu et de décider, 'selon qu'il excite en nous la perception d'un plus grand nombre de rapports' (*OE*, p.422), s'il est 'joli, beau, plus beau, très beau ou laid; bas, petit, grand, élevé, sublime, outré, burlesque ou plaisant'. Ce 'beau relatif', puisqu'il est le fruit de multiples expériences singulières, sera par définition une valeur fortement affectée par la diversité des individus, des climats, des époques, des 'idées accidentelles' que nous attachons aux objets (*OE*, p.434), de sorte qu'il n'y a 'peut-être pas deux hommes sur la terre qui perçoivent exactement les mêmes rapports dans un même objet, et qui le jugent "beau" au même degré' (*OE*, p.435).

L'individu lui-même n'est pas à l'abri des fluctuations passionnelles et de ces 'modifications accidentelles' qui vont remettre en question à chaque fois la notion qu'il s'était forgé du beau. La tentation est grande alors, face à la multiplicité des objets esthétiques qui se présentent au regard du sujet percevant, de partir à la recherche d'une 'échelle' (*OE*, p.431) d'évaluation qui permettrait de faire l'économie de la mise en perspective que présuppose tout jugement esthétique ou tout acte créateur. C'est alors que se fait jour chez le Philosophe la nécessité d'un 'modèle' et qu'apparaît cette 'hantise du repère, du point fixe, de la borne miliaire' dont Jacques Chouillet a montré l'importance dans l'économie générale de la pensée de Diderot (p.21).

S'adressant à Sophie et à sa mère, dans une lettre du 30 septembre 1760, Diderot précise: 'Il faut que vous sachiez toutes deux que je vous rapproche sans cesse de l'idée que je me suis formée de votre esprit et de votre caractère, et que cette mesure n'est pas commune' (*Corr.*, iii.99; *LSV*, i.195).

Cette médiation par l''idée', nous la retrouvons érigée au rang de principe fondateur dans le *Salon* de 1767. L''homme de génie', s'il veut se distinguer du 'portraitiste' qui se contente de rendre 'fidèlement la nature comme elle est' (*OC*, vii.37) dans la 'chose individuelle' (*OC*, vii.34) qui s'offre à son regard, doit se forger un 'modèle idéal de la beauté' (*OC*, vii.39) qui lui permette d'accéder dans sa production à cette beauté du 'premier type' qui n'existe plus à l'état pur dans la nature: 'le modèle le plus beau, le plus parfait d'un homme ou d'une femme serait un homme ou une femme qui serait supérieurement propre à toutes les fonctions de la vie, et qui serait parvenu à l'âge du plus entier développement, sans en avoir exercé aucune' (*OC*, vii.38).

Seuls les Anciens, parce qu'ils touchaient un peu à l'origine du monde, ont su effacer 'sans relâche et avec une circonspection étonnante les altérations et difformités de nature viciée' (*OC*, vii.38): c'est parce qu'ils ont ainsi pu s'élever jusqu'à la conception de la 'ligne vraie' qu'ils peuvent servir de modèles. Mieux vaut, telle est l'une des idées les mieux partagées de l'esthétique classique, copier les Anciens que reproduire la nature telle qu'elle s'offre, dans sa dégradation, aux regards des artistes contemporains qui de plus 'naissent, pour ainsi dire, savants' (*OC*, vii.39) et ajoutent à ce qu'ils voient toutes les 'idées accidentelles'[118] que la tradition a transformées en vérités. Seul un peuple qui serait resté ou retournerait 'à l'état de barbarie' pourrait avoir une perception claire et nette de la 'ligne vraie' car 'c'est la seule condition où les hommes convaincus de leur ignorance puissent se résoudre à la lenteur du tâtonnement' qui permet de mieux voir. C'est ainsi, nous le verrons, que l'"état de nature' se trouve investi de toutes les séductions que lui confère sa naïveté par rapport à l'histoire du monde. Le dix-huitième siècle va se précipiter au fond des forêts américaines dans l'espoir d'y retrouver, intacte, cette image de la 'ligne vraie' que les Européens, 'polis' par le temps et les usages, croyaient avoir à jamais perdue. Diderot, de même, voit dans le développement peu avancé de la Russie l'une de ses chances historiques: alors que la France, vieillie et engoncée dans ses mauvaises habitudes, devra se résoudre au bain de sang révolutionnaire si elle veut faire table rase de toutes les pesanteurs accumulées au cours des siècles, la Russie, nation jeune et barbare, peut retrouver plus vite la 'ligne vraie' en politique.[119]

Le temps est altération et puisqu'il faut bien convenir 'qu'il ne peut y avoir ni un animal entier subsistant, ni aucune partie d'un animal subsistant que vous puissiez prendre à la rigueur pour modèle premier', il faut convenir que l'artiste n'a d'autre alternative que de se constituer un modèle 'purement idéal' qui ne soit 'emprunté directement d'aucune image individuelle de nature'.[120]

118. Article 'Beau', *Encyclopédie*, *OE*, p.434.
119. Cf. ci-dessus 'Itinéraire de St-Pétersbourg à Philadelphie'.
120. *Salon* de 1767, *OC*, vii.37.

## c. L'utopie comme 'modèle idéal'

> Vous conseillez de s'occuper d'abord de la recherche
> d'un principe général sauf à spécifier les exceptions. Je
> n'entends rien à cette logique. Quoi! il faut se faire dans
> sa tête un principe général, mais il me semble qu'il y a
> dans les sciences, dans les métiers, une méthode qui est
> précisément le rebours de la vôtre.[121]

La méthode expérimentale, qui consiste à commencer par les 'cas particuliers', semble, à première vue, en contradiction avec celle du 'modèle idéal'. Et nous avons vu dans quelles impasses le matérialisme se fourvoyait quand il s'agissait de se réconcilier avec l'humanisme et la morale. Mais ce serait néanmoins commettre une erreur que de ne voir dans le 'modèle idéal' du 'Platon moderne'[122] qu'un avatar de l'Idée platonicienne avec laquelle il n'a que des 'ressemblances de pure forme'.[123] Le 'modèle idéal' est le fruit du travail d'un sujet qui, à partir des données de l'expérience, procède par abstraction progressive. Diderot, dans le texte de l'*Apologie de l'abbé Galiani* que nous venons de citer et qui pouvait apparaître, dans un premier temps, comme une réfutation du principe constitutif du 'modèle idéal', définit très bien ce processus d'idéalisation: 'On commence par des cas particuliers; à force de cas particuliers, examinés en eux-mêmes et comparés à d'autres on aperçoit des ressemblances et des différences, et l'on se forme des notions plus ou moins générales, des théories plus ou moins étendues' (*OP*, p.87).

Nous verrons un peu plus tard l'importance de cette 'plus ou moins' grande généralité dont Diderot prend soin de parler. Mais cette méthode expérimentale qui consiste à 'élaborer des principes en fonction des phénomènes au lieu de subordonner les phénomènes à des principes définis valables a priori et fixés une fois pour toutes' (Cassirer, p.293) n'est pas aussi éloignée qu'on pourrait le croire de celle qui va permettre la constitution du 'modèle idéal'.

Puisque tout, dans la nature, dans l'homme, dans la société, 'est dans une vicissitude perpétuelle'[124] et que l'homme ne saurait se résoudre 'à n'être d'accord ni avec ses semblables, ni avec lui-même, sur les seuls objets qu'il lui importe de connaître, la vérité, la bonté, la beauté' (*OE*, p.284), il est 'certain' qu'il faut que chacun cesse de se prendre 'soi-même pour modèle et pour juge' et comprenne 'la nécessité de chercher une mesure, un module hors de soi' afin de devenir semblable à ces 'esprits qu'il est extrêmement difficile d'étonner' dont parle l'*Encyclopédie* parce qu'ils se sont élevés 'au-dessus des choses faites'

---

121. *Apologie de l'abbé Galiani, OP*, p.87.
122. Lettre de Voltaire du 28 juillet 1766, citée dans *OC*, vi.597.
123. Chouillet, *La Formation des idées esthétiques de Diderot*, p.488.
124. *Discours de la poésie dramatique, OE*, p.283.

en rapportant 'tout ce qu'ils voient, entendent, etc, au possible, et qui ont en eux-mêmes un modèle idéal au dessous duquel les êtres créés restent toujours'.[125]

C'est le *Paradoxe sur le comédien* qui explicite peut-être le mieux comment se constitue ce 'modèle idéal'. 'Le premier' interlocuteur du *Paradoxe*, amené à préciser la différence qu'il met entre 'un tartuffe et le Tartuffe', explique que le 'modèle idéal' du bigot hypocrite a été composé par emprunt à tous les bigots hypocrites que peut côtoyer le poète et dont il ne retiendra que les 'traits les plus généraux et les plus marqués', de sorte que le Tartuffe ne sera 'le portrait exact d'aucun' tartuffe (*OE*, p.337) sans cesser pour autant de renvoyer à une réalité irréfutable. Le 'modèle idéal' ne sort pas tout armé de la tête du Philosophe. Bien qu'il ne soit, nous l'avons vu, 'emprunté directement d'aucune image individuelle[126] et qu'en cela 'il n'existe pas' et soit purement 'idéal',[127] il n'en reste pas moins qu'il est le fruit de l'expérience, du jeu des 'rapports', car 'il n'y a rien dans l'entendement qui n'ait été dans la sensation'. Il est le produit d'une sélection opérée à partir des données de l'expérience dont on corrige 'les défauts grossiers [...] puis les défauts moins grossiers, jusqu'à ce que, par une longue suite de travaux', on atteigne une 'figure qui [n'est] plus dans la nature'. L'idéalité se dégage du réel, dont elle sélectionne les aspects qu'elle juge les plus positifs; le 'modèle idéal' est un 'composé' des 'organes les plus parfaits'[128] que la nature, l'homme ou la société peut avoir. Il ne siège pas dans le ciel des idées, il est l'idée du beau, du vrai et du bien que le philosophe ou l'artiste se forge au travers des données diverses et contradictoires du réel.

Si 'l'homme idéal' dont rêve un instant Ariste peut se matérialiser sous la forme d'une statue à laquelle on a accordé, en un subtil 'composé', 'toutes les qualités qu'il est donné à un mortel de posséder' (*OE*, p.285), ne pourrait-on pas voir dans la cité idéale qu'édifie l'utopie le 'modèle idéal' dont le penseur politique aura besoin pour juger sereinement les 'portraits' que lui tendent ses contemporains du vrai, du beau et du bon en politique?

On reproche souvent aux textes utopiques leur monotonie et leur pauvreté d'imagination. Mais cette monotonie et cette médiocrité ne devraient pas nous surprendre si l'on songe que l'utopie est, pour reprendre le terme de Diderot, un 'composé' que l'écrivain utopiste va constituer à partir de l'expérience qu'il a des sociétés historiques dont il prétend ne retenir que le meilleur. Parce que sans doute 'il n'y a rien dans l'entendement qui n'ait été dans la sensation',[129]

125. Article 'Admiration', *Encyclopédie*, *OC*, xv.13.
126. *Salon de 1767*, *OC*, vii.37.
127. *Paradoxe sur le comédien*, *OE*, p.339.
128. *Discours de la poésie dramatique*, *OE*, p.285.
129. *Paradoxe sur le comédien*, *OE*, p.339.

nous sommes incapables d'inventer, de concevoir un être ou un monde qui ne répondrait pas, peu ou prou, au schéma fondamental de celui que nous avons chaque jour sous les yeux. L'auteur de science-fiction le plus original n'invente, à proprement parler, rien: les extra-terrestres, même s'ils ne disposent que d'un œil ou d'une antenne à la place des oreilles, n'échappent pas aux grands traits constitutifs de l'espèce humaine. Et le romancier de science-fiction, comme l'utopiste, n'est en fait qu'un 'bricoleur', de génie parfois, qui, utilisant ce que le monde ou la société met à sa disposition, recompose l'ensemble de manière si nouvelle qu'il finit 'par constituer un objet inédit'.[130] Comme la statue d'Ariste, figure artificielle recomposant la réalité de l'homme, la cité idéale, empruntant de-ci de-là ce qui lui paraît le plus acceptable dans les sociétés existantes, ne retenant, pour ce nouvel assemblage, que 'les proportions qui [lui] ont paru les plus belles'[131] fait, selon le mot de Cioranescu, 'du neuf avec du vieux exclusivement'.[132] Les possibilités, les combinaisons que nous propose le monde dans lequel nous vivons et hors duquel nous sommes incapables de penser, sont en fait en nombre limité. L'utopiste Morelly l'avait déjà compris lorsqu'il précise que l'auteur de *La Basiliade* a, comme tous ses contemporains, 'tâché [...] d'imiter la belle nature' et que, 's'il s'est quelquefois trouvé le copiste des mêmes objets, il a évité, autant qu'il est possible de les prendre dans la même attitude ou sous le même point de vue' (*Code de la nature*, p.37). L'utopiste propose une belle 'statue' de la société dans laquelle il vit; le 'modèle idéal' qu'il élabore n'est que le subtil 'composé' des sociétés historiques qu'il a sous les yeux.

Ariste le Philosophe, après avoir compris que le 'modèle général idéal de toute perfection' est une 'chimère'[133] réservée à la seule intelligence des dieux, en vient à concevoir l'idée d'un 'modèle idéal' qui soit propre à chaque 'état' et qu'il se propose de modifier selon les 'circonstances' (*OE*, p.285). Le 'modèle idéal' se constituant par appréhensions répétées du réel pouvait difficilement échapper à la 'vicissitude' générale et 'perpétuelle'. C'est précisément pour surmonter l'angoisse du philosophe effrayé par la diversité des goûts que l'on rencontre entre les hommes, et même parfois 'dans un même homme' (*OE*, p.283), qu'est apparu comme nécessaire le recours au 'modèle idéal'. On ne peut donc, en retour, oublier de faire entrer en ligne de compte cette évidence selon laquelle 'l'organisation générale' de chaque individu et la variété des climats, des lois, des mœurs, des religions font qu'il n'est pas possible que deux hommes aient 'précisément un même goût, ou les mêmes notions du vrai, du

---

130. Lapouge, *Utopies et civilisations*, p.24; cf. aussi p.106.
131. *Discours de la poésie dramatique*, *OE*, p.285.
132. Rappelons le titre significatif de son ouvrage: *L'Avenir du passé*; p.105.
133. *Discours de la poésie dramatique*, *OE*, p.286.

bon et du beau'. Le 'modèle idéal' est donc une construction à usage strictement personnel (c'est là ce qui le différencie des 'modèles' que l'on prétend imposer aux autres et que Diderot, nous l'avons vu, a toujours repoussés) et qui peut et doit varier en fonction des 'états' et des 'circonstances'. Le philosophe doit apprendre à 'altérer, fortifier, affaiblir, défigurer et réduire son modèle idéal' (*OE*, p.286) qui n'a décidément rien à voir avec les idées toutes 'faites' du Ciel platonicien.

Si l'utopie correspond bien, en politique, à la définition que donne Diderot du 'modèle idéal', elle non plus n'échappe pas aux 'circonstances' qui la voient naître et elle porte les stigmates de la société à laquelle elle prétend pourtant venir se substituer. Elle indique aux hommes la voie du bien absolu ... relativement aux idéaux que chaque époque se donne. En dépit des ressemblances manifestes entre les diverses œuvres qui permettent de parler d'un 'genre' utopique, l'utopie est enfant de l'histoire. En nous entraînant vers Tahiti, Diderot lui-même emprunte les voies d'un primitivisme rien moins qu'original au dix-huitième siècle: tout le siècle, ou presque, a cru trouver le secret de l'identité dans l'origine de l'être et s'est précipité vers les lieux exotiques que lui proposaient les récits de voyage.

## d. L'utopie comme 'fiction'

### 1. L''analogie de la vérité et de la fiction'

L'esthétique du 'modèle idéal' propose à l'artiste de se détourner du réel immédiatement perceptible afin de mieux saisir la vérité de l'objet par la médiation de l'idée qu'il s'en fait: c'est là une recommandation scandaleuse au regard des catégories traditionnelles du vrai et du faux. En introduisant la nécessaire médiation de l'idée, du 'modèle idéal', Diderot n'aggrave pas, comme on pourrait le croire, l'opacité de l'objet esthétique. C'est l'immédiateté qui est néfaste et conduit les artistes à n'être que les pâles 'portraitistes' d'une vérité qui se dérobe dans la réalité de la perception. Si l'on veut atteindre à la profondeur de l'être, si l'on veut accéder à la parfaite transparence de la connaissance esthétique, il faut, paradoxalement, consentir à un *écart*.

En 1758, dans le *Discours de la poésie dramatique*, Diderot compare 'trois ordres de choses': 'L'histoire, où le fait est donné; la tragédie, où le poète ajoute à l'histoire ce qu'il imagine en pouvoir augmenter l'intérêt; la comédie, où le poète invente tout' (*OE*, p.212).

Si 'être conséquent, ou avoir l'expérience de l'enchaînement nécessaire des choses, c'est la même chose' (*OE*, p.219), alors le poète comique, qui 'invente tout', est plus 'conséquent' que l'historien, que le poète épique ou dramatique, et au moins aussi 'conséquent' que le philosophe qui, pourtant, raisonne 'd'après les faits'. Le 'poète qui feint' a en effet un pouvoir de pénétration du vrai dont ne disposent pas ses rivaux et que lui confère, précisément, le fait de 'raisonner d'après une hypothèse': il doit 'se rappeler une suite d'images comme elles se succéderaient nécessairement dans la nature, tel ou tel phénomène étant donné'. En reconstruisant le réel, il va accéder au vrai car alors il découvre mieux les 'rapports' cachés: 'Nous n'entrevoyons dans la nature qu'un enchaînement d'effets dont les causes nous sont inconnues; au lieu que la marche du drame n'est jamais obscure; et que, si le poète nous cache assez de ses ressorts pour nous piquer, il nous en laisse toujours apercevoir assez pour nous satisfaire' (*OE*, p.212).

La reconstruction à laquelle doit se résoudre l'artiste, parce qu'elle impose une intelligence à ce qui n'est le plus souvent que masse informe de sensations brutes, dévoile mieux que le discours du réel les 'causes' secrètes qui constituent les choses: 'au lieu que la liaison des événements nous échappe souvent dans la nature et que, faute de connaître l'ensemble des choses, nous ne voyons qu'une concomitance fatale dans les faits, le poète veut, lui, qu'il règne dans toute la texture de son ouvrage une liaison apparente et sensible' (*OE*, p.213-14).

Le discours de la fiction, s'il est 'moins vrai' que celui de l'historien, est en revanche 'plus vraisemblable' et c'est en cela qu'il dévoile mieux les 'rapports' complexes qui sont dans les choses. La fiction est un écart fécond qui va nous permettre d'échapper à la 'concomitance fatale' des faits et de retrouver le sens de la 'liaison' qui permet une profonde appréhension du vrai. On ne peut comprendre le monde sans mise en perspective et il faut, contre les idées reçues, proclamer 'l'analogie de la vérité et de la fiction' (*OE*, p.219).

Le mensonge de l'art est élevé au rang d'outil épistémologique. L'"imagination', cette puissance trompeuse que la tradition considère comme la source de tant d'erreurs ou de malentendus, est réhabilitée par Diderot qui en fait cette 'qualité sans laquelle on n'est ni un poète, ni un philosophe, ni un homme d'esprit, ni un être raisonnable, ni un homme' (*OE*, p.218). Elle n'est pas la vaticination d'un esprit malade, elle est la puissance de reconstruction du réel à laquelle se livre l'artiste qui 'se rappelle', 'par des images', les 'impressions' (*OE*, p.217) qui se sont conservées dans ses organes. L'imagination n'est pas fictive, elle est le fruit d'une expérience du réel, mais d'un réel qui s'ordonne, s'organise, dévoile ses 'rapports' secrets: elle est l'écart nécessaire dans la constitution d'une parole vraie: le poète, que l'on considère traditionnellement comme le maître d'erreur et d'illusion, est ici seul détenteur d'une vérité qu'il contribue à (re)constituer: 'C'est lui qui fait. Il est, dans sa sphère, ce que l'Etre tout puissant est dans la nature. C'est lui qui crée, qui tire du néant' (*OE*, p.212).

L'imagination du poète, parce qu'elle propose un schéma d'interprétation qui s'est constitué par idéalisation progressive des données brutes de la sensation, peut appréhender le vrai même quand le réel fait défaut: 'On lit, dans l'histoire, ce qu'un homme du caractère de Henri IV a fait et souffert. Mais combien de circonstances possibles où il eût agi et souffert d'une manière conforme à son caractère, plus merveilleuse, que l'histoire n'offre pas, mais que la poésie imagine!' (*OE*, p.217).

De même, ce 'galimatias de cordes vibrantes et de fibres sensibles', cette 'rêvasserie' qui 'avait tout l'air du délire' (*OPh*, p.287) qu'est le rêve de d'Alembert, apparaîtra aux yeux de Bordeu comme un morceau de 'philosophie bien haute' qui 'se vérifiera' 'plus les connaissances de l'homme feront de progrès' (*OPh*, p.313). C'est que pour Diderot, comme il l'explique dans *Les Bijoux indiscrets* et dans le *Salon* de 1767, le rêve est le véritable état de veille de l'esprit. Derrière son apparente incohérence et son excentricité se profile une parole vraie qui touche à l'essentiel: 'Nos rêves ne sont que des jugements précipités qui se succèdent avec une rapidité incroyable, et qui, rapprochant des objets qui ne se tiennent que par des qualités fort éloignées, en composent un tout bizarre.'[134]

Le rêve, comme l'inspiration du poète, est 'fiction' révélatrice; il fonde une nouvelle rationalité qui met en lumière les 'rapports' éloignés qui sont dans les choses, car 'il n'y a rien de décousu ni dans la tête d'un homme qui rêve, ni dans celle d'un fou'.[135]

C'est cette 'analogie de la vérité et de la fiction'[136] qui explique l'émerveillement de Diderot devant les tableaux de Vernet dans le *Salon* de 1767. Vernet avait 'mieux à faire que d'être le copiste rigoureux' (*OC*, vii.134) des scènes qui s'offraient à lui. Dédaignant le 'portrait' de la nature, il a retrouvé la 'ligne vraie'; il a su peindre le paysage 'idéal' qui fait voir. Dans l'entretien fictif qui ouvre les considérations sur Vernet, Diderot affirme, péremptoire, à son ecclésiastique interlocuteur: 'Si vous aviez un peu plus fréquenté l'artiste, il vous aurait peut-être appris à voir dans la nature ce que vous n'y voyez pas.'

Avec Vernet, 'ce n'est plus de la nature, c'est de l'art' et pourtant 'tout est vrai. On le sent. On n'accuse, on ne désire rien, on jouit également de tout' (*OC*, vii.173). L'œuvre de Vernet, mensonge de génie, permet de se perdre dans la contemplation du beau et du vrai.

---

134. *Les Bijoux indiscrets*, *OC*, i.656.
135. Lettre à Sophie Volland 20 octobre 1760, *Corr.*, iii.172-73; *LSV*, i.255.
136. *Discours de la poésie dramatique*, *OE*, p.219.

## 2. *La légende de l'histoire*

Dans la préface qu'il écrivit en 1959 pour *La Sorcière* de Michelet,[137] Roland Barthes notait que la 'subjectivité' de Michelet, qui avait contribué à faire de lui un 'historien discrédité' aux yeux des tenants d'une histoire 'scientiste', était en fait 'la première forme de cette exigence de totalité, de cette vérité des rapprochements, de cette attention au concret le plus insignifiant, qui marquent aujourd'hui la méthode même de nos sciences humaines' (p.124). Quand il veut écrire l'*histoire* de la sorcellerie, Michelet, en effet, confie son propos à la *légende* de la sorcière. Il écrit le 'roman' d'une sorcière à travers les âges: il imagine cette femme humiliée par la misère et la servitude que le petit démon du foyer vient insidieusement visiter; il décrit le triomphe de cette femme, en révolte contre la société qu'elle défie, devenue prêtresse du Grand Pan ressuscité; il assiste enfin à la décadence des pouvoirs d'une femme qui, à la fin de la Renaissance, abandonne sa tanière naturelle et la nuit des sabbats pour le taffetas des salons et l'obscurité des alcôves. Michelet, par cet écart que lui autorise la fiction, restitue mieux que ne l'aurait fait une description minutieuse de ce que fut la réalité, la vérité de la sorcellerie. Sa sorcière n'a sans doute jamais existé, mais elle est vraie. Le 'fil romanesque' (p.112) qui parcourt *La Sorcière* 'empêche la perception historique de se disperser, de se sublimer dans la vision d'idées distinctes: toute une *liaison* devient évidente' (c'est Barthes qui souligne). La fiction de ce qui put être, parce qu'elle propose une 'nouvelle rationalité' (p.120) dans la multiplicité des données historiques, parce qu'elle permet et provoque des rapprochements inattendus, éclaire mieux celui qui veut comprendre l'histoire que la description minutieuse, mais dépourvue de tout axe directeur, de toute perspective, de ce qui fut.

Cette 'mythologie historique' qui permet de faire apparaître 'une nouvelle découpe du réel' (p.112) qui soit vraiment éclairante, n'est-ce pas déjà à elle que Rousseau faisait appel lorsque, au moment d'entreprendre l'*'histoire'* du genre humain,[138] il précisait: '*Commençons donc par écarter tous les faits*, car ils ne touchent point à la question. Il ne faut pas prendre les recherches, dans lesquelles on peut entrer sur ce sujet, pour des vérités historiques, mais seulement pour des *raisonnements hypothétiques et conditionnels, plus propres à éclaircir la nature des choses, qu'à en montrer la véritable origine*, et semblables à ceux que font tous les jours nos physiciens sur la formation du monde' (p.158; c'est nous qui soulignons).

Ayant achevé 'la supposition' de la condition primitive de l'homme, Rousseau estime avoir fait 'le tableau du véritable état de nature' (p.202). Avant d'entre-

---

137. Texte repris dans *Essais critiques* (Paris 1981).
138. *Discours sur l'origine et le fondement de l'inégalité parmi les hommes* (Paris 1971), p.159.

prendre l'histoire des 'différents hasards' qui ont pu 'amener enfin l'homme et le monde au point où nous les voyons' (p.204), il précise encore la méthode qui sera la sienne après avoir admis que les événements qu'il va décrire ont 'pu arriver de plusieurs manières': 'deux faits étant donnés comme réels à lier par une suite de faits intermédiaires, inconnus ou regardés comme tels, c'est à l'histoire, quand on l'a, de donner les faits qui les lient; c'est à la philosophie, à son défaut, de déterminer les faits semblables qui peuvent les lier'.

Le philosophe, par la fiction née de son imagination – qui n'est elle-même que le produit d'une expérience maintes fois réitérée – peut combler les chaînons manquants dans l'institution du réel. Mais, plus fondamentalement encore, il peut révéler l'organisation de ce réel car 'en matière d'événements la similitude réduit les faits à un beaucoup plus petit nombre de classes différentes qu'on ne se l'imagine'. La fiction, chez Rousseau, Diderot ou Michelet, n'est que le détour qu'emprunte *nécessairement* la vérité pour mieux se dire et s'écrire. Cet écart, loin d'être illusoire, permet au contraire d'affiner la perception que le sujet peut avoir des 'rapports'.

Les utopies, lit-on dans le tome viii de la *Science du gouvernement* publiée en 1764 à Amsterdam, sont 'pour un politique ce que les romans sont pour les autres lecteurs'.[139] Les utopies, ces constructions du raisonnement hypothético-déductif qui permettent au penseur d'explorer les 'possibles latéraux' dont parle Raymond Ruyer (p.5), ne détournent pas du réel. Leur fiction même est institution d'une nouvelle rationalité dans l'opacité des discours idéologiques – trompeurs – dont nous abreuve le réel. Elle permet d'embrasser dans une totalité ce qui ne pourrait ne nous être révélé que par fragments. Elle se met hors du monde pour mieux nous parler du monde. Son mensonge, comme celui du mythe, est parole vraie.

### e. L'écriture de l'écart

Approchez-vous, tout se brouille, s'aplatit et disparaît;
éloignez-vous, tout se recrée et se reproduit.[140]

La 'magie' du 'faire' du peintre n'est perceptible que dans l'écart que doit se ménager le sujet percevant. Seule la distance peut permettre de voir vraiment ce qui se trame derrière ces 'couches épaisses de couleur appliquées les unes sur les autres'. Dans l'article 'Ecart' de l'*Encyclopédie*, Diderot constate: 'On donne en général ce nom au physique, à tout ce qui s'éloigne d'une direction qu'on distingue de tout autre, par quelque considération particulière; et on le transporte au figuré, en regardant la droite raison, ou la loi, ou quelque autre

139. Cité par Benrekassa in *Littérature* 21 (1976), p.63.
140. *Salon* de 1763, *OE*, p.484.

principe de logique ou de morale, comme des directions qu'il convient de suivre pour éviter le blâme: ainsi il paraît qu'"écart' ne se devrait jamais prendre qu'en mauvaise part' (*OC*, xv.236).

Cette concession faite à la rhétorique et à la morale traditionnelles, Diderot note cependant que ce mot peut, dans certaines de ses acceptions, 'se prendre quelquefois en bonne' part: si un 'esprit servile' est celui 'qui n'ose jamais s'écarter de la route commune' (*OC*, xv.236), seul celui qui sait prendre ses distances et a compris que la ligne droite n'est pas forcément le plus court chemin d'un point à un autre, pourra faire état de cette liberté et de cette lucidité si nécessaires à l'homme de génie. Dans le texte préliminaire du *Voyage en Hollande*, Diderot s'interroge sur les 'moyens de voyager utilement' et de faire mentir le proverbe qui dit: 'A beau mentir qui vient de loin' (*OC*, xi.334). Tout détour, tout écart est bénéfique et fécond: il permet paradoxalement à la pensée – au grand scandale de la rhétorique traditionnelle pour laquelle il n'est d'autre salut que dans la stricte linéarité du discours – de se recentrer. C'est là le paradoxe de l'écriture utopique qui explore les 'possibles latéraux' chers à Raymond Ruyer pour mieux nous parler de l'ici et maintenant; c'est là, aussi, le paradoxe d'une écriture qui caractérise l'ensemble de l'œuvre de Diderot.

On a souvent noté le 'dialogisme' de l'écriture de celui qui rêvait d'"être tout à la fois au dedans et hors de soi' et appelait de ses vœux la venue d'un être monstrueux, d'un 'dicéphale qui se contemple lui-même, et dont une des têtes fasse des observations sur l'autre':[141] pas une œuvre importante qui ne soit dialoguée, pas un texte où Diderot ne délègue sa parole. 'A' et 'B', dans le *Supplément au voyage de Bougainville*, par l'anonymat affecté de leur figure, affichent exemplairement ce dialogue constant de soi et de l'autre de soi que l'on retrouve dans le *Rêve de d'Alembert* ou *Le Neveu de Rameau*. L'œuvre de Diderot, parce qu'elle se refuse à l'univocité, a pu sembler parfois incohérente, ou tout au moins contradictoire. Nous savons aujourd'hui que c'est précisément ce recours perpétuel à 'la parole des autres'[142] qui fait la richesse d'une œuvre qui n'en finit pas de se contester, de se remettre en question. L'écriture 'polyphonique' (p.viii) n'est pas perte de sens et d'identité: la pensée explore toute la gamme des possibles, elle appréhende la 'continuité' essentielle qui se cache sous la disparité des discours éclatés.

Si Diderot éprouve le besoin d'objectiver par le dialogue la distanciation perpétuelle dans laquelle se forme et s'informe sa pensée, il semble de même ne pouvoir travailler que par prise de distance, par écart par rapport à un texte déjà écrit où s'affirme cette fois une altérité qu'il juge stimulante ou

---

141. Lettre à Mlle [de La Chaux], *OC*, ii.575.
142. J. Starobinski, introduction au tome xiii des *OC* de Diderot.

insupportable: il 'réfute' Helvétius et fait 'l'apologie' de Galiani ou Raynal; il a commencé par 'traduire' Shaftesbury et clôture son œuvre par un essai *sur* Sénèque. La vérité, décidément, ne s'énonce que par recours ou détour. Sa collaboration à l'*Histoire des deux Indes* de Raynal restera, on le sait, longtemps ignorée: on a vu parfois dans cette discrétion la prudence, voire la lâcheté, d'un philosophe qui, selon le mot de Jean Starobinski, semble s'être laissé 'voler son être le plus virulent' (p.xiii). Que cette écriture masquée permette de préserver l'innocence supposée du conseiller des princes, du Diderot-Sénèque, voilà qui n'est sans doute guère contestable. Mais cette 'écriture fragmentaire'[143] est là encore recherche de l'ailleurs d'une parole qu'il s'agit d'infléchir, de corriger, de réfuter: on sait que la collaboration de Diderot a, au fil des éditions, fortement contribué à la radicalisation et à la systématisation d'un texte essentiellement plurivoque. Quand, par exemple, Diderot intervient dans le premier livre, c'est, une fois de plus, pour 'réfuter': il prend, avec une ardeur qui, comme nous l'avons vu, le conduit à quelques curieux reniements, le contre-pied systématique des 'panégyristes' de la Chine.[144] Diderot a trouvé avec l'*Histoire des deux Indes* un vaste champ de polémiques et de perpétuelles remises en question. Ajoutant une phrase par ci, supprimant un mot par là, il se livre a un véritable travail sur le texte de l'autre: l'"entretien' est élevé ici au rang de procédé d'écriture et l'*Histoire* n'est qu'une longue série de réfutations et d'apologies où l'on ose plus d'une fois 's'écarter de la route commune'.[145]

Jacques et son maître cheminent le long des routes sans savoir où ils vont, ni d'où ils viennent. C'est dans l'auberge, séjour obligé de celui qui chemine, lieu à la fois fixe et transitoire, *à l'écart* des routes, que se révélera la vérité de leur itinéraire. C'est dans la digression perpétuelle que le romancier invente le roman moderne en se moquant du lecteur naïf qui ne s'intéresse qu'à la chronique des amours de Jacques et de son maître. Cette 'auberge' providentielle, où l'on s'écarte un instant pour mieux continuer sa route, le philosophe croit en retrouver la figure dans ces 'lieux protégés'[146] que sont le salon de la Maréchale ou l'appartement de d'Alembert. Là, seulement, on peut parler librement, 'lorsque les domestiques [sont] éloignés' (*Rêve de d'Alembert, OPh*, p.372), dans ces lieux écartés où, sans contrainte ni souci du qu'en-dira-t-on, peut s'énoncer une parole audacieuse 'sans témoins et sans conséquence'.

Le philosophe est à la recherche d'un 'territoire propre' (Delon, p.71) où, loin du monde, il puisse mieux parler du monde. C'est là le sens profond de la

---

143. Cf. Michèle Duchet, *Diderot et l'Histoire des deux Indes, ou l'écriture fragmentaire* (Paris 1978).

144. Nous avons déjà indiqué combien grande serait la tentation ici de faire de Diderot l'auteur du panégyrique *et* de la réfutation!

145. Article 'Ecart', *Encyclopédie, OC*, xv.236.

146. Michel Delon, 'La marquise et le philosophe', *Revue des sciences humaines* 182 (1981), p.71.

dispute sur la postérité qui opposa Diderot à Falconet. Il est difficile d'adresser une parole vraie à ses contemporains sans se 'mépriser', sans se 'plier' à leurs 'petites fantaisies', à leurs 'faux goûts'.[147] Si 'la postérité pour le philosophe, c'est l'autre monde de l'homme religieux' (*OC*, vi.460), ce n'est pas seulement parce qu'elle venge et réhabilite les hommes de génie persécutés par leurs 'contemporains incapables d'apprécier leurs travaux' (*OC*, vi.459). Le 'respect' qu'on lui doit s'explique d'abord par l'écart qu'elle suppose et qui seul est propre à 'émouvoir le cœur, à enflammer l'esprit, à élever l'âme, à mettre en jeu tout ce qu'on a reçu d'énergie', à faire naître une parole libre de tout préjugé et de toute contrainte: 'On ne pense, on ne parle avec force que du fond de son tombeau: c'est de là qu'il faut s'adresser aux hommes', dira Diderot dans sa dernière œuvre (*Essai*, *OC*, xiii.464). Le tombeau, c'est l'écart absolu de la parole du philosophe, du poète ou du prophète, de tous ceux, en un mot, qui par un commerce constant avec 'les temps passés et les temps à venir' préservent leur intégrité et professent une pensée qui est 'toujours *en deçà ou en delà* [...] de leur existence'.[148]

De même que le comédien jaloux risque de donner au spectateur une piètre image de la jalousie puisqu'il n'est plus 'le modèle idéal et sublime qu'il s'est fait d'un jaloux' (*Paradoxe sur le comédien*, *OE*, p.336), le penseur politique, s'il reste englué dans le bruit et la fureur de son siècle, s'il se contente d'en dresser le 'portrait', risque de se cantonner dans un discours de l'insignifiance et de la médiocrité. La recherche de la ligne vraie en politique nécessite l'écart de l'écriture utopique.

L'utopie, en donnant un sens au réel qu'elle ordonne, se constitue en 'modèle idéal' de toute vérité sur l'histoire: 'il n'importe nullement que cette cité existe ou doive exister un jour: c'est aux lois de celle-là seule, et de nulle autre, que le sage conformera sa conduite' (Platon, p.356). Il n'est pas sûr, comme semble le croire André Glucksmann, que 'la vérité pratique des catastrophes se [perçoive] sans références aux vérités idéales des paradis théoriques' (p.112). Une société ne révélera sa vérité que dans le 'roman' qu'en donnent ceux qui affirment vouloir s'en échapper.

Pour ceux qui croient que l'histoire ne se *décrit* pas, comme une chronique, mais s'*écrit* comme un mythe, l'utopie offre la chance d'un discours débarrassé de l'illusoire maîtrise que donne sur le temps l'écriture chronologique, linéaire. Michelet, afin de mieux comprendre ce que fut la Renaissance, doit, d'abord, écrire l'histoire de la Révolution; c'est là le 'mythe' fondateur de son histoire

147. Lettre à Falconet du 15 février 1766, *OC*, vi.465.
148. Lettre du 15 février 1766, *OC*, vi.462. C'est nous qui soulignons.

de la France. Comme l'ethnographie, l'utopie, 'en dégageant les caractères communs à la majorité des sociétés humaines [...] aide à constituer un type qu'aucune ne reproduit fidèlement, mais qui précise la direction où l'investigation doit s'orienter'.[149] La légende de l'homme primitif qu'écrivent Rousseau ou Diderot 'apporte autre chose que la révélation d'un état de nature utopique, ou la découverte de la société parfaite au cœur des forêts; elle nous aide à bâtir un modèle théorique de la société humaine, qui ne correspond à aucune réalité observable' (p.453) mais qui peut nous permettre de mieux construire cette archéologie du social dont le politique a besoin.

Diderot, comme plus tard Hugo, opte pour la 'légende' des siècles. Le *Supplément au voyage de Bougainville* nous propose le 'modèle idéal' qu'il se donne pour mieux comprendre le fonctionnement des sociétés dans lesquelles il vit et agit. Cette œuvre de fiction n'est pas le refuge d'un homme qui rêverait encore au 'petit château'. Ce 'possible latéral' que nous dévoile Tahiti mais que Diderot réserve à la postérité n'est ni une 'machine de guerre' tournée contre le présent ni, surtout, un modèle historique qu'il proposerait à l'humanité future. C'est l'instrument de son propre travail sur l'histoire, c'est la grille d'explication dont il a besoin pour mieux appréhender ce qui, chaque jour, se joue à St-Pétersbourg ou à Philadelphie. Comme référence et comme exigence, l'utopie tahitienne va permettre à Diderot d'affiner les 'portraits' qu'il donne à Catherine II. Son œuvre politique a trouvé là l'axe qui lui faisait défaut. Le collectivisme sexuel tahitien n'a pas à venir se substituer aux mœurs policées de la vieille Europe, mais il peut, mais il doit permettre de mieux en saisir le fonctionnement et la décrépitude. Le 'modèle idéal' en politique, c'est, comme dans toutes les autres sciences de l'homme et de la nature, l'indispensable outil épistémologique dont doit se doter celui qui veut, enfin, être au moins d'accord 'avec lui même', à défaut de l'être avec ses semblables, 'sur les seuls objets qu'il lui importe de connaître, la vérité, la bonté, la beauté'.[150]

149. Claude Lévi-Strauss, *Tristes tropiques* (Paris 1980), p.451.
150. *Discours de la poésie dramatique*, *OE*, p.284.

# III

## L'utopie tahitienne comme 'modèle idéal'

# 6. La construction du 'modèle idéal'

POURQUOI seule l'utopie primitiviste permet-elle un discours vrai sur l'histoire? Pourquoi la nature se trouve-t-elle ainsi, aux yeux de Diderot et de nombre de ses contemporains, investie de toutes les positivités? Et 'qu'est-ce que la nature? Qu'est-ce que ses lois?' Il ne serait pas 'mal de s'expliquer sur ces deux points' (*Essai*, *OC*, xiii.551) car 'l'usage de ce mot est si familier', nous dit Diderot lui-même, 'qu'il n'y a presque personne qui ne soit convaincu au dedans de soi-même que la chose lui est évidemment connue'.[1]

## i. Nature et civilisation

'La félicité serait-elle le lot de la barbarie, et la misère celui des temps policés?' (*Essai*, *OC*, xiii.503). Telle est, nous l'avons vu,[2] l'inquiétante question que se pose le philosophe au spectacle affligeant d'une société en proie aux mesquineries, à l'hypocrisie, aux jalousies et en perpétuel 'état de guerre':[3] 'Le mot de société fait concevoir un état de réunion, de paix, de concours des volontés de tous les individus vers un but commun, le bonheur général. La chose est exactement le contraire. C'est un état de guerre; guerre du souverain contre ses sujets; guerre des sujets les uns contre les autres' (*Observations*, *OP*, p.401).

Il s'est rompu plus de 'ressorts' 'dans un jour, sous l'état de législation, qu'il ne s'en rompait en un an sous l'anarchie de nature' (*Supplément*, *OPh*, p.512). Les 'lumières' ont certes progressé mais l'homme en est-il devenu meilleur, en est-il plus heureux? Les Européens, qui ouvrent les forêts du Nouveau Monde à la civilisation, sont 'fiers de [leurs] lumières, mais à quoi [leur] servent-elles?': 'est-il donc si important de savoir parler de la vertu sans la pratiquer?'[4] Le collaborateur de l'*Histoire des deux Indes* ne peut que conseiller aux 'malheureux Hottentots' de s'enfoncer au fond de leurs forêts en oubliant les leçons qu'ont prétendu leur donner les 'cruels Européens' pour mieux leur ravir 'l'innocence et la liberté'. Mais le philosophe devra-t-il, de même, suivre 'le conseil de Jean-Jacques' et inciter son semblable à se faire 'sauvage' (*Salon de* 1767, *OC*, vii.121)?

L'état 'sauvage', dans lequel 'il n'y a d'inégalité que celle qu'il a plu à la

---

1. Article 'Droit naturel', *Encyclopédie*, *OP*, p.29.
2. Voir notre première partie, 'Itinéraire de St-Pétersbourg à Philadelphie'.
3. Article 'Besoin', *Encyclopédie*, *OC*, xv.113.
4. *Histoire des deux Indes*, livre II, ch.18; *OC*, xv.432-33.

nature de mettre entre ses enfants' exerce un pouvoir d'incontestable fascination pour celui qui est las des turpitudes de la vie policée: 'Quel est l'homme si entêté des avantages de nos sociétés, si étranger à nos peines, qui ne soit quelquefois retourné par la pensée au milieu des forêts et qui n'ait du moins envié le bonheur, l'innocence et le repos de la vie patriarcale?'[5]

Il y a en tout homme un amateur de 'petit château'[6] qui rêve, sans conséquence, de retrouver 'l'innocence et le repos de la vie patriarcale' qui est 'celle de l'Hottentot'.[7] Mais l'Hottentot lui-même est-il vraiment heureux? Diderot veut parfois le croire: 'Aimez-vous la liberté? il est libre. Aimez-vous la santé? il ne connaît d'autre maladie que la vieillesse. Aimez-vous la vertu? il a des penchants qu'il satisfait sans remords, mais il n'a point de vices.'

Si on se propose d'être le 'tyran' du genre humain, il faut l'empoisonner 'de [son] mieux d'une morale contraire à la nature' et le civiliser; si, au contraire, on le veut 'heureux et libre', alors mieux vaut ne pas se mêler 'de ses affaires', mieux vaut l'abandonner à la quiétude de la vie sauvage en espérant qu'il ne sera pas conduit trop vite – car la civilisation, l'évolution de l'humanité est, nous l'avons vu, inscrite dans son patrimoine génétique – 'à la lumière et à la dépravation' (*Supplément, OPh*, p.512).

'Lumière' *et* 'dépravation': tel est en effet le lot de l'homme civil et Diderot, qui se félicite à plusieurs reprises 'd'être né dans un siècle éclairé et chez une nation policée' (*OC*, viii.366), pouvait-il se satisfaire vraiment du bonheur essentiellement négatif du sauvage? Il est vrai que celui-ci 'ne souffre que des maux de la nature',[8] que la 'subsistance pour le présent, et, s'il pense à l'avenir, l'espoir et la certitude de ce premier bien' lui sont assurés (Benot, p.294), mais saurait-il 'manquer de ce qu'il ne désire point, ni désirer ce qu'il ignore' (p.295)? Il est vrai que 'les commodités de la vie sont la plupart des remèdes à des maux qu'il ne sent pas', mais il n'en est pas moins incontestable que ses 'plaisirs sont un soulagement des appétits que rien n'excite dans ses sens'.

Si le parallèle que Diderot établit entre les conditions de vie de l'homme sauvage et celles de l'homme policé est souvent 'affligeant' (p.299) pour le second, jamais l'auteur des *Salons*, comme 'B' dans le *Supplément au voyage de Bougainville*, n'ose 'prononcer' (*OPh*, p.513): 'Ce n'est pas toutefois que je préférasse l'état sauvage à l'état civilisé. C'est une protestation que j'ai déjà faite plus d'une fois. [...] plus j'y réfléchis, plus il me semble que depuis la condition de la nature la plus brute jusqu'à l'état le plus civilisé, tout se compense à peu

---

5. *Histoire des deux Indes*, livre II, ch.18; *OC*, xv.432-33.
6. Cf. notre deuxième partie, 'Lieu de l'utopie'.
7. *Histoire des deux Indes*, livre II, ch.18; *OC*, xv.432.
8. *Histoire des deux Indes*, livre XVII, ch.4; Benot, p.295.

près, vices et vertus, biens et maux physiques.'[9]

Il est vrai qu'"on a vu plusieurs fois l'homme des villes se dépouiller et rentrer dans la forêt, et qu'on n'a jamais vu l'homme de la forêt se vêtir et s'établir dans la ville',[10] mais 'la vie moyenne de l'homme policé est plus longue que celle de l'homme sauvage' (*Fragments échappés, OC*, x.91) et la 'vie la plus fatiguée est la plus misérable et la plus courte, quelles que soient les causes qui l'abrègent' (*OC*, x.90). Le sauvage, de plus, 'connaît peu la générosité', 'doit faire peu de cas de la vie et moins encore de la mort' et 'doit avoir sa superstition' (*OC*, x.89). Nulle tentation chez Diderot de faire du primitif le 'bon sauvage' que son siècle avait cru parfois rencontrer au fond des forêts. On sait que 'le mal existe', qu'"il est une suite nécessaire des lois générales de la nature'[11] et que 'vices et vertus, tout est également dans la nature'.[12] La cruauté du sauvage, si elle n'est pas, comme chez Sade, 'l'énergie de l'homme que la civilisation n'a point encore corrompu'[13] n'en est pas moins incontestable: c'est, 'à ce qu'il paraît, de la défense journalière contre les bêtes féroces' que le sauvage 'tient le caractère cruel qu'on lui remarque quelquefois' (*Supplément, OPh*, p.462). C'est, d'ailleurs, 'la sagesse de la nature' qui a placé 'le ressentiment dans le cœur de l'homme, pour suppléer au défaut de la loi. Il était important qu'il se vengeât lui-même au temps où il n'y avait aucun tribunal protecteur de ses droits' (*Essai, OC*, xiii.523). Dans 'l'état de troupeau' qui était le sien, et alors que les hommes n'avaient 'formé aucunes conventions', le 'ressentiment, cette passion que la nature qui veille à la conservation des êtres, a placée dans chaque individu pour le rendre redoutable à ses semblables, [était] l'unique frein de l'injustice'.[14] La condition 'non seulement possible, mais subsistante, sous laquelle vivent presque tous les sauvages' que les découvreurs du Nouveau Monde ont pu observer, n'est pas en effet 'l'état de nature' originel, 'celui d'Adam avant sa chute', cet 'état momentané' qui ne peut être que 'l'objet de notre foi et non celui de notre raisonnement' et qui n'a sans doute jamais existé: 'Jamais les hommes ne furent isolés [...] Ils portèrent en eux un germe de sociabilité qui tendait sans cesse à se développer. Ils auraient voulu se séparer, qu'ils ne l'auraient pu; ils l'auraient pu, qu'ils ne l'auraient pas dû, les vices de leur association se compensant par de plus grands avantages.'[15]

C'est donc 'malhonnêtement que l'on fait', comme Rousseau, 'la satire des

---

9. *Histoire des deux Indes*, livre VI, ch.23; *OC*, XV.475.
10. *Supplément, OPh*, p.513; cf. *Fragments échappés, OC*, x.88.
11. *Introduction aux grands principes, OC*, v.203.
12. *Supplément, OPh*, p.507; voir à ce sujet notre seconde partie, 'Lieu de l'utopie'.
13. *La Philosophie dans le boudoir* (Paris 1976), p.129.
14. *Suite de l'Apologie de l'abbé de Prades, OC*, ii.634.
15. *Histoire des deux Indes*, livre XIX, ch.2; *OC*, XV.550.

premiers fondateurs des nations, par la supposition d'un état sauvage, idéal et chimérique' (*OC*, xv.550). En revanche, c'est de l'homme du 'troupeau' qu''il est permis de partir, quand on se propose de découvrir philosophiquement, non la grandeur éclipsée de la nature humaine, mais l'origine et la chaîne de ses connaissances'.[16] Et l'homme du 'troupeau' n'est ni ange ni bête: on lui reconnaît 'des qualités spéciales qui l'élèvent au dessus de la bête; d'autres qui lui sont communes avec elle, et qui le retiennent sur la même ligne; enfin, des défauts, ou, si l'on aime mieux, des qualités moins énergiques qui l'abaissent au-dessous'. Il est donc légitime de dire que, dans la société, où la loi met le citoyen à l'abri de l'atteinte des plus forts, 'on ne saurait commencer de trop bonne heure à fortifier l'homme civil et policé contre l'homme sauvage et naturel' (*Mémoires*, p.226) et à le purger des 'passions violentes *et* naturelles' que l'on rencontre dans le 'franc sauvage' (*Essai*, *OC*, xiii.529; c'est nous qui soulignons).

Diderot ne peut se 'prononcer' (*Supplément*, *OPh*, p.513) en faveur de la brute heureuse mais inculte et douée d'un bonheur essentiellement négatif qu'est l'homme sauvage. Les vertus ne sont vraiment 'produites à la longue' que chez les nations policées par le raffinement de la morale' (*Fragments échappés*, *OC*, x.89). Mais la 'nature' n'a nul besoin d'être idyllique et il importe peu que le sauvage soit bon ou mauvais: il suffit qu'il soit l'image satisfaisante de ce que l'homme primitif est censé avoir été, qu'il conserve en lui la *trace* de ce que l'homme policé aurait pu et dû devenir. L'étude de la nature, c'est l'archéologie d'une société qui cherche la raison de ses échecs et les moyens de ne pas les répéter.

## ii. La société naturelle comme 'modèle idéal'

Pour 'savoir, en tout temps et en tout lieu, ce qui est bon ou mauvais' (*Supplément*, *OPh*, p.482), l'homme 'au milieu d'opinions contradictoires et passagères' doit rechercher 'une cause physique constante et éternelle' (*Fragments échappés*, *OC*, x.70). Et où trouver 'l'immutabilité et l'universalité'[17] qui mettent l'homme moral 'à l'abri de toutes les vicissitudes' (*OC*, v.235), si ce n'est dans la 'nature de l'homme',[18] cette 'similitude d'organisation d'un homme à un autre, similitude d'organisation qui entraîne celle des mêmes besoins, des mêmes plaisirs, des mêmes peines, de la même force, de la même faiblesse'?[19] Les hommes, quels qu'ils soient, quelles que soient les sociétés dans lesquelles ils

---

16. *Suite de l'Apologie de l'abbé de Prades*, *OC*, ii.633.

17. *De la suffisance de la religion naturelle*, *OC*, v.232.

18. *Réflexions sur le livre De l'esprit par M. Helvétius*, *OC*, iii.243.

19. *OC*, x.70; cf. formulations identiques ou similaires dans *Supplément*, *OPh*, p.505; *Histoire des deux Indes*, livre XIX, ch.14; *OC*, xv.569.

vivent, sentent, avec l'évidence de ce que l'on porte gravé au plus profond de soi, qu'il faut s'efforcer de concilier 'le bien général et l'utilité particulière' (*Supplément*, *OPh*, p.495) en assurant à chaque individu la 'subsistance pour le présent, et s'il pense à l'avenir, l'espoir et la certitude de ce premier bien'.[20] Il suffit de consulter cette 'volonté générale', autre avatar de la 'nature', qui s'exprime 'dans chaque individu' et est 'un acte pur de l'entendement qui raisonne dans le silence des passions sur ce que l'homme peut exiger de son semblable, et sur ce que son semblable est en droit d'exiger de lui',[21] pour savoir jusqu'où il convient d'être 'homme, citoyen, sujet, père, enfant' (*OP*, p.33).

Les hommes, de tout temps, en dépit des 'vicissitudes' du temps et de l'histoire, ont cherché à traduire dans leurs institutions et conventions l'essentiel de cette morale commune. Et ils ont fait le 'dépôt de cette volonté générale' dans 'les *principes* du droit écrit de toutes les nations policées' et 'dans les *actions* sociales des peuples sauvages et barbares' (*OP*, p.33; c'est nous qui soulignons). Les sociétés se sont éloignées de plus en plus 'loin de la nature et du bonheur' (*Supplément*, *OPh*, p.510) et, quelles qu'aient été les intentions des premiers législateurs, leurs 'sages vues de justice et de bien public' ont été très souvent 'perverties par l'ambition de leurs successeurs, et par l'altération des temps et des mœurs'.[22] En revanche, les sauvages qui connaissent encore les conditions de vie des hommes primitifs sont restés plus fidèles à ce que leur enseignait la voix de la raison et de l'humanité. C'est d'ailleurs en découvrant de telles sociétés que les philosophes, soucieux du bon fonctionnement des sociétés humaines, ont pu, précisément, prendre conscience de la perversion inhérente au temps *et* de la perfection de la nature originelle. En découvrant des 'peuples innombrables [...] indépendants et sans culte', ils ont compris que ceux qui, jetant l'homme 'dans l'aveuglement pour devenir ses guides et ses maîtres, appelaient mystérieux, surnaturel et céleste ce qui n'est que l'ouvrage du temps' (*Histoire des deux Indes*, Benot, p.288), voulaient faire oublier que les 'maux' prétendument 'originels' des sociétés 'venaient des fondateurs et des législateurs qui, pour la plupart, avaient créé la police pour leur utilité propre' (p.289). L'origine est ainsi valorisée comme perfection apparemment indépassable et l'histoire semble perçue comme simple perversion, dénaturation.

Comme Rousseau, cependant, Diderot fait de l'homme policé le seul être vraiment vertueux. Est-ce à dire que la 'nature' n'est pas, comme nous venons de le dire, un *donné* indépassable mais une simple *prédisposition* qui aurait besoin,

---

20. *Histoire des deux Indes*, livre XVII, ch.4, Benot, p.294.
21. Article 'Droit naturel', *Encyclopédie*, *OP*, p.34.
22. *Histoire des deux Indes*, livre XV, ch.4; Benot, p.289.

précisément, du temps et de l'histoire? On se souvient que le sauvage connaît peu 'la générosité et les autres *vertus produites à la longue* chez les nations policées, *par le raffinement de la morale*'.[23] Les hommes, heureusement ou malheureusement nés, doivent-ils attendre du temps et de l'"éducation' le développement de facultés innées qui pourraient néanmoins ne jamais voir le jour? Farouche adversaire des partisans de l'"éducation', comme Helvétius ou La Mettrie, Diderot veut croire que l'appréhension du 'juste et de l'injuste'[24] est 'un acte pur de l'entendement qui raisonne dans le silence des passions' (*OP*, p.34). S'interrogeant sur l'héroïsme des hommes qui, 'dans les premiers temps', 'se sont distingués par les actions les plus surprenantes' bien qu"asservis aux plus grossiers préjugés', il admet qu"il n'y a pas de science plus évidente et plus simple que la morale pour l'ignorant' et qu"un homme sans éducation, sans principes, réduit par son état à la condition de brute' peut 'subitement' sentir ce qu"il faudrait un long discours au philosophe pour démontrer' (*Essai, OC*, xiii.549-50): 'Qui est-ce qui a placé un sentiment aussi héroïque dans l'âme de celui-là? Est-ce l'étude? Est-ce la réflexion? Est-ce la connaissance approfondie des devoirs? Nullement.'

Il est vrai que le peuple fut dans l'Antiquité un 'juge redoutable' (*Salon de 1763, OC*, v.394) mais, au dix-huitième siècle, 'se dépopulariser ou se rendre meilleur', n'est-ce pas 'la même chose' (*Essai, OC*, xiii.506)? C'est du moins, nous l'avons vu,[25] ce que Diderot réaffirme à plusieurs reprises et on sait l'importance accordée par Diderot à l'éducation – au sens moderne du terme cette fois – dans les textes qu'il a écrits pour Catherine II: il s'agit d'éduquer ceux que 'la nature a *destinés* aux grandes choses'[26] et l'exemple, les châtiments et les récompenses ne peuvent qu'aider à l'éclosion des facultés que la nature a mises en chaque individu. C'est *avec le temps*' que le 'bloc de marbre' que Diderot propose à Catherine II de façonner deviendra 'la belle statue *pour laquelle il avait été fait*'.[27] Comme Turgot, Diderot croit que 'la nature a mis dans le cœur de tous les hommes la semence de toutes les vertus, qu'elles ne demandent qu'à éclore, que l'éducation, mais une éducation bien adroite, peut les développer':[28] 'Nous ne sommes plus dans l'état de nature [...]. Nos facultés se sont perfectionnées; nous sentons avec plus de délicatesse; nous avons des

23. *Fragments échappés, OC*, x.89; c'est nous qui soulignons.
24. Article 'Droit naturel', *Encyclopédie, OP*, p.32.
25. Voir 'Lieu de l'utopie'.
26. *Mémoires*, p.129; c'est nous qui soulignons.
27. 'Mémoires inédits pour Catherine II', *Dix-huitième siècle* 10 (1978), p.211. C'est nous qui soulignons.
28. Cité par Ehrard, *L'Idée de nature en France*, p.411.

idées de justice et d'injustice plus développées; la voix de la conscience s'est éveillée'.[29]

La 'nature' est virtuellement féconde: le temps est nécessaire pour qu'elle se délivre de toutes ses potentialités et l'histoire, bien qu'elle ne soit idéalement que 'la réalisation progressive d'un modèle posé d'avance',[30] retrouve droit de cité dans une théorie qui, a priori et par définition, devait l'exclure. Quand Diderot se met à l'écoute de la 'nature', il ne prétend pas retrouver l'être de l'homme ou de la société dans un état de perfection achevée: il retrouve les *traces* de ce qui, avec l'aide du temps et de l'histoire, *devait* mener l'homme jusqu'au bout de ce que lui promettait son 'organisation'. L'histoire, on le sait, n'a pas tenu ses promesses et elle est donc plus historiquement fautive que fondamentalement pernicieuse: la nuance est d'importance car, si les maux de la société ne sont plus, d'évidence, une institution de la Providence mais le fruit des efforts malheureux ou malhonnêtes des hommes, ce que le temps a (dé)fait, le temps peut le (re)faire. L'idée de 'nature', éminemment conservatrice lorsqu'elle sera devenue la référence absolue d'une société bourgeoise installée, est révolutionnaire au dix-huitième siècle: la *restauration* des droits légitimes des peuples passe par la *révolution*, ce 'bain de sang' salvateur dont Diderot finit par admettre, nous l'avons vu, la nécessité. Et il est 'important aux générations futures de ne pas perdre le tableau de la vie et des mœurs des sauvages' car c'est en effet à 'cette connaissance que [l'on doit] tous les progrès [de] la philosophie morale'[31] et politique au dix-huitième siècle. Depuis que l'on sait que les 'institutions sociales' – sociétés d'états et de privilèges, sociétés cléricales et cruelles aux pauvres laboureurs – ne dérivent 'ni des besoins de la nature ni des dogmes de la religion', c'est dans 'l'établissement des sociétés', dans la part prise par l'homme à son propre destin, que l'on a découvert 'les vices de la morale et de la législation'. Ces derniers ne sont pas, comme on tendait à le faire croire, les conséquences d'une volonté immuable de Dieu ou d'une nature humaine pervertie: ils sont l'ouvrage de l'homme et l'histoire se doit de retrouver la voie royale qui conduit les sociétés au bonheur auquel la 'nature' les prédispose.

'La raison et l'équité', qui sont 'de tous les temps et dictent les mêmes réglements, à moins qu'ils ne soient contrariés par des usages bizarres ou des préjugés extravagants',[32] subsistent à l'état *naturel* chez les sauvages dont 'l'ignorance' a 'éclairé, en quelque sorte, les peuples policés' (livre XV, ch.4;

---

29. Article 'Infidélité', *Encyclopédie*, OC, XV.301.

30. Jacques Wagner, 'Code et histoire dans *Jacques le fataliste*', *Revue des sciences humaines* 165 (janvier-mars 1977), p.25.

31. *Histoire des deux Indes*, livre XV, ch.4; Benot, p.288.

32. *Histoire des deux Indes*, livre I, ch.8; OC, XV.410.

Benot, p.289). Et les philosophes ou moralistes qui, jusqu'ici, 'avaient cherché l'origine et les fondements de la société dans les sociétés qu'ils avaient sous leurs yeux' (Benot, p.288), trouvent dans la 'société naturelle' ce qui leur manquait pour 'embrasser à la fois le système immense de l'ordre social' (livre XIII, ch.55; *OC*, xv.521). Quel serait 'l'homme assez instruit' pour appréhender les lois de constitution et de fonctionnement des sociétés humaines au sein de la multiplicité qui s'offre à lui? 'Les données et les calculs varient selon la nature du local, ses productions, son numéraire, ses ressources, ses liaisons, ses lois, ses usages, son goût, son commerce et ses mœurs.'

'Plus les hommes s'éloignent de la nature, moins ils doivent se ressembler' et la 'diversité des institutions civiles et morales' crée des 'nuances qui sont inconnues dans les sociétés moins compliquées' (livre XI, ch.15; *OC*, xv.500). Les hommes sauvages, comme ceux des zones torrides, 'tiennent tout' de la 'nature' et 'presque rien de l'art', contrairement aux Européens qui ont multiplié chez eux 'les jouissances, les fortunes et les conditions'. En proie à une angoisse comparable à celle d'Ariste face à la diversité de l'espèce humaine où il n'y a pas 'deux individus qui aient quelque ressemblance approchée' et les 'mêmes notions du vrai, du bon et du beau',[33] le philosophe qui veut retrouver le sens de la vie en société et pouvoir être enfin 'd'accord [...] avec ses semblables, [et] avec lui-même', sent la 'nécessité de chercher une mesure, un modèle' (*OPh*, p.284), un 'modèle idéal de toute vérité, de toute bonté, et de toute beauté' (*OPh*, p.285) sur l'histoire. La société naturelle sera le 'modèle idéal' en 'science de l'homme public'[34] d'un siècle qui 'n'a cessé de poursuivre, à travers le temps et l'espace concrets des hommes vivants le fantôme de l'homme universel'[35] et qui cherche à comprendre pourquoi ce 'bloc de marbre' qu'est la société n'est pas devenu 'cette belle statue pour laquelle il avait été fait'.[36]

Mais au dix-huitième siècle déjà, l'image authentique de cet 'état de troupeau' tend à s'estomper et Diderot conjure les 'grands faiseurs de théories sur le monde et ses révolutions' de multiplier leurs observations avant qu'il ne soit trop tard et que n'arrive ce 'moment où l'image brute et sauvage de la nature' sera 'tout à fait défigurée par les travaux des hommes policés' (*Fragments échappés*, *OC*, x.82). Les conquérants du Nouveau Monde n'ont guère cherché à comprendre ce qu'ils ont découvert et, devenus 'tigres' dans les forêts américaines, ils ont parfois tout détruit, tout dénaturé. Les terres australes offrent une virginité plus grande et une image sans doute plus crédible de l'enfance de l'humanité. La seconde moitié du dix-huitième siècle, lassée des Hurons de

---

33. *De la poésie dramatique*, *OPh*, p.283.
34. *Histoire des deux Indes*, livre XIII, ch.55; *OC*, xv.521.
35. Ehrard, *L'Idée de nature en France*, p.156.
36. *Mémoires inédits pour Catherine II*, p.211.

La Hontan et de Voltaire, découvre le Tahitien. Pour Diderot, lecteur de Bougainville, il importe de 'fixer' cette image d'une humanité qui semble avoir été miraculeusement, et momentanément, préservée de la 'vicissitude' générale. Les Tahitiens ont su 's'arrêter, lorsqu'ils n'auraient à obtenir, de la continuité de leurs pénibles efforts, que des biens imaginaires' (*Supplément*, *OPh*, p.468). Ils s'en sont tenus à 'l'étroite limite du besoin' (*OPh*, p.503) et ont choisi la 'médiocrité'. Mais ce 'peuple assez sage' pour renoncer à 'l'océan sans bornes des fantaisies, d'où l'on ne se tire plus' (*OPh*, p.504), est et n'est pas celui que décrit Bougainville. Diderot s'est certes inspiré du récit de celui qui crut être 'transporté dans le jardin d'Eden' (*Voyage autour du monde*, p.138) mais il donne, par exemple, de la sexualité tahitienne une explication essentiellement économique qui, nous le verrons, est étrangère à la société tahitienne telle que la décrit Bougainville. Ce dernier, un moment subjugué, comme tous ses compagnons, par ce 'peuple nombreux' qui 'jouit des trésors que la nature verse à pleines mains', avoue peu à peu sa déception en découvrant l'envers d'une perfection trompeuse: 'J'ai dit plus haut que les habitants de Tahiti nous avaient paru vivre dans un bonheur digne d'envie; nous les avions cru presque égaux entre eux, ou du moins jouissant d'une liberté qui n'était soumise qu'aux lois établies pour le bonheur de tous. Je me trompais, la distinction des rangs est fort marquée à Tahiti, et la disproportion cruelle' (p.167).

En un mot, Tahiti est en train de passer de l'"état de troupeau' à celui de 'société'[37] et les 'conventions qui les assujettissent à des devoirs' (*OC*, ii.634) se font cruellement sentir aux Tahitiens. La Tahiti de Diderot, dont on ignore les structures politiques exactes, est, en opposition, une société utopiquement parfaite[38] et Diderot affecte de donner dans la 'fable' de Tahiti (*Supplément*, *OPh*, p.495). Comme Claude Lévi-Strauss le remarque à propos de Rousseau et de Marx, Diderot semble lui aussi avoir compris que 'la science sociale ne se bâtit pas plus sur le plan des événements que la physique à partir des données de la sensibilité: le but est de construire un modèle, d'étudier ses propriétés et les différentes manières dont il réagit au laboratoire, pour appliquer ensuite ces observations à l'interprétation de ce qui se passe empiriquement' (*Tristes tropiques*, p.62). Diderot avec la 'société naturelle', comme Rousseau avec l'"état de nature', cherche à 'bâtir un modèle théorique de la société humaine, qui ne correspond à aucune réalité observable' (p.453) mais qui permet de préciser 'la direction où l'investigation doit s'orienter' (p.451). Il lui importe peu d'être le fidèle 'portraitiste' (*Salon* de 1767; *OC*, vii.37) d'une société historique qui perd

---

37. *Suite de l'Apologie de l'abbé de Prades*, *OC*, ii.633.
38. Nous avons vu dans notre seconde partie, 'Lieu de l'utopie', le sens exact qu'il fallait donner à cette formule.

chaque jour un peu plus son authenticité primitive. Pour le philosophe qui se propose de retrouver la 'ligne vraie' (*OC*, vii.38) en politique, il ne saurait y avoir de corps politique 'entier subsistant' que l'on puisse prendre 'à la rigueur pour modèle premier' (*OC*, vii.37). Il importe de se forger un modèle 'purement idéal' qui n'est 'emprunté directement d'aucune image individuelle de nature' mais participe, peu ou prou, de la totalité d'entre elles. L'auteur du *Supplément au voyage de Bougainville* n'est pas ethnologue; il n'a pas l'intention non plus de 'prêcher le retour dans la forêt' (*Réfutation d'Helvétius*, *OP*, p.472) ni même d'accuser systématiquement 'les mœurs d'Europe par celles de Tahiti' (*Supplément*, *OPh*, p.495). L'utopie de la société naturelle tahitienne, c'est le 'modèle idéal' de toute vérité sur l'histoire dont avait besoin celui qui ambitionnait d'"embrasser' dans sa totalité 'la science de l'homme public'.[39]

## iii. La nature comme 'modèle de compétence'

Au dix-huitième siècle, les récits de voyage s'intéressent moins aux sauvages qu'aux primitifs; le monde sauvage n'est pas un monde radicalement autre et la relativité des mœurs et des coutumes n'est qu'un argument parmi d'autres – on lui préférera parfois, quand les nécessités du combat l'exigent, l'idée tout aussi subversive d'une universalité de la nature humaine – de la lutte anti-religieuse. C'est moins la trace d'une *altérité* que la preuve d'une *altération* que l'on traque au fond des forêts américaines. Le sauvage, c'est l'image en positif que l'homme policé se fait de lui même. De ce fait, la réalité de la vie américaine ou australe devient très secondaire et l'Européen ne trouve dans la figure du sauvage qu'il constitue en support fictif de ses ambitions et de ses frustrations que ce qu'il y avait préalablement cherché. Hélène Clastres rappelle la circonspection avec laquelle les philosophes qui étudient le fait sauvage au dix-huitième siècle, accueillent les témoignages des voyageurs qu'ils n'estiment pas suffisamment éclairés, surtout lorsque ceux-ci viennent contredire des idées déjà bien arrêtées: pour eux, en effet, c'est le plus souvent 'la conformité des faits avec la raison qui permettra d'établir leur véracité'.[40] Et on ne craint pas parfois la contradiction ou la casuistique. On sait que pour Diderot 'vices et vertus, tout est également dans la nature' (*Supplément*, *OPh*, p.507), mais la nature a également 'tout ordonné pour la conservation de l'espèce': dans ces conditions, le 'goût antiphysique des Américains'[41] est-il 'naturel'? Diderot condamne violemment cette

---

39. *Histoire des deux Indes*, livre XIII, ch.55; *OC*, xv.521.
40. 'Sauvages et civilisés au XVIIIe siècle', in *Histoire des idéologies* (Paris 1978), iii.221; voir aussi p.224-28.
41. *Fragments échappés*, *OC*, x.86; voir aussi *Histoire des deux Indes*, livre VI, ch.8; *OC*, xv.467.

'passion générale et violente qui foule aux pieds [...] l'honneur, la vertu, la décence, la probité, les lois du sang, le sentiment patriotique' avant de constater 'qu'il est des actions auxquelles les peuples policés ont *avec raison* attaché des idées de moralité tout à fait étrangères à des sauvages' (c'est nous qui soulignons). L'obsession de la 'population' amène Diderot à cette dernière affirmation qui contredit, presque terme à terme, celle du sous-titre du *Supplément au voyage de Bougainville*. Rien ne doit venir déranger l'image que l'Européen peu à peu se façonne de son universalité. Et, progressivement, la 'nature', le 'sauvage' deviennent ces 'mots prestigieux, moins explicatifs que figuratifs' que produit toute idéologie et qui finissent par servir de 'référence absolue et légitimante'.[42] La 'nature' se substitue à la Providence, la bourgeoisie qui va prendre le pouvoir à la fin du siècle a trouvé le 'modèle de compétence' (p.69) qui lui permettra 'de transposer chaque pratique dans l'ordre de l'intelligible et de la raison' (p.24). L'idée de 'nature', révolutionnaire au dix-huitième siècle nous l'avons vu, est suffisamment équivoque pour légitimer par avance tous les conservatismes futurs: l'absence de 'luxe' dans une 'nature' en proie à la frugalité préfigure l''heureuse médiocrité' bourgeoise d'une société où chacun vit de son travail et selon son mérite; l'inégalité naturelle fait de la propriété un droit sacré qu'aucune disposition contractuelle ne peut contester: 'en partageant ses enfants en marâtre, en créant des enfants débiles et des enfants forts, la nature n'a-t-elle pas formé elle-même le germe de la tyrannie'[43] et légitimé par avance toutes les inégalités sociales? La société du 'mérite', c'est-à-dire des dispositions naturelles que la nature a mises en chaque homme, que Diderot appelle de ses vœux, 'aura aussi des malheureux; les sots qui n'ont point d'industrie; les paresseux qui ne veulent pas employer la leur' (*Observations*, *OP*, p.404). Liberté, fraternité, oui; égalité, non, puisqu'elle n'est pas 'naturelle'. Roland Barthes note dans *Mythologies* (Paris 1970) 'l'anonymat' (p.227) de la bourgeoisie comme fait idéologique: elle transforme 'l'Histoire en Nature' (p.229), elle naturalise ses conquêtes historiques et ses valeurs morales pour qu'elles soient 'vécues comme les lois évidentes d'un ordre naturel' (p.228). Le 'modèle général idéal de toute perfection' est assurément une 'chimère' et c'est 'selon les circonstances' que le philosophe est amené 'à altérer, fortifier, affaiblir, défigurer et réduire son modèle idéal de l'état de nature à tel autre état qu'il lui plaît' (*De la poésie dramatique*, *OE*, p.286). Chaque 'modèle idéal' est le produit d'une idéologie, toute utopie appartient à l'histoire. L'utopie tahitienne de Diderot, c'est le 'modèle idéal' de la société bourgeoise dont il vante les mérites à Catherine II et aux lecteurs de l'*Histoire des deux Indes*: il nous reste à bien percevoir les

---

42. Pierre Ansart, *Les Idéologies politiques* (Paris 1974), p.24.
43. *Histoire des deux Indes*, livre XVIII, ch.42; *OC*, xv.537.

'rapports' qui unissent frugalité tahitienne et société du 'mérite', à établir la 'corrélation' qui existe entre les principes économiques et moraux qui régissent la sexualité des Tahitiens et les problèmes du servage en Russie ou de la justice en Europe. La 'fiction' utopique parle par métaphores: c'est dans cet écart métaphorique, nous l'avons vu, que résident la lucidité et l'efficacité de son discours.

# 7. La perception des 'rapports'

## i. Le 'second luxe' et la société du 'mérite'

'Si la terre avait satisfait d'elle-même à tous les besoins de l'homme, il n'y aurait point eu de société; d'où il s'ensuit, ce me semble, que c'est la nécessité de lutter contre l'ennemi commun, toujours subsistant, la nature, qui a rassemblé les hommes' (*Observations*, *OP*, p.402). Mais, par une étrange perversion de leur nature, les hommes ont oublié de 'borner' leurs désirs au 'petit nombre de grandes fonctions auxquelles elle [les] a destinés, se loger, se vêtir, se nourrir, se reproduire dans son semblable et se reposer en sûreté' (*Fragments échappés*, *OC*, x.71). L'"industrie de l'homme est allée beaucoup trop loin' et celui qui devait se contenter d'une 'cabane' s'est mis à rêver d'un 'palais' (*Réfutation d'Helvétius*, *OP*, p.472). L'homme 'ne s'est pas contenté de [...] vaincre la nature, il en a voulu triompher' et s'est donné beaucoup de peine 'pour n'ajouter à son sort que des superfluités'! Oubliant le 'but primitif' (*OC*, x.71) qu'il s'était fixé, il a fini par succomber à 'la multitude des besoins artificiels' (*Observations*, *OP*, p.402) et la société est désormais en proie aux ravages du 'luxe', 'symbole de la richesse des uns, et masque de la misère générale du reste' (*Salon* de 1767, *OC*, vii.123). Dans une société où 'l'or qui mène à tout est devenu le Dieu de la nation' (*Mémoires*, p.145), 'les mœurs sont perdues dans tous les états, au centre de la richesse par la richesse même, mère des vices; dans l'état supérieur à ce centre, par la bassesse; dans les états inférieurs, par la prostitution et la mauvaise foi' (*Mémoires*, p.147). L'argent, 'avec lequel on [peut] se procurer tout', devient 'la mesure commune de tout' et à 'l'ostentation insultante' des riches répond 'l'hypocrisie épidémique de fortune' des pauvres (*Salon* de 1767, *OC*, vii.119). C'est alors que tous les 'ressorts' qui composent la 'machine' (*Supplément*, *OPh*, p.512) se heurtent sans cesse les uns les autres et que, à l'exemple de la France dont hérite le jeune Louis XVI, les plus beaux empires du monde tombent dans la plus totale 'décadence'.[1]

Mais la condamnation du 'luxe' chez Diderot n'est pas essentiellement morale. Si le 'luxe' est condamnable, ce n'est pas non plus parce qu'il offusque une élémentaire justice sociale en divisant les sociétés en deux 'classes de citoyens', les premiers 'regorgeant de richesses', les seconds 'plongés dans l'indigence' (*OC*, xv.445). Cette inégalité des conditions n'est-elle pas en effet justifiée puisque 'naturelle'? Si la nature dispose elle-même en 'marâtre' de ses enfants

---

1. *Histoire des deux Indes*, livre IV, ch.18; *OC*, xv.445.

et distingue 'des enfants débiles et des enfants forts' (livre XVIII, ch.42; *OC*, xv.537), n'est-il pas 'naturel' que ces différences se traduisent au sein des sociétés? Nous avons vu Diderot s'accommoder d'une société qui aurait 'aussi des malheureux', ceux qui n'auraient pas la force ou la volonté de faire suffisamment fructifier leur 'industrie' (*Observations*, *OP*, p.404). La société dont on rêve dans *L'An 2440* de Louis-Sébastien Mercier promet l'égalité entre les citoyens mais conserve 'une seule distinction': 'celle que mettent *naturellement* entre les hommes la vertu, le génie et le travail' (p.338; c'est nous qui soulignons). Diderot, quand il évoque l'histoire des sociétés, ne parle pas d'homme riche mais d'homme fort, et ne distingue pas l'homme pauvre de l'homme faible. Mais l'inacceptable, précisément, c'est que dans la société d'ancien régime l'inégalité des conditions n'est nullement 'naturelle', bien au contraire: les 'citoyens laborieux, honnêtes, économes, industrieux', loin d'être récompensés du fruit de leurs efforts, 'existent sans honneur civil et sans sécurité'.[2] Dans la société française, ce sont en revanche les oisifs, les improductifs qui se partagent richesse, privilèges et pouvoirs. C'est la richesse et surtout la naissance, et non le mérite personnel, qui décident de la place de chacun dans une société où l'inégalité est purement factice. La nature de la condamnation du 'luxe' est donc essentiellement politique: la dégénérescence morale et l'inégalité sociale excessive sont certes condamnables mais c'est surtout l'injustice politique du système des privilèges qui est en cause. Dans une société où l'on peut 'arriver à tout avec de l'or', il est insupportable que le 'mérite, qui ne [conduit] à rien, ne [soit] rien' (*Salon de 1767*; *OC*, vii.123). L'inacceptable, ce n'est pas, pour un homme qui accepte les inégalités de nature, l'opulence du riche mais les droits que le prestige de l'argent lui confère: 'Que celui qui a de l'or puisse avoir des palais, des jardins, des tableaux, des statues, des vins délicieux, de belles femmes; mais qu'il ne puisse prétendre sans mérite à aucune fonction honorable dans l'Etat' (*OC*, vii.126).

La naissance, c'est le pouvoir sans 'mérite'; la richesse, c'est l'opulence sans 'industrie'. Et les sociétés en proie au 'luxe' périclitent car on ne voit se former 'aucune grande entreprise, aucuns grands travaux, rien qui soutienne les esprits et élève les âmes' (*OC*, vii.119). Tandis que 'l'infortuné laboureur' est sans cesse tracassé par le 'concussionnaire protégé', 'tous les genres d'industries'[3] s'épuisent puis s'éteignent. Au temps béni de l'enfance des sociétés, quand les 'fruits de la terre' étaient la seule et 'première richesse', les hommes étaient 'plus jaloux d'augmenter leur félicité dans le coin de terre qu'ils occupaient'[4]

---

2. *Histoire des deux Indes*, livre IV, ch.18; *OC*, xv.448.
3. *Histoire des deux Indes*, livre XVIII, ch.42; *OC*, xv.539.
4. Article 'Agriculture', *Encyclopédie*, *OC*, xv.20.

que de s'adonner au 'luxe, [au] commerce, et [à] toutes les autres marques éclatantes de la grandeur et de la méchanceté des peuples' (*OC*, xv.21). Mais, passant outre les bornes que la nature leur avait imposées et pour leur malheur, les hommes ont consacré leur 'industrie' au superflu et 'les métaux devinrent la représentation de la richesse' et du pouvoir.

Que faire pour 'faire renaître une autre sorte de luxe qui ne soit pas le masque de la misère, mais le signe de l'aisance publique et du bonheur général' (*Mémoires*, p.149)? Que faire pour qu'enfin 'le mérite, la bonne éducation, les lumières et la vertu' (p.145) mènent aux plus hautes responsabilités et distinctions dans la nation? Le 'philosophe Denis', qui commence par proposer à Catherine II toute une série de lois somptuaires, en vient très rapidement à prôner une véritable et radicale remise en question de tout l'édifice socio-politique de l'ancien régime. Bien sûr, il convient que le souverain n'ait plus 'cinq mille chevaux dans [ses] écuries', qu'il vende ses 'domaines' (car on ne sait 'ce que c'est que des propriétés particulières à celui qui est censé maître de tout et dont la bourse est dans la poche de ses sujets' (p.149)) et qu'il réduise sa 'maison et celle de [ses] enfants à la pure et simple décence' (p.150); mais il importe surtout qu'il fasse rayer de la 'liste énorme' des pensions toutes 'celles qui sont sans motif', qu'il supprime 'toutes ces exemptions de militaire, de noblesse, de magistrature', afin que ceux qui jusqu'à ce jour ont joui 'le plus des prérogatives et de la protection de la société' tout en fournissant 'le moins à ses dépenses', rentrent 'tous dans la classe générale de citoyens' (p.153). Il lui faudra enfin employer tous ses efforts pour que la répartition de l'impôt se fasse désormais 'en raison des fortunes' (p.152). Le 'philosophe Denis', dont la 'rêverie' (p.37) n'est que l'alibi commode, l'écart propice à toutes les audaces, amène peu à peu son interlocutrice à l'idée d'une remise en cause fondamentale des sociétés de privilèges. La revendication de mesures de salubrité morale et financière fait place à une contestation politique sans équivoque:[5] le souverain doit encourager l'agriculture, ne point se mêler du commerce, rendre à la presse 'toute sa liberté', récompenser à leur juste valeur les 'citoyens industrieux' afin que seuls 'le talent et la vertu' mènent enfin 'à quelque chose' (*Mémoires*, p.155). La société bourgeoise fondée sur le 'mérite' de chacun et l''industrie' de tous se met en place: 'Il faut d'abord que la société soit heureuse; et elle le sera si la liberté et la propriété sont assurées; si le commerce est sans gêne; si tous les ordres de citoyens sont également soumis aux lois; si l'impôt est supporté en raison des forces ou bien réparti; s'il n'excède pas les besoins de l'Etat; et si la

---

5. Le texte de l'*Histoire des deux Indes*, livre IV, ch.18 (*OC*, xv.445-51), dans lequel Louis XVI est sommé de ne pas craindre les 'innovations' (p.450) opère, mais avec une timidité plus grande, le même glissement: l'instauration d'un impôt frappant également 'les hommes puissants ou protégés' est une des mesures qu'il importe de prendre de toute urgence.

vertu et les talents y ont une récompense assurée' (*Observations*, *OP*, p.403).

L'activité économique qui naîtra de la saine émulation des talents permettra le bonheur de tous dans l''aisance', cette 'aisance' qui détruit 'la superstition, compagne et fille de la misère et du malheur', qui fait oublier 'le ciel' et permet d'entrouvrir la porte de toutes les libertés: 'l'état qui vous émancipe, tel est celui du manufacturier qui s'en va avec ses deux bras et réduit le despotisme à rien'.[6] Dans cette société où 'il n'y aura d'inégalité entre les fortunes que celle que l'industrie et le bonheur doivent y mettre' (*Mémoires*, p.155), l''aisance' générale succédera à l'opulence de quelques particuliers, la prospérité reviendra, un 'autre luxe', 'enfant de la prospérité' (p.156), pourra alors voir le jour et les arts renaîtront car 'on n'élève des monuments éternels à l'esprit humain que quand on est bien pourvu de toutes les sortes de nécessaires' (*Fragments échappés*, *OC*, x.96). Mais l''aisance' bourgeoise n'a rien à voir avec l'opulence aristocratique. Le 'second luxe', s'il veut éviter de n'être qu'une 'félicité passagère'[7] et ne pas dégénérer en ce luxe pernicieux auquel il prétend précisément se substituer, doit s'en tenir à un 'terme d'heureuse médiocrité placé entre la masse énorme [des] superfluités [des sociétés policées] et l'indigence étroite de l'homme brut' (*Fragments échappés*, *OC*, x.71). Le malheur de l'homme est venu, nous l'avons vu, de ce qu'il 'a perdu de vue le but primitif, la lutte contre la nature'. L'humanité doit savoir tirer parti de ses échecs et, comprenant que la 'nature' a elle-même 'posé des limites', 'au delà desquelles il y a à peu près autant à perdre qu'à gagner',[8] elle doit s'efforcer de dessiner les contours de cette 'société moitié policée et moitié sauvage' (*Réfutation d'Helvétius*, *OP*, p.472) que Diderot appelle de ses vœux.

Pour les hommes qui ne se veulent ni 'brutes, animaux stupides, sans aucune règle de mœurs, sans aucunes lois' (*OC*, viii.366) ni complices des 'sociétés mercantiles' (*Fragments échappés*, *OC*, x.80) qui courent à leur perte, il importe de trouver 'la limite de lumière compatible avec [le] bonheur' (*OC*, viii.366) de l'humanité. Il existe, entre l'abrutissement de l'homme primitif et les lumières perverses de l'homme policé, 'un point où réside la félicité de l'espèce'.[9] Dans le cycle d'évolution des sociétés, il y a 'un terme d'heureuse médiocrité' (*OC*, x.71) que les hommes doivent s'efforcer de respecter. C'est ainsi que, nous l'avons vu,[10] Diderot espère que Catherine II, mettant à profit la jeunesse de sa nation, saura trouver 'un milieu qui retarderait les progrès de l'enfant de Prométhée' et 'fixerait l'homme civilisé entre l'enfance du sauvage et [la]

6. *Apologie de l'abbé Galiani*, *OP*, p.111-12.
7. *Salon* de 1767, *OC*, vii.127.
8. *Histoire des deux Indes*, livre VI, ch.23; *OC*, xv.475.
9. *Histoire des deux Indes*, livre IX, ch.5; *OC*, xv.486.
10. Voir notre première partie, 'Itinéraire de St-Pétersbourg à Philadelphie'.

décrépitude' (*OP*, p.473) de l'homme civilisé. Hanté par l'idée que la 'décrépitude' est cependant inévitable pour la société comme elle l'est pour l'homme,
il espère trouver, en Amérique peut-être, le 'législateur moderne' qui serait
capable de fixer ce 'point' et, 's'il était fixé', 'd'y diriger, d'y arrêter l'homme'
(*OC*, xv.486). Cette société nouvelle où le luxe serait cette fois 'le signe de
l'aisance publique et du bonheur général' (*Mémoires*, p.149) est en effet peut-
être en train de naître de 'la révolution qui vient de s'opérer au-delà des mers'
(*Essai*, *OC*, xiii.558). Il faut souhaiter à ces 'braves Américains' qui, comme les
Russes de Catherine II, sont encore dans l'"enfance' des sociétés, de savoir, 'au
moins pour quelques siècles', 'prévenir l'accroissement énorme et l'inégale
distribution de la richesse, le luxe, la mollesse, la corruption des mœurs' (*OC*,
xiii.559).

Cette société où le 'second luxe' assurerait à tous la satisfaction pleine et
entière des besoins 'naturels', où le philosophe peut-il en trouver le modèle, en
traquer la trace et le souvenir? Ce 'terme plus conforme à la félicité de l'homme
en général' (*Réfutation d'Helvétius*, *OP*, p.473), sans être, nous venons de le voir,
celui de 'l'état de troupeau',[11] est cependant 'bien moins éloigné de la condition
sauvage qu'on ne l'imagine' (*OP*, p.473). La société naturelle est située à un
point de l'échelle de l'évolution qui fait d'elle un point de référence idéal en ce
qu'elle est *moins éloignée* que la société civile de ce moment historique précis où
l'humanité pouvait s'engager sur la voie de cette société d'"heureuse médiocrité'
(*Fragments échappés*, *OC*, x.71) dont précisément on rêve maintenant. La société
naturelle n'avait pas encore outrepassé les simples exigences de la nature, tout
était encore virtuellement fécond en elle. Montaigne, déjà, avait noté que les
'cannibales' sont 'encore en cet heureux point, de ne désirer qu'autant que leurs
nécessitez naturelles leur ordonnent; tout ce qui est au-delà est superflu pour
eux'.[12] A Tahiti, les compagnons d'Orou n'ont pas franchi 'l'étroite limite du
besoin', ils ont su 's'arrêter, lorsqu'ils n'auraient à obtenir, de la continuité de
leurs pénibles efforts, que des biens imaginaires' (*Supplément*, *OPh*, p.468). Ils
se sont contentés de lutter contre la nature pour en tirer les fruits nécessaires
à leur 'subsistance': 'Je laboure la terre; je grimpe la montagne; je perce la forêt'
(p.469), dit le vieillard du *Supplément au voyage de Bougainville* avant de préciser:
'Tout ce qui nous est nécessaire et bon, nous le possédons. Sommes-nous
dignes de mépris, parce que nous n'avons pas su nous faire des besoins
superflus? Lorsque nous avons faim, nous avons de quoi manger; lorsque nous
avons froid, nous avons de quoi nous vêtir' (p.468).

Le bonheur négatif du sauvage réel se mue en choix existentiel philosophique-

---

11. *Suite de l'Apologie de l'abbé de Prades*, *OC*, ii.632.
12. *Essais* (Paris 1962), livre I, ch.31, p.208.

ment fondé chez le sauvage 'idéal' de Tahiti. Et la société du 'mérite' et de l'"industrie' peut vanter l'indolence du sauvage, si chère à tous les racismes, quand un 'repos' bien mérité vient récompenser celui qui a été 'assez actif pour s'être mis à l'abri des besoins absolus de la vie, et assez indolent pour que son innocence, son repos et sa félicité n'eussent rien à redouter d'un progrès trop rapide de ses lumières' (p.503): 'Si tu nous persuades de franchir l'étroite limite du besoin, finirons-nous de travailler? quand jouirons-nous? Nous avons rendu la somme de nos fatigues annuelles et journalières la moindre qu'il était possible, parce que rien ne nous paraît préférable au repos' (p.468).

Le 'second luxe' (*Fragments échappés*, *OC*, x.96) existe aussi à Tahiti et on ne saurait confondre 'médiocrité' de jouissances et ascétisme. Nous avons vu[13] que Diderot refusait le bonheur étriqué du stoïcien pour qui 'le mépris des voluptés est la volupté même' (*Essai*, *OC*, xiii.551) et dont la philosophie 'tend à tenir l'homme dans une sorte d'abrutissement, et dans une médiocrité de jouissances et de félicité tout à fait contraire' (*Observations*, *OP*, p.404) aux aspirations de la nature humaine. L'homme n'a pas à se refuser 'à la délicatesse des mets, à la saveur des fruits, à l'ambroisie des vins, au parfum des fleurs, aux caresses de la femme' (*OC*, xiii.551) et il n'y a aucune raison de 'poser une limite à l'esprit et aux sens' (*OP*, p.404). Et la société dont rêve Diderot devra 'multiplier les jouissances ou les moyens infinis d'être heureux, la poésie, la peinture, la sculpture, la musique, les glaces, les tapisseries, les dorures, les porcelaines et les magots' (*Salon* de 1767, *OC*, vii.118) afin que ses membres 'soient tous bien gais, bien joyeux, bien libertins' (*Mémoires*, p.156). Rabelais, on le voit, n'est pas loin et, si Diderot prône l'édification d'une société qui présente effectivement toutes les caractéristiques socio-économiques de la société bourgeoise qui va se mettre en place après 1789, il ne partage cependant pas le moralisme étroit qui caractérisera parfois les sociétés bourgeoises installées du dix-neuvième siècle. Il y a dans l'enthousiasme qu'il met à célébrer l'épanouissement de tous les 'vices charmants qui font le bonheur de l'homme en ce monde ci et sa damnation éternelle dans l'autre' (*Mémoires*, p.156) et le développement de toutes les jouissances, 'celles de tous les sens' (p.155), dans la société nouvelle, un reste de liberté aristocratique et un soupçon de provocation libertine. A Tahiti, il n'y a plus de 'crime mais beaucoup de ce que le théologien appelle des vices ou des péchés mortels' (p.156) et on s'efforce de ne pas 'attacher des idées morales à certaines actions physiques qui n'en comportent pas' (*Supplément*, *OPh*, p.455). Le Tahitien, aussi éloigné de l'abrutissement du primitif que des turpitudes hypocrites de l'homme policé, est un bon 'modèle idéal' du citoyen de la société d'"heureuse médiocrité' (*Fragments échappés*, *OC*, x.71) qui

---

13. Voir 'Lieu de l'utopie'.

sait qu'il n'a pas à se refuser 'à la délicatesse des mets, à la saveur des fruits, à l'ambroisie des vins, au parfum des fleurs, aux caresses de la femme' (*Essai, OC*, xiii.551). Mais les jouissances du 'second luxe' ne sont plus les suites fâcheuses du gaspillage aristocratique mais les fruits du 'superflu' que l'on ne renvoie pas 'directement' (*Observations, OP*, p.404) à la terre. Il ne faut pas confondre le 'repos' (*Supplément, OPh*, p.468) bien mérité de l'homme 'industrieux' avec la paresse de l'homme privilégié. Emporté par l'enthousiasme de sa 'rêverie' mais non sans contradiction, l'auteur des *Mémoires pour Catherine II* avait avoué souhaiter l'édification d'une société où il y aurait 'beaucoup de voluptés de toute espèce, beaucoup d'envie, beaucoup de luxure, beaucoup de paresseux' (p.155). Les *Observations sur le Nakaz* font, de manière plus cohérente, des 'paresseux qui ne veulent pas employer' leur industrie les 'malheureux' de la société du 'mérite' et voient en eux les 'vicieux' que ne saurait manquer de compter en ses rangs toute 'société nombreuse' (*Observations, OP*, p.404).

## ii. Sexualité tahitienne et morale bourgeoise

### a. La 'Nouvelle Cythère' et la vieille Europe

'Vénus est ici la déesse de l'hospitalité, son culte n'y admet point de mystères, et chaque jouissance est une fête pour la nation' (*Voyage autour du monde*, p.138). Bougainville, sensible comme ses compagnons aux charmes d'une île où 'la jalousie est [...] un sentiment si étranger que le mari est ordinairement le premier à presser sa femme de se livrer' (p.158), n'a cependant pas été dupe de l'idyllisme supposé et devenu légendaire par la suite de la 'Nouvelle Cythère' (p.148). Comme il a su percer à jour la nature véritable des structures politiques de ce nouveau 'jardin d'Eden',[14] il a de même su mettre en évidence, derrière la façade d'une liberté sexuelle fascinante pour l'Européen, la réalité d'un pouvoir masculin cruellement oppresseur: 'les femmes doivent à leur mari une soumission entière: elles laveraient dans leur sang une *infidélité* commise *sans l'aveu* de l'époux' (c'est nous qui soulignons).

L'hospitalité sexuelle des Tahitiens transforme de fait la femme en objet d'échange, la polygamie paraît 'générale' et, dans cette société frugale, 'le grand nombre des femmes est le seul luxe des riches' (p.157). La liberté sexuelle n'est qu'un leurre à Tahiti et on y trouve, comme en Europe, des 'amants' qui tentent par tous les moyens de s'assurer 'le secret et l'impunité' (p.168). Mais quelles qu'aient été les réserves de Bougainville, les 'usages singuliers' (p.133) de la 'Nouvelle Cythère', dont les compagnons de Bougainville, tel Commerson, le

14. *Voyage*, p.138; voir 'Lieu de l'utopie'.

naturaliste de l'expédition, sont les véritables propagandistes, vont connaître en Europe un succès de curiosité et de scandale: '[Les Tahitiens] ne connaissent d'autre dieu que l'Amour. Tous les jours lui sont consacrés, toute l'île est son temple, toutes les femmes en sont les autels, tous les hommes les sacrificateurs.'[15]

Diderot, qui ne cesse de pester contre les 'atrabilaires à enfermer aux petites maisons' qui 'remercieraient volontiers l'Etre tout puissant d'avoir fait des ronces, des épines, des venins, des tigres, des serpents' et qui refusent l'idée 'que la conservation de l'espèce et la nôtre fussent encore un objet de plaisirs',[16] n'est pas non plus resté insensible à ce don du corps féminin. Nous avons vu[17] que celui qui, comme le philosophe du *Neveu de Rameau*, 'aime à voir une jolie femme et [...] à sentir sous la main la fermeté et la rondeur de sa gorge; à presser ses lèvres contre les [siennes]; à puiser la volupté dans ses regards, et à en expirer entre ses bras' (*OC*, x.342), prétend jouir de tous les biens que 'la main bienfaisante et prodigue' de la nature a bien voulu répandre 'autour de [son] berceau' (*Essai*, *OC*, xiii.551). Le 'second luxe' (*Fragments échappés*, *OC*, x.96) de la société de l'aisance bourgeoise n'a rien à voir avec l'ascétisme chrétien ou stoïcien et le *Supplément au voyage de Bougainville* nous fait découvrir une femme tahitienne qui s'abandonne 'avec transport', est fière 'd'exciter les désirs et d'irriter les regards amoureux' et accepte 'sans frayeur et sans honte', les 'caresses de celui que son jeune cœur et la voix secrète de ses sens' (*OPh*, p.470) lui désignent. Femme 'complaisante et voluptueuse' (p.471), elle incarne les 'douces' jouissances, sans 'remords' ni 'effroi' (p.470), qui caractérisaient la vie de l'homme primitif au temps où on n'attachait pas encore des 'idées morales à certaines actions physiques qui n'en comportent pas' (p.455). La 'conservation de l'espèce' est 'un des devoirs essentiels de l'individu' et 'tout individu qui raisonne et qui est bien conformé' se rend coupable 'en manquant à ce devoir'.[18] Nous ne trouvons 'point en nous le germe de cette pureté' qui n'est que d'institution et qui voudrait nous voir fuir le 'commerce des deux sexes'.[19] On a même vu le sage Caton conseiller 'la promiscuité des femmes' dans sa république et la 'pluralité' des femmes fait encore 'le présent des contrées ardentes et voluptueuses de l'Orient'.[20] Il est même des pays, comme Tahiti, où la galanterie est 'un des devoirs de l'hospitalité' et où l'usage accorde aux femmes 'de se prêter au désir de plusieurs hommes'. La 'continence', qui 'va contre les intentions de la nature',[21] n'est donc pas légitime et, 'dans l'état de

15. Extrait du *Journal* de Commerson, in *Voyage autour du monde*, p.xvii.
16. Article 'Voluptueux', *Encyclopédie*, *OC*, xv.395.
17. Voir notamment 'Lieu de l'utopie'.
18. Article 'Célibat', *Encyclopédie*, *OC*, xv.154.
19. *Histoire des deux Indes*, livre XIX, ch.14; *OC*, xv.573-74.
20. *Histoire des deux Indes*, livre XIX, ch.14; *OC*, xv.573-74.
21. *Introduction aux grands principes*, *OC*, v.205.

nature sauvage', 'toutes les femmes étaient à tous les hommes':[22] 'l'inconstance de la nature' condamne les conventions instituées dans la société dont les 'lois divines et humaines blâment les époux infidèles' (*OC*, xv.300). Les 'suggestions perpétuelles du démon de la chair' font qu'il est difficile pour l'homme de se 'conserver dans un état de pureté angélique'[23] et rendent la fidélité chimérique: 'Celui qui fait des vœux qu'il ne pourra rompre; celui qui prononce un serment qui l'engage à jamais, est quelquefois un homme qui présume trop de ses forces, qui s'ignore lui-même et les choses du monde.'[24]

On connaît 'la légèreté du cœur humain' et le mariage, la fidélité, ne sont que des 'formalités de convention qui ne signifient rien, et qui varient d'un peuple à un autre'.[25] L'indissolubilité des liens du mariage condamnent l'homme et la femme à être ou 'tyran' ou 'parjure'[26] et font 'presque autant de malheureux que d'époux'.[27] Avec les premiers serments sont apparues la jalousie et la coquetterie; les mœurs des femmes ont connu l'altération la plus sensible[28] et peu à peu, toute guerre naissant 'd'une prétention commune à la même propriété' (*Supplément*, *OPh*, p.462), la 'distinction du *tien* et du *mien*, dans le domaine sexuel a rendu les femmes 'folles', les hommes 'féroces'; les premières 'ont commencé à se haïr' entre elles, les seconds se sont 'égorgés pour elles' (p.467). L''inconstance' est devenue 'adultère' et 'ce délit si pardonnable en lui-même, cette action si indifférente par sa nature, si peu libre par son attrait' est devenue 'pernicieuse' de par la seule 'importance' que la société lui a attachée.[29] En transformant une loi de nature en délit devant les hommes et en péché devant Dieu, les sociétés ont fait leur propre malheur: la femme adultère, 'déshonorée à ses yeux et aux yeux de ses concitoyens', 'rejetée hors de la communauté morale' (*OC*, xv.575), 'cesse bientôt d'être sensible au blâme et à la louange' (*OC*, xv.574) et utilise la 'ruse'; la 'femme corrompue propage la corruption' (*OC*, xv.575) dans la société qui, comme le dira un siècle plus tard Fourier, secrète, par ses conventions factices et ses interdits, les facteurs de sa propre démoralisation: 'Notre législation [...] organise les relations d'amour de manière à provoquer la fausseté universelle, stimuler l'un et l'autre sexe à l'hypocrisie, à une rébellion secrète aux lois. L'amour n'ayant pas d'autre voie pour se satisfaire, devient un conspirateur permanent, qui travaille sans relâche à désorganiser la société, fouler aux pieds toutes les limites posées par la

---

22. Article 'Infidélité', *Encyclopédie*, *OC*, xv.301.
23. Article 'Chasteté', *Encyclopédie*, *OC*, xv.178.
24. Article 'Inconstance', *Encyclopédie*, *OC*, xv.293.
25. Lettre à Sophie Volland du 29 août 1762, *Corr.*, iv.122; *LSV*, ii.140.
26. Lettre à Sophie Volland du 29 août 1762; *Corr.*, iv.122; *LSV*, ii.140.
27. Lettre à Sophie Volland du 6 octobre 1765; *Corr.*, v.134; *LSV*, ii.298.
28. *Histoire des deux Indes*, livre XIX, ch.14; *OC*, xv.573.
29. *Histoire des deux Indes*, livre XIX, ch.14; *OC*, xv.574.

législation.'[30] Dans une telle société, continue Fourier, 'la paix [n]'est assurée dans le ménage [que] quand madame a son amant et monsieur sa maîtresse' (p.133). Diderot ne dit pas autre chose: 'Sous l'empire de ces mœurs, l'amour conjugal est dédaigné, et le dédain affaiblit le sentiment de la tendresse maternelle, s'il ne l'éteint pas. Les devoirs les plus sacrés et les plus doux deviennent importuns, et lorsqu'on les a négligés ou rompus la nature ne les renoue plus.'[31]

Peu à peu 'la vertu n'a plus d'asile': comme aurait pu conclure Fourier, 'ce n'est pas la prostitution qui multiplie les adultères; c'est la galanterie qui étend la prostitution'. La nature ne peut conseiller 'ce qui l'outrage' (Sade, p.67) et les libertins du marquis de Sade ou de Restif de La Bretonne ont prétendu remettre à l'honneur dans la société les enseignements de la Mère commune: 'la continence est une vertu impossible, dont la nature, violée dans ses droits, nous punit aussitôt par mille malheurs' (Sade, p.83); 'une femme n'est pas faite pour un seul [...]; une aimable inconstance est l'instinct naturel; l'amour exclusif est un sentiment factice, pesant, injuste, tyrannique' (*Le Paysan perverti*, i.237).

Diderot prétend-il néanmoins faire renaître 'entre les deux sexes la liberté de l'état de nature'[32] et transporter les mœurs de Tahiti à Paris? Nullement. Un point de non retour a été atteint, en ce domaine du moins. Les sociétés ont évolué et se sont embarrassées de conventions, certes aussi factices qu'inutiles, qui ont fait leur malheur. Néanmoins, ces conventions, aussi pernicieuses soient-elles, n'ont-elles pas été adoptées par le consentement au moins 'tacite' (*Observations*, OP, p.405) d'une société qui assurait son avenir et liait son destin? Comme dans le domaine politique,[33] Diderot pousse le respect scrupuleux du 'contrat' passé, de la parole donnée, du 'légal' en un mot, au point de ne plus accepter la moindre remise en question de l'ordre établi. Le temps sacralise un peu plus encore, s'il en était besoin, ce que le consentement des hommes a institué: 'Nous ne sommes plus dans l'état de nature sauvage, où toutes les femmes étaient à tous les hommes, et tous les hommes à toutes les femmes. [...] anéantirons-nous les distinctions que les siècles ont fait naître et ramènerons-nous l'homme à la stupidité de l'innocence première, pour l'abandonner sans remords à la variété de ses impulsions?'[34]

Le 'légalisme' du citoyen, dans le domaine des mœurs comme en politique, lui interdit de remettre en cause de sa propre autorité ce qui a été accepté par tous. L'"incontinence', ce n'est pas la 'promiscuité des femmes' ou leur 'plura-

30. *Vers la liberté en amour* (Paris 1975), p.81.
31. *Histoire des deux Indes*, livre XIX, ch.14; *OC*, xv.575.
32. *Histoire des deux Indes*, livre VII, ch.17; *OC*, xv.479.
33. Voir 'Itinéraire de St-Pétersbourg à Philadelphie'.
34. Article 'Infidélité', *Encyclopédie*, *OC*, xv.301.

lité', mais 'tout commerce entre les deux sexes interdit par les lois de l'Etat'.[35] Le verrou légaliste que Diderot aura tant de mal à faire sauter, nous l'avons vu, dans le domaine politique garde toute son efficacité dans le domaine de la morale sexuelle. De plus, les hommes ont parcouru un tel chemin que l'innocence primitive pourrait revêtir désormais le masque hideux de la perversion et du calcul: la 'liberté de l'état de nature' pourrait certes renaître mais 'avec cette différence remarquable que dans la cité souvent l'époux tient moins à sa femme et la femme à son époux, qu'au fond des forêts; que les enfants confiés en naissant à des mercenaires ne sont plus un lien' (livre VII, ch.17; *OC*, xv.479). En conséquence, 'l'inconstance qui n'aurait aucune suite fâcheuse chez la plupart des peuples sauvages, influe sur la tranquillité domestique et sur le bonheur chez les nations policées, où elle est un des principaux symptômes d'une corruption générale et de l'extinction de toutes les affections honnêtes': 'Les lois divines et humaines blâment les époux *infidèles*; mais l'inconstance de la nature, et la manière dont on se marie parmi nous semblent un peu les excuser [...] Quoi qu'il en soit, le commerce de deux *infidèles* est un tissu de mensonges, de fourberies, de trahisons, qui me déplaît.'[36]

L'adultère, invention et institution des hommes, a définitivement fait oublier les droits légitimes de 'l'inconstance de nature'; il faut désormais empêcher l'adultère de corrompre chaque jour un peu plus la société: 'Dispensez les amants de la fidélité, et vous n'aurez que des libertins.'

On ne peut se défendre d'un certain malaise à la lecture comparée des textes que Diderot a consacrés à la morale sexuelle. Il y a dans l'affirmation simultanée du principe naturel d'une sexualité libérée *et* de l'institution sociale d'une sexualité réglée la même ambiguïté, sinon la même contradiction, que celle que nous avons notée à propos de l'affirmation non moins simultanée du droit à l'insurrection des peuples *et* du respect absolu dû au 'contrat' passé. Mais, dans le domaine politique, le 'légalisme', poussé jusqu'à ses ultimes conséquences, finissait par justifier la révolution. Dans le domaine de la morale sexuelle, en revanche, Diderot semble hésiter quelque peu entre la description enjouée d'une sexualité libérée qui devrait être celle du 'second luxe' (*Fragments échappés*, *OC*, x.96) et qui correspond à la sensibilité de l'éleuthéromane' qui se cache au plus profond de son être et la mise en ordre d'une morale sexuelle bourgeoise dont la 'modestie'[37] du beau sexe, la maternité et le mariage sont les trois composantes essentielles. Le texte de l'*Histoire des deux Indes* que nous avons cité à plusieurs reprises (*OC*, xv.573-76) nous montre un Diderot bien éloigné

---

35. *Histoire des deux Indes*, livre XIX, ch.14; *OC*, xv.574.
36. Article 'Infidélité', *Encyclopédie*, *OC*, xv.300-301.
37. *Histoire des deux Indes*, livre XIX, ch.14; *OC*, xv.573.

du penseur libertaire que nous avions cru découvrir sur les rivages de Tahiti: il dénonce certes l'adultère comme crime d'institution, comme dans le *Supplément au voyage de Bougainville*, mais la condamnation dont cet adultère a fait l'objet au sein des sociétés n'a eu visiblement d'influence 'pernicieuse' que sur la seule 'moralité des femmes' (*OC*, xv.574); il n'est question que de 'femme déshonorée' (*OC*, xv.574), de femme corrompue' (p.575): l'adultère est visiblement un 'vice' typiquement féminin. La 'galanterie nationale' (*OC*, xv.576) qui résulte de la multiplication des adultères met en cause la 'tendresse maternelle', le 'sanctuaire du mariage est profané' et les 'nœuds du sang se relâchent' (p.575). Voilà la famille menacée, les naissances devenant 'incertaines': 'le fils ne reconnaît plus son père, ni le père son fils'. Voici la patrie déjà presque en danger: la corruption générale donne le jour à 'une race d'hommes sans instruction, sans force et sans courage, incapables de servir la patrie' et qui n'ont que 'des maîtresses et point d'épouses' (p.576). Femme-pythie qui lit 'dans le grand livre du monde'[38] ou femme asservie manquant de 'réflexion et de principes' (*OC*, x.48), la femme appartient bien pour le collaborateur de l'*Histoire des deux Indes* à ce sexe 'dont la pudeur et la modestie sont le véritable apanage et la plus belle parure'.[39] Mais peut-être la contradiction n'est-elle qu'apparente? La sexualité tahitienne ne nous a dévoilé qu'une partie de ses mystères.

### b. La 'Vénus féconde'

'Enfonce-toi, si tu veux, dans la forêt obscure avec la compagne perverse de tes plaisirs; mais accorde aux bons et simples Tahitiens de se reproduire sans honte, à la face du ciel et au grand jour' (*Supplément*, *OPh*, p.470). Telle est l'exhortation pressante que le 'vieillard' du *Supplément au voyage de Bougainville* adresse à l'Européen qui est venu souiller l'île bienheureuse de ses 'besoins factices' et de ses 'vertus chimériques' (p.468). La nature, dans sa généreuse bonté, a voulu que 'la conservation de l'espèce' soit aussi 'un objet de plaisirs'[40] mais le but primitif et essentiel du 'commerce des deux sexes'[41] ne doit point être oublié: 'La population est un devoir primitif, un ordre de la nature si sacré' (livre I, ch.8; *OC*, xv.411) que nul ne peut s'y dérober ou y renoncer définitivement sans se mettre hors de l'humaine espèce. Si la femme tahitienne sait se montrer 'complaisante et voluptueuse' (*Supplément*, *OPh*, p.471), si elle n'hésite pas à faire don de son corps à ceux que la 'voix secrète de ses sens lui [désigne]'

---

38. *Fragments échappés*, *OC*, x.52. Ce texte très 'fragmentaire' sur les femmes est d'une réelle ambiguïté.
39. *Histoire des deux Indes*, livre XIX, ch.14; *OC*, xv.573.
40. Article 'Voluptueux', *Encyclopédie*, *OC*, xv.395.
41. *Histoire des deux Indes*, livre XIX, ch.14; *OC*, xv.573.

(p.470), si elle ne répugne pas à être 'la tendre victime du devoir hospitalier' (p.471), c'est moins par sensualité que par désir de maternité. Etrange déclaration d'amour que celle de Thia, la fille d'Orou, à l'aumônier: 'Etranger, honnête étranger, ne me rebute pas! rends-moi mère; fais-moi un enfant que je puisse un jour promener par la main, à côté de moi, dans Tahiti' (p.477).

La Vénus de Tahiti est 'Vénus féconde' (p.489) et la femme 'sur laquelle les regards s'attachent et que le désir poursuit est celle qui promet beaucoup d'enfants' (p.488). Les canons de la beauté tahitienne n'ont que peu de rapports avec ceux de la galanterie européenne. En Europe, 'on rapporte les formes au plaisir d'un moment', tandis qu'à Tahiti 'elles sont appréciées d'après une utilité plus constante'. Les Tahitiens poussent si loin le respect que l'on doit aux enseignements de la nature et recherchent si peu le simple plaisir des sens que toute relation sexuelle est découragée, voire interdite, 'avant l'âge de fécondité' (p.486). On exhorte au contraire les garçons pubères et les filles nubiles à 'produire'. De même, on 'blâme' ceux qui se livrent au 'libertinage' (p.495); les femmes stériles portent un voile noir, celles qui sont atteintes de la 'maladie périodique' un voile gris: les hommes ne doivent point s'en approcher sous peine d'être appelés 'libertins' (p.494). Des mesures sévères peuvent être prises parfois contre les 'filles précoces', les jeunes garçons 'qui déposent leur chaîne avant le temps prescrit par la nature et la loi' et les 'vieilles dissolues' (p.498). Les libertins qui ont prétendu contre toute raison ramener la liberté de nature dans la société ont perdu de vue l'essentiel en affirmant que 'la propagation n'est nullement le but de la nature' (Sade, p.122). A Tahiti, société utopique où rien ne doit être laissé au hasard, il est normal que 'la propagation de l'espèce [soit] un objet sur lequel la politique et la religion fixent [...] leur attention',[42] comme c'est le cas chez les 'insulaires' dont Mangogul se fait décrire les mœurs et coutumes dans *Les Bijoux indiscrets*.

Alors que le dix-huitième siècle voit 'la multiplication sans précédent du nombre des habitants de l'Europe',[43] le siècle tout entier est hanté par le spectre de la dépopulation. Sous l'influence des théories mercantiles et physiocratiques, c'est un lieu commun d'affirmer, comme le faisait au début du siècle La Hontan scandalisé par les coutumes abortives des Indiens, qu'une nation doit 'se multiplier' (p.155) pour assurer sa puissance et sa gloire. Les enfants sont en effet des 'corps pour la nation' tout autant que 'des âmes pour le ciel'. Diderot, dans l'*Encyclopédie*, ne dit pas autre chose: 'L'homme vaut par le nombre; plus une société est nombreuse, plus elle est puissante pendant la paix, plus elle

---

42. *Les Bijoux indiscrets*, *OC*, i.753.
43. M. Anderson, *L'Europe au XVIIIe siècle*, p.51. A titre d'exemple, la France qui n'a que 18 millions d'habitants en 1715, en compte 26 millions en 1789.

est redoutable dans les temps de la guerre. Un souverain s'occupera donc sérieusement de la multiplication de ses sujets. Plus il aura de sujets, plus il aura de commerçants, d'ouvriers, de soldats.'[44]

Les Tahitiens 'mangent pour vivre et pour croître: ils croissent pour multiplier' (*Supplément*, *OPh*, p.470). Ils ont compris que, là comme ailleurs, un 'enfant est un bien précieux, parce qu'il doit devenir un homme', 'c'est un accroissement de fortune pour la cabane, et de force pour la nation: ce sont des bras et des mains de plus dans Tahiti' (p.485). Quand ils 'pensent que le moment d'enrichir la nation et la famille d'un nouveau citoyen est venu', ils 's'en glorifient' (p.470) et c'est 'une grande fête que celle de l'émancipation d'une fille ou d'un garçon' (p.487). C'est donc un plaisir bien innocent que celui 'auquel nature, la souveraine maîtresse, nous invite tous' 'd'enrichir une nation, en l'accroissant d'un sujet de plus' (p.476) en qui l'on voit déjà 'un agriculteur, un pêcheur, un chasseur, un soldat, un époux, un père' (p.485). La sexualité tahitienne est un acte public auquel on ne trouve 'ni vice ni honte' (p.470) puisque c'est la société tout entière qui célèbre et consacre sa puissance et sa vitalité. Nous avons déjà parlé[45] de la 'transparence' utopique qui caractérise cette sexualité aux antipodes d'une moderne libération des mœurs et qui n'échappe pas à la tentation eugéniste si fréquente en Utopie. Il faut que par une juste réglementation 'le troupeau atteigne à la plus haute perfection' (Platon, p.214): les Tahitiens sont des hommes 'droits, sains et robustes'; les Tahitiennes, des femmes 'droites, saines, fraîches et belles' (*Supplément*, *OPh*, p.468), et celles sur qui surtout les regards s'attachent sont celles qui promettent des enfants 'actifs, intelligents, courageux, sains et robustes' (p.488). Si le père d'un enfant à naître est 'un jeune homme beau, bien fait, brave, intelligent et laborieux, l'espérance que l'enfant héritera des vertus de son père renouvelle l'allégresse' (p.493). Enfin, l'hospitalité sexuelle dont ont bénéficié les Européens de la part des Tahitiens n'était pas dépourvue d'arrière-pensées et la 'tendre victime du devoir hospitalier' (p.471) se proposait surtout de 'recueillir la semence d'une race meilleure' (p.500).

Si 'l'action agréable et utile doit occuper la première place dans l'ordre esthétique' et moral, la 'continence', qui n'est ni agréable ni utile 'soit à l'individu qui [la] pratique, soit à la société',[46] est 'un vice, puisqu'elle va contre les

---

44. Article 'Homme', *Encyclopédie*, *OC*, xv.274. Il n'y a qu'en Chine que Diderot trouve à 'cette population tant vantée [...] des limites au-delà desquelles c'est un fléau (*Histoire des deux Indes*, livre I, ch.21; *OC*, xv.426) qui peut détruire en l'homme 'l'honneur, la délicatesse, la morale et même le sentiment d'humanité'. Nous avons vu ce qui, au sujet de la Chine, amenait Diderot à adopter une série de positions paradoxales, voire contradictoires, par rapport à sa pensée moyenne.

45. Voir 'Lieu de l'utopie'.

46. *Le Rêve de d'Alembert*, *OPh*, p.375.

intentions de la nature'.[47] L'article 'Célibat' de l'*Encyclopédie* s'efforce de démontrer qu'il 'fallut sans doute dans les commencements des motifs [bien] pressants, de bonnes raisons physiques' (*OC*, xv.148) pour expliquer l'institution d'un état aussi aberrant. La 'pureté corporelle, dont la nature abandonnée à elle-même ne se serait jamais avisée, mais que Dieu a jugée nécessaire' est 'une vertu révélée et de foi' (*OC*, xv.154) sans être pour autant un 'point essentiel à la religion chrétienne' (*OC*, xv.155). On ne peut nier que le 'célibat' – ici synonyme de 'continence' – ne nuise 'à la société en l'appauvrissant' (*OC*, xv.154). Dans les cas où 'quelque autorité supérieure à celle de la nature' (*OC*, xv.153) n'est pas intervenue pour les justifier – restriction qui n'a visiblement d'autre utilité que de ménager les susceptibilités de la 'librairie' – la 'castration des mâles, [l']infibulation des femelles, les mariages tardifs, la consécration de la virginité, l'estime du célibat' ne peuvent s'expliquer que par la prise en considération de facteurs historiques et économiques qui, tel l'enfermement insulaire d'une population qui pourrait rapidement devenir trop nombreuse pour l'espace dont elle dispose, nécessitent ces 'foules d'institutions bizarres, qui mettent des obstacles à la population'.[48]

La raison conseille à l'homme de 'mettre sagement à profit ce qu'[il] aura reçu de la nature, et à *ne jamais séparer la fin des moyens*'.[49] L'"incontinence', qui cherche à 'tromper la nature en jouissant du plaisir qu'elle a attaché à la propagation de l'espèce humaine, et en négligeant le but de cet attrait', est tout aussi peu légitime que cette vertu chimérique qui veut que l'homme se conserve 'dans un état de pureté angélique'. Les libertins s'adonnent à une luxure stérile et ont pour philosophie de 'séparer la fin des moyens': ils ont oublié qu''il ne faut rien perdre de ce qui peut avoir son utilité' (*Rêve de d'Alembert, OPh*, p.301). Les 'actions solitaires' donnent 'du moins du plaisir à l'individu' (p.376) mais, comme l'homosexualité, elles représentent 'un plaisir sans utilité' (p.379). Libertinage et 'célibat' sont également 'anti-physiques' (*Fragments échappés, OC*, x.86) et également inconnus à Tahiti. Dans la société, ils sont facteurs de corruption: 'moins il y a de gens mariés, moins il y a de fidélité dans les mariages'[50] et, si on affiche 'l'incontinence publiquement, ce vice se répandra sur tout, même sur le goût'.[51] Pour le Tahitien comme pour l'homme conséquent des sociétés policées, une seule attitude est vraiment conforme aux injonctions de la nature: la 'chasteté'. Elle est 'une des suites naturelles de l'innocence' et 'tient beaucoup à la tranquillité du tempérament': c'est 'l'abstinence des plaisirs

---

47. *Introduction aux grands principes, OC*, v.205.
48. *Histoire des deux Indes*, livre II, ch.1; *OC*, xv.435.
49. Article 'Chasteté', *Encyclopédie, OC*, xv.178. C'est nous qui soulignons.
50. Article 'Célibat', *Encyclopédie, OC*, xv.154.
51. Article 'Continence', *Encyclopédie, OC*, xv.198-99.

de l'amour, *hors des cas légitimes'*.[52] La 'Vénus féconde' (*Supplément*, *OPh*, p.489) de Tahiti et la mère de famille européenne ne sont guère différentes: elles ne séparent jamais 'la fin des moyens',[53] elles sont également 'chastes'. La volupté tahitienne n'est que l'envers exotique de l'"heureuse médiocrité' (*Fragments échappés*, *OC*, x.71) de jouissances dont Diderot rêve pour la société nouvelle qu'il décrit dans ses textes pour Catherine II ou l'abbé Raynal. A Tahiti comme en Europe, la volupté ne saurait se concevoir sans la maternité. Une fois de plus, les philosophes empruntent une voie familière à leurs plus rudes adversaires: les considérations morales propres à la religion chrétienne ont fait place à des arguments strictement économiques[54] mais, dans les deux cas, l'enfant reste le véritable enjeu de l'amour. L'enfant est 'un bien précieux parce qu'il doit devenir un homme' (*Supplément*, *OPh*, p.485) qui mettra un jour ses bras au service de l'"industrie' nationale et son cœur au service de la patrie; la femme européenne, à l'exemple de celle de Tahiti, doit apprendre à 'multiplier' les forces vives de la nation, à accroître simultanément le bien-être familial et la prospérité collective.

A Tahiti, l'enfant fait partie de la 'dot' (*OPh*, p.477) des femmes et sa valeur est telle qu'il devient parfois l'objet d'un véritable commerce: 'En repassant de la cabane de son mari dans celle de ses parents, une femme emmène avec elle ses enfants qu'elle avait apportés en dot: on partage ceux qui sont nés pendant la cohabitation commune; et l'on compense, autant qu'il est possible, les mâles par les femelles, en sorte qu'il reste à chacun à peu près un nombre égal de filles et de garçons' (*OPh*, p.485). Orou avoue d'ailleurs qu'à Tahiti 'il s'est établi une circulation d'hommes, de femmes et d'enfants, ou de bras de tout âge et de toute fonction' (*OPh*, p.494) qui peut surprendre quiconque croyait que l'on avait évité dans la Nouvelle Cythère chère à Bougainville de confondre 'la chose qui n'a ni sensibilité, ni pensée, ni désir, ni volonté; qu'on quitte, qu'on prend, qu'on garde, qu'on échange sans qu'elle souffre [...] avec la chose qui ne s'échange point, qui ne s'acquiert point; qui a liberté, volonté, désir' (*OPh*, p.480). L'enfant n'est-il donc à Tahiti qu'un 'effet de commerce'? N'a-t-il qu'une valeur d'échange? Orou, loin de déplorer cet état de choses, le revendique au contraire. Nulle part, explique-t-il à l'aumônier, il n'y a de père qui, 'sans la honte qui le retient, n'aimât mieux perdre son enfant', de mari qui 'n'aimât mieux perdre sa femme, que sa fortune et l'aisance de toute sa vie' (*OPh*, p.499). Seul l'"intérêt', aussi choquant que cela puisse paraître à un esprit

52. *Introduction aux grands principes*, *OC*, v.205. C'est nous qui soulignons.
53. Article 'Chasteté', *Encyclopédie*, *OC*, xv.178.
54. Arguments économiques qui se 'naturaliseront' au dix-neuvième siècle au point de servir de fondements à une nouvelle morale tout aussi contraignante que celle à laquelle elle avait prétendu se substituer.

pénétré de morale chrétienne, peut faire de l'enfant, et de l'homme en général, une *valeur*, non seulement économique, mais morale et affective: 'Sois sûr que partout où l'homme sera attaché à la conservation de son semblable comme à son lit, à sa santé, à son repos, à sa cabane, à ses fruits, à ses champs, il fera pour lui tout ce qu'il est possible de faire.'

En Europe, le paysan 'qui excède sa femme pour soulager son cheval, laisse périr son enfant sans secours, et appelle le médecin pour son bœuf' car, dans les sociétés policées, on ne regarde pas suffisamment la naissance d'un enfant 'comme un accroissement de richesse pour la nation', de sorte qu'elle est le plus souvent 'un accroissement d'indigence dans la famille' (*OPh*, p.510). Il faut que les Européens comprennent que les 'cinq mille enfants exposés tous les ans à Paris peuvent devenir une pépinière de soldats, de matelots et d'agriculteurs' et, de ce fait, admettent la nécessité de 'veiller à la conservation des enfants par une attention spéciale sur les pères, sur les mères et sur les nourrices'.[55] Reconnaître à l'enfant une valeur économique, voir en lui une future force de production, c'est, plus sûrement que par toute 'fanfaronnade de vertu' (*Supplément, OPh*, p.499), lui assurer une vie digne et décente: 'Un enfant est un bien précieux, parce qu'il doit devenir un homme; aussi, en avons-nous un tout autre soin que de nos plantes et de nos animaux' (*OPh*, p.485).

C'est ce qu'explique Orou à l'aumônier avant de préciser que, les enfants étant 'longtemps à charge avant que de rendre service', les Tahitiens consacrent 'une sixième partie de tous les fruits du pays' à l'"entretien' des enfants. En encourageant par ces aides la 'population', on assure par la même occasion la 'conservation des enfants'. Et l'homme que l'on respecte ainsi en tout enfant sauvegarde une dignité que la vieille Europe ne lui reconnaît plus lorsqu'il touche au terme de ses jours: à Tahiti, on veille aussi à la 'subsistance des vieillards', ce qui n'est qu'une manière 'd'*intéresser* au respect dû à la vieillesse' (c'est nous qui soulignons). 'Intéresser': le mot est à prendre dans son sens économique *et* moral. Il n'y a qu'à Tahiti 'que les pleurs trempent la couche d'un enfant qui souffre', 'que les mères sont soignées dans la maladie' et 'qu'on prise une femme féconde': on s'*intéresse* à l'"institution' de tous les individus, parce que 'leur conservation est toujours un accroissement, et leur perte toujours une diminution de fortune' (*OPh*, p.499).

La société du 'luxe' bafoue chaque jour la morale qu'elle s'est pourtant donnée: l'homme devrait être tout et il n'est rien. Dans cette société prétendument vertueuse, on use et abuse des hommes; seule la 'naissance' peut expliquer l'intérêt tout relatif que la société prend parfois à l'"entretien' de certains de ses enfants. La société de l'"aisance' veut au contraire assurer son développement

---

55. Article 'Homme', *Encyclopédie, OC*, XV.275.

par la multiplication et la diversité des talents. Elle fait de l'humain une valeur et prétend réconcilier par là-même le bien-être individuel et le bonheur général.

### iii. Sexualité tahitienne et libertés

> Entre les objets que la nature offre de toutes parts à nos désirs, vous qui avez une âme, dites-moi, y-en-a-t-il un plus digne de notre poursuite, dont la possession et la jouissance puissent nous rendre aussi heureux, que celles de l'être qui pense et sent comme vous, qui a les mêmes idées, qui éprouve la même chaleur, les mêmes transports [...].[56]

La 'possession' toute momentanée d'un 'être qui pense et sent comme vous' et 'dont les caresses seront suivies de l'existence d'un nouvel être qui sera semblable à l'un de vous' est légitime puisqu'elle favorise les desseins de la nature. Mais 'possession' n'est pas 'propriété',[57] 'la véritable notion de propriété entraînant le droit d'us et d'abus' (*Fragments échappés*, *OC*, x.77). Les hommes, enfants sauvages de la nature, 'n'ont renoncé à une portion de l'indépendance dans laquelle la nature les a fait naître que pour s'assurer les avantages qui résultent de leur soumission à une autorité légitime et raisonnable'.[58] Ils ont établi entre eux 'un ordre de subordination' qui se doit d'assujettir les uns 'par raison et avec mesure, et non pas aveuglément et sans réserve' et interdire aux autres d'exercer, tel Dieu, un pouvoir 'aussi jaloux qu'absolu':[59] 'Jamais un homme n'a pu permettre par un pacte ou par un serment à un autre homme quel qu'il soit, d'user et d'abuser de lui' (*Fragments échappés*, *OC*, x.77).

La 'liberté' des hommes dans la société est la continuation de l'"indépendance" naturelle dont ils n'ont consenti à aliéner qu'une 'portion'.[60] Le 'caractère distinctif de l'homme', c'est la 'propriété de soi', 'principe de [ses] vices et de [ses] vertus': sans elle, sans 'la liberté ou la propriété de son corps et la jouissance de son esprit', il ne saurait être 'ni époux, ni père, ni parent, ni ami'.[61] Toute société, tout 'contrat' doit respecter les 'trois sortes de liberté', la 'liberté naturelle, la liberté civile, la liberté politique, c'est à dire la liberté de l'homme, celle du citoyen et celle d'un peuple'. De l'*Encyclopédie* à l'*Histoire des deux Indes*,

---

56. Article 'Jouissance', *Encyclopédie*, *OC*, xv.319.
57. Sade, p.221-22, fait une distinction comparable: la 'jouissance est naturelle'; l'homme peut contraindre 'momentanément' son semblable car il ne s'agit que 'de jouissance et non de propriété'.
58. Article 'Pouvoir', *Encyclopédie*, *OP*, p.35.
59. Article 'Autorité politique', *Encyclopédie*, *OP*, p.11.
60. Article 'Pouvoir', *Encyclopédie*, *OP*, p.35.
61. *Histoire des deux Indes*, livre XI, ch.24; *OC*, xv.501.

la leçon reste identique:[62] 'jamais un homme ne peut être la propriété d'un souverain, un enfant la propriété d'un père, une femme la propriété de son mari, un domestique la propriété d'un maître, un nègre la propriété d'un colon'.[63] La dénonciation, non sans nuances ni ambiguïtés, de l'oppression masculine dans la société, la condamnation, en revanche sans appel, de l'esclavage et des abus de la colonisation, la lutte ouverte, enfin, contre tous les despotismes, ont pour dénominateur commun la définition d'une liberté qui est, d'abord, 'propriété de soi'.[64] Définition commune au dix-huitième siècle: Adario expliquait déjà à La Hontan ce que seraient la réaction indignée et l'incompréhension de sa fille s'il voulait exercer sur elle une autorité paternelle pourtant considérée comme légitime dans les sociétés policées: 'Père, à quoi penses-tu? Suis-je ton esclave? Ne dois-je pas jouir de ma liberté? Dois-je me marier pour toi? Epouserai-je un homme qui me déplaît pour te satisfaire? Comment pourrai-je souffrir un époux qui achète mon corps à mon père et comment pourrai-je estimer un père qui vend sa fille à un brutal?'[65]

*L'An 2440* précise qu''aucun homme par la loi de nature n'est soumis à un autre homme, qu'aucun ne naît esclave, que les rois naissent hommes et non pas rois' (p.346). A la fin du siècle, enfin, Sade reprend la distinction que le *Supplément au voyage de Bougainville* faisait entre la possession de 'la chose qui n'a ni sensibilité, ni pensée, ni désir, ni volonté, qu'on quitte, qu'on prend, qu'on garde, qu'on échange sans qu'elle souffre et sans qu'elle se plaigne, avec la chose qui ne s'échange point, qui ne s'acquiert point, qui a liberté, volonté, désir; qui peut se donner ou se refuser pour un moment, se donner ou se refuser pour toujours; qui se plaint et qui souffre; et qui ne saurait devenir un effet de commerce, sans qu'on oublie son caractère et qu'on fasse violence à la nature' (*Supplément*, OPh, p.480): 'L'acte de possession ne peut être exercé que sur un immeuble ou sur un animal; jamais il ne peut l'être sur un individu qui nous ressemble'; 'Jamais un acte de possession ne peut être exercé sur un être libre; il est aussi injuste de posséder exclusivement une femme qu'il l'est de posséder des esclaves; tous les hommes sont nés libres, tous sont égaux en droit' (*La Philosophie dans le boudoir*, p.220-21).

---

62. Elle gagne néanmoins en virulence et clarté au fil des ans. Dans l'article 'Autorité politique' de l'*Encyclopédie*, Diderot était contraint de faire appel à la toute puissance divine pour justifier, d'une façon inattendue, la liberté civile et politique: 'l'homme ne doit, ni ne peut se donner entièrement et sans réserve à un autre homme, parce qu'il a un maître supérieur au-dessus de tout, à qui seul il appartient tout entier' (*OP*, p.11). Il saura se passer par la suite de cet argument théologique.
63. *Fragments échappés*, OC, x.77; voir aussi *Histoire des deux Indes*, livre X, ch.24; OC, xv.504.
64. *Histoire des deux Indes*, livre X, ch.24; OC, xv.501.
65. *Dialogues avec un sauvage*, p.152. 'L'homme n'a pas le droit de se vendre' (*Histoire des deux Indes*, livre XI, ch.24; OC, xv.505), dit aussi Diderot.

Mais la femme, 'soumise dans les pays policés', n'est-elle pas 'dans l'oppression, chez les nations sauvages'?[66] Il est à noter que 'partout, excepté aux Iles Mariannes, on a trouvé la femme soumise à l'homme. Cette exception [...] est contraire à une loi bien connue, générale et constante de la nature'[67] et dans 'presque toutes les contrées la cruauté des lois civiles s'est réunie contre les femmes à la cruauté de la nature' (*OC*, x.44). La 'cruauté' de la nature envers les femmes n'est d'ailleurs, en toute logique, qu'une suite naturelle de l'inégalité naturelle qui règne entre les sexes ou, plus généralement, entre les forts et les faibles: 'la faiblesse est toujours tyrannisée, pour prix de la protection qu'on lui accorde'.[68] Mais la 'nature' peut-elle, en même temps, cautionner l'inégalité des forces physiques et proclamer le caractère inaliénable de la personne de chaque individu? Comment la 'nature' peut-elle être naturellement inégalitaire et revendiquer dans le même temps ce 'droit', non moins naturel, 'que la nature a donné à tout homme de disposer de soi à sa volonté'? Le 'modèle de compétence'[69] que s'est forgé la bourgeoisie qui va prendre le pouvoir après 1789 est, à dessein, plurivoque et ce sont les nécessités du combat présent qui décident de l'accent à mettre sur tel ou tel aspect du 'modèle idéal'. Diderot revendique l'égalité politique de tous les citoyens mais entend sauvegarder l'inégalité économique des talents dans la société du 'mérite'. La 'nature' doit pouvoir rendre compte de ces deux nécessités. L'historique de l'esclavage que Diderot compose pour l'*Histoire des deux Indes* est à ce sujet éclairant. Dans 'les premiers âges', 'les hommes étaient tous égaux, mais cette égalité naturelle ne dura pas longtemps': elle est, on le voit, plus ontologique qu'historique. Bientôt, en effet, alors qu''il n'y avait pas encore de gouvernement régulier établi pour maintenir l'ordre social, [...] les plus forts et les plus adroits s'emparèrent bientôt des meilleurs terrains et les plus faibles et les plus bornés furent réduits à se soumettre à ceux qui pouvaient les nourrir ou les défendre.'[70] Il s'établit alors – pour la femme envers son époux, le domestique envers son maître – une 'dépendance' tout à fait 'tolérable' puisque naturelle. La diversité des conditions dans la société n'est que la survivance de cette subordination 'tolérable'. Vint ensuite un temps où ceux qui commandaient s'accoutumèrent aisément à se croire d'une nature supérieure à ceux qui leur obéissaient', qu'ils regardèrent bientôt 'comme des esclaves'. La 'dépendance' naturelle n'est pas la 'subordination' totale qui entraîne 'le droit d'us et d'abus' (*Fragments échappés*, *OC*, x.77). L'homme, pour assurer sa défense, a confié une part de sa liberté originelle à

---

66. 'Sur les femmes', article de la *Correspondance littéraire* du 1er juillet 1772; *OC*, x.46-47.
67. *OC*, x.46. Voir aussi *Histoire des deux Indes*, livre VI, ch.22; *OC*, xv.473.
68. *Histoire des deux Indes*, livre XI, ch.24; *OC*, xv.501.
69. Voir 'La construction du modèle idéal'.
70. *Histoire des deux Indes*, livre XI, ch.24; Benot, p.184; Goggi ii.219-20.

un homme plus fort ou plus intelligent mais, en aucun cas, il 'ne doit ni ne peut se donner entièrement et sans réserve à un autre homme'.[71] Ce n'est pas la subordination qui est condamnable, c'est son excès. La subordination de la femme à l'homme est 'tolérable' tant qu'elle n'est pas soumission absolue à un pouvoir tyrannique. Elle est même souhaitable si l'on veut éviter que 'l'inconstance qui n'aurait aucune suite fâcheuse chez la plupart des peuples sauvages [n']influe sur la tranquillité domestique et sur le bonheur chez les peuples policés'.[72] En effet, lorsque le confort matériel augmente, la force physique perd de son importance et, peu à peu, le sort des femmes s'améliore jusqu'à ce qu'elles 'deviennent l'âme de tous les plaisirs, et le mobile des affaires les plus importantes' (*OC*, xv.478). La 'liberté de l'état de nature' renaît alors mais le poids du passé et des habitudes de pensée est tel que la liberté originelle n'est plus que licence préjudiciable à l'équilibre de la société. Nous avons vu[73] comment le mariage et la fidélité, naturellement ineptes, étaient devenus socialement nécessaires. Le statut de la femme est donc révélateur des rapports de pouvoir et de soumission tels que les conçoit Diderot: la figure de l''éleuthéromane' ennemi de tout 'contrat' du 'dithyrambe' de 1772 n'est que le masque carnavalesque dont s'affuble un esprit d'abord soucieux que s'établisse entre les hommes un 'ordre de subordination'.[74]

Les 'conventions' que les hommes ont établies entre eux ne sont donc là que pour prévenir les 'suites fâcheuses'[75] – et elles ne le sont donc pas toutes – de l'inégalité naturelle. L'esclavage, qui réduit l'homme à la condition vile de celui qui 'a perdu la propriété de sa personne et dont un maître peut disposer comme de sa chose',[76] est condamnable sans restriction aucune. Diderot prend la parole dans l'*Histoire des deux Indes* pour radicaliser une pensée anti-esclavagiste dont les prises de positions humanistes n'étaient souvent que l'alibi de vues cyniquement mercantiles.[77]

Il tient à proclamer haut et fort qu''il n'est point de raison d'Etat qui puisse autoriser l'esclavage' et il entend 'citer au tribunal de la lumière et de la justice éternelles les gouvernements qui tolèrent cette cruauté, ou qui ne rougissent pas même d'en faire la base de leur puissance'.[78] Bientôt les 'enfants vexés, opprimés, tourmentés' de la nature se délivreront dans le sang du 'joug sacrilège qui les opprime' et 'on bénira le nom du héros qui aura rétabli les droits de

71. Article 'Autorité politique', *Encyclopédie*, *OP*, p.11.
72. *Histoire des deux Indes*, livre VII, ch.7; *OC*, xv.479.
73. Voir 'Sexualité tahitienne et morale bourgeoise'.
74. Article 'Autorité politique', *Encyclopédie*, *OP*, p.11.
75. *Suite de l'Apologie de l'abbé de Prades*, *OC*, ii.647.
76. *Histoire des deux Indes*, livre XI, ch.24; Benot, p.184; Goggi ii.219.
77. Voir, à titre d'exemple, les chapitres 22 et 23 du livre XI (Maspero, p.173ss).
78. Livre XI, ch.24; Goggi ii.219; Benot, p.184.

l'espèce humaine' (Goggi ii.243-44; Benot, p.202).

En Russie l'esclavage subsiste sous le nom de servage. Le serf est un homme avili qui 'néglige jusqu'à lui-même dont il n'a pas la propriété' comme 'un locataire qui laisse dégrader une maison qui ne lui appartient pas' (*Mémoires*, p.196). On s'est souvent étonné, à juste titre, du silence de Diderot sur l'insurrection de Pougatchev, qui constitue en 1773, pendant le séjour du philosophe à la cour de Catherine II, 'la plus spectaculaire manifestation de mécontentement social qu'ait connu l'Europe à cette époque'.[79] Il est vrai que Diderot n'évoque jamais la révolte présente ni le nom de son instigateur mais les *Observations sur le Nakaz* n'en sont pas moins claires: 'Il y a un excellent moyen de prévenir la révolte des serfs contre leurs maîtres: c'est qu'il n'y ait point de serfs' (p.407; voir aussi p.406).

Un peuple, comme un homme, peut être 'serf' quand il est 'soumis à la volonté d'un autre peuple qui peut disposer à son gré de son gouvernement, de ses lois, de son commerce, l'imposer comme il lui plaît, limiter son industrie et l'enchaîner par des prohibitions arbitraires'.[80] Les Américains ont donc eu raison de se révolter contre ceux qui voulaient les maintenir dans la soumission et ils ont fait un usage légitime de ce 'droit inaliénable et naturel de l'homme qu'on opprime, et même de l'homme qu'on n'opprime pas' (*OC*, xv.538). Mais Diderot ne s'en tient pas à la légitimation de l'"indépendance' des colonies par rapport à la mère patrie: de manière plus générale, les possessions européennes dans le Nouveau Monde sont appelées à prendre un jour leur liberté légitime. Les colons qui n'avaient 'aucun droit sur les productions insensibles et brutes de la terre' où ils abordaient, s'en sont arrogés de plus injustifiables encore sur l'homme, leur semblable, en qui ils n'ont voulu voir 'qu'un esclave, une bête de somme' (livre VIII, ch.1; *OC*, xv.481). C'est en toute légitimité que, 'sans blesser les lois de l'humanité et de la justice', ces peuples opprimés, inhumainement – dans toutes les acceptions du terme – asservis, pourront 'expulser', 'exterminer' ceux qui se sont emparés 'de [leurs] femmes, de [leurs] enfants, de [leurs] propriétés', qui ont prétendu leur donner des lois et en faire leurs 'esclaves' (*OC*, xv.480).

Anti-esclavagisme, anti-colonialisme, condamnation de la servitude en Russie: l'asservissement serait-il une spécialité exotique? Non, 'la plupart des nations sont dans les fers' et 'on ne connaît guère de région où un homme puisse se flatter d'être le maître de sa personne' et 'en Europe, comme en Amérique, les peuples sont esclaves' (livre XI, ch.24; *OC*, xv.506). Quoiqu'une société d'hommes [ne soit] pas un troupeau de bêtes: les traiter de la même manière,

---

79. M. Anderson, *L'Europe au XVIIIe siècle*, p.35.
80. *Histoire des deux Indes*, livre XVIII, ch.42; *OC*, xv.539-40.

c'est insulter à l'espèce humaine', on voit partout les 'souverains vendre leurs sujets et s'entrechanger des contrées' (*Essai*, *OC*, xiii.507). L'homme qui, 'par son travail', prit 'possession d'un espace de terre en friche', fit 'une ceinture à l'espace cultivé qu'il appela sien' et s'accoutuma peu à peu 'à se regarder comme chez soi au dedans cette ceinture' (*Mémoires*, p.239); il s'était ménagé ainsi un espace de liberté qui devait être à la fois le signe et le symbole de la liberté essentielle de celui qui est son propre maître. Diderot reconnaît qu'il est des cas d'urgence extrême – pendant une pénurie alimentaire, par exemple – où le droit de propriété peut être limité 'quand il s'agit d'affaire publique, d'utilité générale' (*Apologie de l'abbé Galiani*, *OP*, p.85): 'Si un homme avait chez lui un coffre plein de quinquina et qu'il ne voulût en vendre à ses concitoyens attaqués d'une fièvre épidémique qu'à un certain prix qui serait au-dessus de leurs moyens, parce que l'étranger lui en offrirait davantage, que ce quinquina lui appartient et qu'il ne doit le sacrifice de son intérêt personnel à personne, on enfoncerait les portes de cet homme, on briserait son coffre, on mettrait à côté l'argent du quinquina qu'on prendrait, et l'on ferait bien' (p.121).

Il ne faut pas que 'la propriété de quelques particuliers croisant sans cesse les vues générales' (p.99) ne mène une nation à sa ruine. Mais, en dehors de ces cas extrêmes, le 'droit de propriété' devrait être 'sacré': 'Il faut qu'un particulier puisse laisser sa terre en friche, si cela lui convient, sans que l'administration ni la police s'en mêle' (*Fragments échappés*, *OC*, x.76). Il ne faut pas abuser du 'prétexte de l'utilité générale' au risque de voir détruire 'toute véritable notion de propriété *et* de liberté' (c'est nous qui soulignons): 'si le gouvernement se constitue juge de l'abus, il ne tardera pas à se constituer juge de l'us' et 'il faut abandonner à l'homme en société, la liberté d'être un mauvais citoyen en ce point':[81] 'Personne n'entend mieux l'intérêt d'un négociant que lui-même; au moment où quelque autorité se mêle de le diriger ou par des leçons ou par des lois, tout est perdu.'[82]

Toute intervention de l'Etat est néfaste et inutile là 'où la nature a constitué un despote attentif, juste, ferme, éclairé, qui récompense et qui punit toujours avec poids et mesure: l'intérêt, sans cesse favorable à ceux qui le consultent sagement, jamais cruel que pour ceux qui l'entendent mal'. Il n'y a hélas guère qu'en Hollande que le citoyen est 'maître chez soi' et que 'la liberté civile [...] met tous les habitants de niveau' (*OC*, xi.377). Partout ailleurs, même en Europe, le 'droit de propriété n'est qu'une chimère' (*Apologie de l'abbé Galiani*, *OP*, p.90): 'On me fait prendre le mousquet, on m'ôte la liberté, on m'enferme sur un soupçon, on coupe mon champ en deux, on renverse ma maison, on me ruine

---

81. *Histoire des deux Indes*, livre IX, ch.28; *OC*, xv.488-89.
82. *Voyage en Hollande*, *OC*, xi.361.

en me déplaçant, on abandonne ma moisson aux animaux, on vide ma bourse par un impôt absurde, on expose ma vie, ma fortune, par une guerre folle' (*OP*, p.85).

'L'impôt territorial' que Catherine II envisage d'instituer en Russie entraînerait 'une parfaite connaissance de toutes les ressources des sujets' et Diderot lui avoue qu'il ne serait pas fâché 'qu'il y ait beaucoup de richesses occultes' (*Observations*, *OP*, p.447). Il est évident que la propriété bourgeoise défend ici ses droits mais remarquons combien Diderot prend soin de ne pas distinguer ce qui est atteinte à la propriété des biens et remise en question des libertés essentielles: dans la revendication maintes fois réitérée d'une propriété enfin 'universelle et sacrée',[83] ce sont toutes les libertés de l'homme en société qui sont en jeu: 'c'est un crime que de faire la moindre violence à un particulier dans sa maison' et l'inviolabilité de la propriété va de pair avec la 'liberté de penser, de parler et d'écrire' (*Voyage en Hollande*, *OC*, xi.377). Le sanctuaire de la propriété devrait être le meilleur rempart contre tous les despotismes mais on ne connaît 'guère de régions où un homme puisse se flatter d'être le maître de sa personne, de disposer à son gré de son héritage, de jouir paisiblement des fruits de son industrie'.[84]

'Hommes, vous êtes tous frères. Jusques à quand différerez-vous à vous reconnaître?' (livre XI, ch.9; *OC*, xv.496), s'interroge le collaborateur de l'*Histoire des deux Indes*. 'Vous êtes deux enfants de la nature; quel droit as-tu sur lui qu'il n'ait pas sur toi?' (*OPh*, p.468), demande le vieillard du *Supplément au voyage de Bougainville* au cruel Européen qui prétend 'asservir' les Tahitiens et qui a enfoui dans leur terre 'le titre de [leur] futur esclavage' (*OPh*, p.467). En Europe, 'un homme appartient à une femme, et n'appartient qu'à elle; une femme appartient à un homme, et n'appartient qu'à lui' (*OPh*, p.479). Ces 'préceptes singuliers', on les trouve à Tahiti 'opposés à la nature, contraires à la raison' parce qu''ils supposent qu'un être sentant, pensant et libre, peut être la propriété d'un être semblable à lui' (*OPh*, p.480). En associant au sacrement du mariage la notion d'une propriété exclusive de l'humain, les Européens ont introduit parmi eux un système pernicieux de 'subordination' que l'on retrouve à tous les niveaux de l'organisation sociale. Le collectivisme sexuel tahitien, c'est le 'modèle idéal' que Diderot se donne, non pour promouvoir une société de licence sexuelle, mais pour mieux comprendre ce qui 'viole la nature' dans le principe de tous les despotismes, qu'ils soient économique, politique ou sexuel. Le Tahitien, 'ni troublé ni distrait dans ses jouissances' (*OPh*, p.507), est la figure 'idéale' du propriétaire enfin débarrassé des tracasseries de l'administration, du

---

83. *Histoire des deux Indes*, livre IX, ch.28; *OC*, xv.489.
84. *Histoire des deux Indes*, livre XI, ch.24; *OC*, xv.506.

citoyen enfin libre de penser et d'agir comme bon lui semble, de l'esclave noir ou du serf russe enfin libéré de ses chaînes, de l'indigène enfin maître d'un destin que le colonisateur prétendait lui imposer. Néanmoins, si la nature n'a jamais prétendu forcer l'homme à 'se livrer sans réserve à des maîtres arbitraires',[85] toute subordination, nous l'avons vu, n'est pas illégitime. Il est des formes de 'dépendance' 'tolérable'[86] dans l'intérêt même de la société et, si les filles d'Orou 'sont à elles' et 'se donnent', il n'en reste pas moins qu'elles 'appartiennent' à leur père qui les 'offre' à l'aumônier (*Supplément*, *OPh*, p.476) … De tous les despotismes, le despotisme paternel, ou plus généralement masculin, est décidément le moins insupportable aux yeux du père de madame de Vandeul.

## iv. Sexualité tahitienne et justice

Comment se fait-il, demande 'A' au cours du 'dialogue' qui clôture le *Supplément au voyage de Bougainville*, que 'le plus grand, le plus doux, le plus innocent des plaisirs soit devenu la source la plus féconde' (*OPh*, p.509) de la dépravation des mœurs européennes? 'B', qui a su écouter ce qu'Orou 'a fait entendre dix fois à l'aumônier', rappelle que c'est en convertissant 'la possession de la femme en une propriété', en surchargeant le mariage d'une infinité de 'conditions' et de 'formalités' que la société a fait naître 'des vertus et des vices imaginaires' (*OPh*, p.507). Quand 'la jouissance furtive fut regardée comme un vol', l'impulsion naturelle' (*OPh*, p.509) qui pousse les deux sexes l'un vers l'autre fut contrariée par l'instauration de toute une série de 'barrières' – 'les termes pudeur, retenue, bienséance', par exemple – destinées à empêcher les hommes et les femmes à 's'inviter réciproquement à la violation des lois qu'on leur avait imposées'. Mais, Fourier le répétera plus tard, 'partout où il y a défense, il faut qu'on soit tenté de faire la chose défendue et qu'on la fasse' (*OPh*, p.498): les 'barrières' instituées par les hommes pour combattre l'énergie de nature 'produisirent souvent un effet contraire, en échauffant l'imagination et en irritant les désirs' (*OPh*, p.508). La société policée, où chacun tente de satisfaire la nature sans outrager publiquement les lois, est devenue 'un ramas ou d'hypocrites qui foulent secrètement aux pieds les lois; ou d'infortunés, qui sont eux-mêmes les instruments de leur supplice, en s'y soumettant; ou d'imbéciles, en qui le préjugé a tout à fait étouffé la voix de la nature' (*OPh*, p.484): 'on se blâme, on s'accuse, on se suspecte, on se tyrannise, on est envieux, on est jaloux, on se trompe, on

85. Article 'Pouvoir', *Encyclopédie*, *OP*, p.35.
86. *Histoire des deux Indes*, livre XI, ch.24; Goggi ii.219; Benot, p.184.

s'afflige, on se cache, on dissimule, on s'épie, on se surprend, on se querelle, on ment' (*OPh*, p.483-84).

Dépravés ou malheureux, il est impossible que les hommes soient vertueux. Il leur faut 'tantôt fouler aux pieds la nature pour obéir aux institutions sociales, et les institutions sociales pour se conformer aux préceptes de la religion'.[87] Du fait de cette contradiction, ils ne sont jamais 'ni hommes, ni citoyens, ni pieux'.[88] La nature seule pourtant 'a fait de bonnes lois de toute éternité'[89] et est 'autrement sacrée que la raison d'un législateur' (*OPh*, p.436) qui n'a peut-être écouté que la voix de son intérêt ou de son caprice. On ne pourra indéfiniment 'assujettir un peuple à une règle qui ne convient qu'à quelques hommes mélancoliques' et les 'folies' de la religion ne pourront 'tenir contre l'impulsion constante de la nature, qui nous ramène sous sa loi'.[90] Tahiti fournit l'exemple 'idéal' d'une société où on a heureusement omis 'd'attacher des idées morales à certaines actions physiques qui n'en comportent pas' (*Supplément*, *OPh*, p.455) – et où il n'est pas nécessaire de renoncer à la nature pour 'plaire au prêtre' et 'satisfaire le magistrat' (*OPh*, p.481).

Comme le remarque également Morelly dans son *Code de la nature*, 'le funeste torrent de toute dépravation est creusé depuis longtemps' (p.100). La société est seule responsable des maux dont elle s'est accablée, comme à plaisir; l'homme, en revanche, n'est que 'très accidentellement ou conditionnellement méchant. Otez la condition et les causes qui, pour la plupart, ne dépendent pas de lui, il ne peut être pervers, ni souhaiter, ni continuer de l'être' (p.103). Fourier explique un demi-siècle plus tard que la 'rareté des plaisirs' fait que 'l'attraction, trop longtemps privée, se change en fougue déraisonnable' (*Vers la liberté en amour*, p.166): l''excès' est donc 'inhérent à la rareté des plaisirs civilisés' (p.167) et, en 'proscrivant l'essor légal et l'emploi social de l'amour', 'on a quadruplé son influence et rompu toute proportion' (p.72). Diderot ne goûta guère les 'rêveries' d'un Restif de La Bretonne – dont on peut dire qu'il fut le Fourier du dix-huitième siècle par sa rage classificatrice et taxinomiste – occupé 'à évaluer les gueuses d'un royaume, à les classer, à dresser un tarif du prix de leurs charmes'.[91] Mais il n'est pas éloigné de penser, avec Fourier, qu'il faut 'donner aux passions le plus grand essor conciliable avec l'ordre public' (*Vers la liberté*, p.184). *Le Temple du bonheur* nous présente le cas d'un homme

---

87. *Histoire des deux Indes*, livre XIX, ch.14; *OC*, xv.572.
88. *OC*, xv.573. Sur la contradiction des 'trois codes', voir aussi *Pages contre un tyran*, *OP*, p.142; *Mémoires*, p.106-107; *Observations*, *OP*, p.371, 389; *Supplément*, *OPh*, p.481, 505; *Histoire des deux Indes*, livre II, ch.12; *OC*, xv.437.
89. *Entretien d'un père avec ses enfants*, *OPh*, p.430.
90. *Entretien d'un philosophe avec la Maréchale de \*\*\**, *OPh*, p.538.
91. 'A propos du *Pornographe*' (1769); *OC*, viii.279.

'si malheureusement né, si violemment entraîné par l'avarice, l'ambition, l'amour désordonné des femmes' qu'on le condamnerait 'au malheur' si on lui prescrivait 'une lutte continuelle contre sa passion dominante' (*OC*, viii.168). Diderot n'irait sans doute pas, comme Fourier, jusqu'à recommander à la société d'exploiter les 'inclinations sanguinaires' d'un Néron pour en faire 'un très habile boucher' (p.184) mais il a 'de tout temps été l'apologiste des passions fortes', convaincu que, si 'les actions atroces, qui déshonorent notre nature, sont commises par elles, c'est par elles aussi qu'on est porté aux tentatives merveilleuses qui la relèvent'.[92] Il lui importe, en tout cas, que les hommes soient toujours 'bien réservés à juger les actions occasionnées par les passions violentes', fruits d'une 'constitution'[93] souvent malheureuse mais toujours naturelle. L'amour, la plus violente de toutes, doit trouver sa juste place dans la société. Convaincu lui aussi que la dépravation naît de la 'rareté des plaisirs' (Fourier, p.166), il se prononce en faveur du divorce pour combattre 'les suites fâcheuses de l'indissolubilité du mariage' qui condamne les êtres au 'libertinage' et pour favoriser 'les bonnes mœurs et la population'.[94] Il ne faut pas craindre de donner de petits 'cours d'anatomie' aux jeunes filles, comme il le fit lui-même à la future madame de Vandeul, pour faire perdre à l'interdit une part de sa fascination: 'C'est ainsi que j'ai coupé racine à la curiosité dans ma fille. Quand elle a tout su, elle n'a plus rien cherché à savoir. Son imagination s'est assoupie et ses mœurs n'en sont restées que plus pures.'[95] La 'générosité' des jeunes Tahitiens envers les 'femmes que la nature a disgraciées' (*Supplément*, *OPh*, p.497) n'est pas sans rappeler enfin la 'charité amoureuse' dont parle Fourier (p.224) afin 'd'assurer aux personnes de tout âge le charme de l'amour aussi pleinement qu'on peut le trouver [...] au bel âge' (p.225).

Dès que 'la femme devint la propriété de l'homme', 'la jouissance furtive fut regardée comme un vol' (*Supplément*, *OPh*, p.507). Mais, d'une certaine manière, c'est la propriété elle-même qui est le vol. Si 'l'opulence est la mère des vices, la misère est la mère des crimes' (*Fragments échappés*, *OC*, x.87). La société, au lieu de prévenir les inconvénients inhérents à toute situation de 'rareté', qu'elle soit amoureuse ou économique, a préféré réprimer les excès qu'elle entraîne. Elle a condamné l'adultère à l'infamie et le voleur à la potence. Est-elle bien juste pourtant, s'interroge le marquis de Sade, 'la loi qui ordonne à celui qui n'a rien de respecter celui qui a tout' (p.213)? L''homme policé vole et tue pour vivre' comme 'le sauvage tue pour manger' (*Fragments échappés*, *OC*, x.87), commente Diderot, qui consacre une place non négligeable aux problèmes de

---

92. Lettre à Sophie Volland du 31 juillet 1762, *Corr.*, iv.81; *LSV*, ii.103.
93. Article 'Affection', *Encyclopédie*, *OC*, xv.14.
94. *Observations*, *OP*, p.436; voir aussi *Mémoires*, p.204.
95. *Mémoires*, p.86; voir aussi *Corr.*, viii.231; *LSV*, iii.184.

la justice dans les *Observations sur le Nakaz* et se passionne pour le *Traité des délits et des peines* de Beccaria,[96] dont il est loin cependant, à l'exemple de son ami Allan Ramsay, de partager l'optimisme humaniste. Diderot veut 'peu de peines capitales: parce qu'un homme a été tué, il n'en faut pas tuer un second' (*Observations*, *OP*, p.374), mais on ne saurait en revanche 'rendre l'appareil des supplices trop effrayant' (p.396); 'les peines infamantes' doivent être évitées car elles condamnent le criminel 'au crime' (*OP*, p.376) mais 'l'inadvertance secrète de la loi' est préférable à 'la promulgation publique de la grâce', laquelle 'montre toujours un être au-dessus de la loi' (*OP*, p.375). Et pour celui qui laisserait 'périr [comme] un chien enragé' les 'Cartouche ou Nivet',[97] l'intérêt général de la société l'emporte, et de loin, sur les considérations purement humanitaires: la peine de mort est surtout inacceptable en ce qu'elle prive la société d'une partie, infime certes, de ses forces vives: 'Quoi donc! est-ce que la main qui a brisé la serrure d'un coffre-fort, ou même enfoncé un poignard dans le sein d'un citoyen n'est plus bonne qu'à être coupée?'[98] Il serait bon de 'fixer un temps, passé lequel certains crimes sinon tous, comme le vol, recherchés pour la réparation du tort commis, ne seraient point châtiés' car la prescription peut épargner à la société la perte d'un criminel repenti et devenu 'bon père, bon époux, bon voisin, bon citoyen' (*Observations*, *OP*, p.374). En revanche, les nations devraient se concerter entre elles afin que le criminel endurci, membre malade d'un corps sain, ne trouve d'asile nulle part. On le voit, la compréhension de l'humaniste côtoie la plus extrême rigueur de celui qui fait du bien collectif un absolu. Mais, à la vérité, qu'elles soient clémentes ou sévères, toutes ces mesures de répression sont, par définition, un aveu d'échec et d'impuissance de la société. Pour 'prévenir les actions contraires à la continence et aux bonnes mœurs', il ne suffit pas de 'châtier' les adultères et les libertins: il faut, d'abord, 'diminuer le nombre des célibataires' (p.373) et éviter que la société ne sécrète elle-même ses propres poisons. De la même façon, la lutte contre le vol et l'assassinat sera inutile tant que subsisteront les causes, essentiellement économiques, de ces crimes: 'La honte et la crainte du blâme, freins d'un petit nombre d'âmes honnêtes, ne formeront jamais l'esprit et les mœurs d'une grande nation. Il faut remplacer ces moyens par la liberté et la sûreté des personnes et des propriétés, par le bonheur' (p.376). 'Voulez-vous prévenir les crimes? Rendez les sujets heureux' (p.401; voir aussi p.372); les Hollandais, seuls, semblent avoir compris la pertinence de ce conseil que Diderot adressait à Catherine II: 'Les crimes sont d'autant plus rares qu'il y a moins de misère.

---

96. Cf. sa correspondance à ce sujet, *Corr.*, v.113ss.
97. *Entretien d'un père avec ses enfants*, *OPh*, p.416.
98. *Histoire des deux Indes*, livre II, ch.12; *OC*, xv.438.

Il y a moins de voleurs en Hollande qu'ailleurs' (*Voyage en Hollande*, OC, xi.374).

L'*Encyclopédie* affirmait déjà qu'il serait plus important de travailler à prévenir la misère qu'à 'multiplier des asiles aux misérables'[99] et des prisons aux criminels. Les souverains doivent assurer à tous 'un travail modéré' qui leur permette de 'subvenir aux besoins de la vie' (*OC*, xv.277). Le bonheur, l'"heureuse médiocrité' (*Fragments échappés*, OC, x.71) qui doit être celle de tous, telle est la seule réelle prévention du crime qui naît de l'indigence comme la dépravation naît de la 'rareté des plaisirs' (Fourier, p.166). La société de l'aisance bourgeoise doit prévenir les maux nés de l'envie et de la misère comme la libre sexualité des Tahitiens tendait à restreindre, voire à supprimer, les fâcheuses conséquences de la jalousie et de la 'continence' forcée. Il convient, disait Thomas More, d'éviter d'être comme 'ces mauvais maîtres qui battent leurs écoliers plutôt que de les instruire': il faut 'assurer l'existence à tous les membres de la société, afin que personne ne se trouvât dans la nécessité de voler d'abord et de périr ensuite' puisqu'il est vrai que 'le plus horrible supplice n'empêchera pas de voler celui qui n'a que ce moyen de ne pas mourir de faim' (*L'Utopie*, p.77).

99. Article 'Hôpital', *Encyclopédie*, OC, xv.276-77.

# Conclusion

LE poète 'qui feint', qui 'invente tout', est plus proche de la réalité des choses que ne l'est le philosophe ou l'historien qui, pourtant, raisonne 'd'après les faits'.[1] Le plus souvent, nous 'n'entrevoyons dans la nature qu'un enchaînement d'effets dont les causes nous sont inconnues' alors que la 'marche du drame n'est jamais obscure' (*OE*, p.212). La reconstruction du réel à laquelle se livre le poète est plus révélatrice des 'rapports'[2] cachés qui sont dans les choses que ne l'est la simple exposition des faits. L'utopiste fait de la poésie en politique. Il organise de manière nouvelle et cohérente ce que les sociétés qu'il a sous les yeux lui proposent dans leur diversité historique. Son discours (re)construit le réel et permet d'échapper à la 'concomitance'[3] des faits en mettant à nu la 'multitude des ressorts' qui composent cette belle 'machine appelée société' (*Supplément*, *OPh*, p.512). La 'fiction' a plus d'"analogie' avec la 'vérité' (*OE*, p.219) que ne veulent le croire ceux qui pensent qu'en politique la ligne droite est le plus court chemin d'une idée à l'autre.

Diderot, grand amateur de bonheur 'imaginaire',[4] mais assurément mauvais citoyen du 'meilleur des mondes', a donné 'dans la fable de Tahiti' (*Supplément*, *OPh*, p.464). Face à la multiplicité des modèles, anglais, hollandais ou chinois, qui s'offraient à lui, il a éprouvé le besoin, afin de mieux comprendre ce qui se passait à St-Pétersbourg et à Philadelphie, de se construire un 'modèle idéal de toute vérité'[5] sur l'histoire. L'utopie tahitienne du *Supplément au voyage de Bougainville* n'est pas le programme du bourgeois révolutionnaire qui s'adresse à Catherine II ou aux lecteurs de l'*Histoire des deux Indes*. Il ne s'agit pas de transposer le modèle, de tenter d'acclimater les mœurs de Tahiti à Paris. L'utopie n'est que l'indispensable outil épistémologique dont se dote celui qui veut donner un sens au réel en politique.

La société utopique tahitienne n'a, à première vue, que peu de 'rapports' avec la société bourgeoise du 'mérite' et de l'"industrie' (*Réfutation d'Helvétius*, *OP*, p.474). Mais 'éloignez-vous, tout se recrée et se reproduit' (*Salon* de 1763, *OE*, p.484): la fiction utopique, par l'écart qui la constitue, permet de rapprocher 'des objets qui ne tiennent que par des qualités fort éloignées' (*Les Bijoux*

1. *Discours de la poésie dramatique*, *OE*, p.219.
2. Article 'Beau', *Encyclopédie*, *OE*, p.425.
3. *Discours de la poésie dramatique*, *OE*, p.214.
4. Article 'Imaginaire', *Encyclopédie*, *OC*, xv.282-83.
5. *Discours de la poésie dramatique*, *OE*, p.285.

*indiscrets*, *OC*, i.656). La société naturelle est moins éloignée qu'on pourrait le croire de la 'médiocrité' (*OP*, p.473) de la société bourgeoise où l'aisance de tous doit remplacer l'opulence de quelques-uns. L'indolence du primitif tahitien n'est que la métaphore du repos bien mérité de celui qui a œuvré pour le mieux-être collectif. La liberté sexuelle tahitienne, bien éloignée du strict moralisme bourgeois de celui qui pense, en d'autres lieux, que 'la pudeur et la modestie sont le véritable apanage et la plus belle parure'[6] du sexe féminin, est à l'image d'une société policée où chacun doit avoir 'la propriété de sa personne'[7] et être maître de soi, maître chez soi. La 'Vénus féconde' (*Supplément*, *OPh*, p.489) de Tahiti est la citoyenne 'idéale' d'une société républicaine qui voit déjà en ses fils ses futurs 'soldats de l'An II'.

Le paradis tahitien est décidément 'diablement idéal' (*OC*, viii.168): en politique aussi, c'est par la médiation de l'idée que s'appréhende le vrai et c'est aux antipodes du monde réel que doit s'élaborer le 'modèle idéal' dont ont besoin ces esprits 'qu'il est extrêmement difficile d'étonner' parce qu'ils se sont 'élevés au-dessus des choses faites'.[8] La 'rêvasserie' du philosophe utopiste, si elle a parfois 'tout l'air du délire' (*Rêve de d'Alembert*, *OPh*, p.287), est en fait la seule vraie philosophie 'systématique' (*OPh*, p.313).

6. *Histoire des deux Indes*, livre XIX, ch.14; *OC*, xv.573.
7. Livre XI, ch.24; Benot, p.184; Goggi, ii.219.
8. Article 'Admiration', *Encyclopédie*, *OC*, xv.13.

# Bibliographie

## 1. Œuvres de Diderot

*Œuvres complètes*, éd. J. Assézat et M. Tourneux, Paris 1875-1877
*Œuvres complètes*, éd. R. Lewinter, Paris 1969-1973 [*OC*]
*Œuvres esthétiques*, éd. P. Vernière, Paris 1976 [*OE*]
*Œuvres politiques*, éd. P. Vernière, Paris 1963 [*OP*]
*Œuvres philosophiques*, éd. P. Vernière, Paris 1972 [*OPh*]
*Textes politiques*, éd. Y. Benot, Paris 1971
*Mémoires pour Catherine II*, éd. P. Vernière, Paris 1966 [*Mémoires*]
*Mémoires pour Catherine II*, inédits, présentation E. Lizé, *Dix-huitième siècle* 10 (1978)
*Pensées détachées – Contributions à l'Histoire des deux Indes*, i, éd. Gianluigi Goggi, Siena 1976
*Mélanges et morceaux divers – Contributions à l'Histoire des deux Indes*, ii, éd. Gianluigi Goggi, Siena 1977 [Goggi ii]

*Supplément au voyage de Bougainville*, éd. Chinard, Paris 1935
*Supplément au voyage de Bougainville*, éd. Dieckmann, Genève 1955
*Correspondance*, éd. G. Roth et J. Varloot, Paris 1955-1969 [*Corr.*]
*Lettres à Sophie Volland*, éd. Babelon, Paris 1978 (réédition en offset de l'édition Gallimard, 1930) [*LSV*]
*Correspondance littéraire, philosophique et critique*, par Grimm, Diderot, Raynal, Meister, etc, 1747-1793, éd. M. Tourneux, Paris 1877-1882 (les contributions de Diderot sont répertoriées par R. Lewinter in *OC*)
*Encyclopédie, ou dictionnaire raisonné des sciences, des arts et des métiers par une société de gens de lettres, mis en ordre et publié par M. Diderot* [...], 1751-1765, 17 volumes plus 11 volumes de planches (les articles rédigés par Diderot sont en *OC*, xv)

## 2. Idéologie et utopie: textes d'auteurs, ouvrages et articles critiques

Alatri, Paolo, 'Parlements et lutte politique en France au XVIIIe siècle', *Studies on Voltaire* 151 (1976), p.77-108
Anderson, Matthew, *L'Europe au XVIIIe siècle*, *Histoire de l'Europe*, viii, Paris 1968
Ansart, Pierre, *Les Idéologies politiques*, Paris 1974.
Backes, Jean-Louis, 'Le fonctionnement idéologique des textes', *Revue des sciences humaines* 165 (1977), p.49-57

Baczko, Bronislaw, *Lumières de l'utopie*, Paris 1978
Barthes, Roland, *Mythologies*, Paris 1970
– *Sade, Fourier, Loyola*, Paris 1980
– *Essais critiques*, Paris 1981
Belaval, Yvon, *L'Esthétique sans paradoxe de Diderot*, Paris 1950
Benot, Yves, 'Diderot, Pechmeja, Raynal et l'anticolonialisme, *Europe* (janvier-février 1963), p.137-53

– *Diderot, de l'athéisme à l'anticolonialisme*, Paris 1970

Benrekassa, Georges, 'Dit et non dit idéologique: à propos du *Supplément au voyage de Bougainville*', *Dix-huitième siècle* 5 (1973), p.29-40

– 'Le savoir de la fable et l'utopie du savoir: textes utopiques et recueils politiques 1764-1788', *Littérature* 21 (1976), p.59-78

– 'A propos d'un texte de Rousseau: lieu de l'écriture, place de l'idéologie', *Revue des sciences humaines* 165 (1977), p.75-83

– 'L'article "Jouissance" et l'idéologie érotique de Diderot', *Dix-huitième siècle* 12 (1980), p.9-34

– 'Sphère publique et sphère privée: le romancier et le philosophe interprète des Lumières', *Revue des sciences humaines* 182 (1981), p.7-20

Bougainville, Louis Antoine de, *Voyage autour du monde par la frégate la Boudeuse et la flûte l'Etoile* (1766), Paris 1980

Casini, Paolo, 'La loi naturelle, réflexion politique et sciences exactes', *Studies on Voltaire* 151 (1976), p.417-32

– 'Diderot apologiste de Sénèque', *Dix-huitième siècle* 11 (1979), p.235-48

Cassirer, Ernst, *La Philosophie des Lumières*, Paris 1970

Charbonnel, Paulette, 'Remarques sur la futurologie politique du groupe Holbach-Diderot, 1773-1776', *Studies on Voltaire* 151 (1976), p.449-66

Chartier, Pierre, 'Frère Platon', *Revue des sciences humaines* 182 (1981), p.55-64

Chouillet, Jacques, 'Le mythe d'Ariste ou Diderot face à lui-même', *Revue d'histoire littéraire de la France* 64 (1964), p.565-88

– *La Formation des idées esthétiques de Diderot, 1745-1763*, Paris 1973

– *L'Esthétique des Lumières*, Paris 1974

– 'Des causes propres à l'homme', dans *Approches des Lumières: mélanges offerts à J. Fabre*, Paris 1974, p.53-62

– *Diderot*, Paris 1977

– 'Etat actuel des recherches sur Diderot', *Dix-huitième siècle* 12 (1980), p.443-70 (en collaboration avec Anne-Marie Chouillet)

Cioran, Emile, *Histoire et utopie*, Paris 1960

Cioranescu, Alexandre, *L'Avenir du passé: utopie et littérature*, Paris 1972

*La Cité idéale: visages de l'utopie*, La Quinzaine littéraire, numéro spécial (août 1981)

Clastres, Hélène, 'Sauvages et civilisés au XVIIIe siècle', *Histoire des idéologies*, Paris 1978, iii.209-28

Conroy, William T., *Diderot's Essai sur Sénèque*, Studies on Voltaire 131 (1975)

Delon, Michel, 'La marquise et le philosophe', *Revue des sciences humaines* 182 (1981), p.65-78

Derathé, Robert, *Jean-Jacques Rousseau et la science politique de son temps*, Paris 1970

Deschamps, Dom Léger-Marie, *Le Vrai système ou le mot de l'énigme métaphysique et morale* (1762), éd. Thomas et Venturi, Genève 1963

Desroches, Henri, 'Les cavalcades de l'utopie', *Magazine littéraire* 139 (1978), p.20-27

Dieckmann, Herbert, *Inventaire du Fonds Vandeul et inédits de Diderot*, Genève 1951

– 'Les contributions de Diderot à la *Correspondance littéraire* et à l'*Histoire des deux Indes*', *Revue d'histoire littéraire de la France* 51 (1951), p.417-40

– *Cinq leçons sur Diderot*, Genève 1959

*Le Discours utopique*, Colloque de Cerisy, Paris 1978

Duchet, Michèle, 'Diderot, collaborateur de Raynal, à propos des Fragments imprimés du fonds Vandeul', *Revue d'histoire littéraire de la France* 60 (1960), p.531-56

– 'Les "textes politiques" de Diderot', *La Pensée* (septembre-octobre 1960), p.118-20

– 'Le *Supplément au voyage de Bougainville* et la collaboration de Diderot à l'*Histoire*

*des deux Indes*', *CAIEF* 13 (1961), p.173-87
– 'Bougainville, Raynal, Diderot et les sauvages du Canada', *Revue d'histoire littéraire de la France* 63 (1963), p.228-36
– 'Le primitivisme', *Europe* (janvier-février 1963), p.126-37
– 'Diderot', dans *Manuel d'histoire littéraire de la France*, iii, Paris 1969, p.502-21
– *Anthropologie et histoire au siècle des Lumières – Buffon, Voltaire, Rousseau, Helvétius, Diderot*, Paris 1971
– 'Clarens, le lac d'amour où l'on se noie', *Littérature* 21 (1976), p.79-90
– *Diderot et l'Histoire des deux Indes ou l'écriture fragmentaire*, Paris 1978
Ehrard, Jean, *L'Idée de nature en France à l'aube des Lumières*, Paris 1970
Engels, Friedich, *Socialisme utopique et socialisme scientifique*, Paris 1973
Fabre, Jean, 'Deux frères ennemis: Diderot et Jean-Jacques', *Diderot studies* 3 (1961), p.155-213
– *Lumières et romantisme*, Paris 1963
*La Fin des utopies*, *Magazine littéraire* 139 (juillet-août 1978)
Fontenay, Elizabeth de, *Diderot ou le matérialisme enchanté*, Paris 1981
Fourier, Charles, *Vers la liberté en amour*, textes choisis par Daniel Guérin, Paris 1975
Glucksmann, André, *Les Maîtres penseurs*, Paris 1979
Gorny, Léon, *Diderot, un grand européen*, Paris 1971
Goulemot, Jean-Marie, 'Jeux de conscience, de texte et de philosophie: l'art de prendre des positions dans l'*Essai sur les règnes de Claude et de Néron* de Diderot', *Revue des sciences humaines* 182 (1981), p.44-53
Guyot, Charly, *Diderot*, Paris 1953
Hampson, Norman, *Le Siècle des Lumières*, Paris 1972
Hartig, I. et Soboul, A., *Pour une histoire de l'utopie en France au XVIIIe siècle*, Paris 1977
Havens, G. R., 'Diderot, Rousseau and the

*Discours sur l'inégalité*', *Diderot studies* 3 (1961), p.219-62
Hilsum, Mireille, 'Sur une représentation absente: le philosophe et le praticien à l'épreuve du langage', *Revue des sciences humaines* 182 (1981), p.79-95
Huxley, Aldous, *Le Meilleur des mondes* (1932), Paris 1977
Kempf, Roger, *Diderot et le roman*, Paris 1964
Kundera, Milan, *La Toque de Clémentis*, prépublication *Le Nouvel Observateur* (1979)
La Bretonne, Restif de, *Le Paysan perverti* (1776), Paris 1978
La Hontan, *Dialogues avec un sauvage* (1703), Paris 1973
Lafitau, Joseph-François, *Mœurs des sauvages américains comparées aux mœurs des premiers temps*, Paris 1724
Lapouge, Gilles, *Utopies et civilisations*, Paris 1978
– 'Le lieu glissant de l'improbable', *Magazine littéraire* 139 (1978), p.15-19
*Lettres édifiantes et curieuses de Chine par des missionnaires jésuites (1702-1776)*, éd. I. et J. L. Vissière, Paris 1979
Lewinter, Roger, *Diderot ou les mots de l'absence*, Paris 1976
*Lieux de l'utopie*, *Littérature* 21 (février 1976)
Lortholary, Albert, *Les Philosophes du dix-huitième siècle et la Russie: le mirage russe en France au dix-huitième siècle*, Paris 1951
Loy, M. J., 'L'*Essai sur les règnes de Claude et de Néron*', *CAIEF* 13 (1961), p.239-54
Lévi-Strauss, Claude, *Tristes tropiques*, Paris 1980
Mannheim, Karl, *Idéologie et utopie*, Paris 1956
Marin, Louis, *Utopiques, jeux d'espace*, Paris 1973
Marivaux, *L'Île des esclaves* (1725), *Théâtre complet*, Paris 1968
Mauzi, Robert, 'Diderot et le bonheur', *Diderot studies* 3 (1961), p.263-84
– 'Les rapports du bonheur et de la vertu

dans l'œuvre de Diderot', *CAIEF* 13 (1961), p.255-68

– *L'Idée du bonheur dans la littérature et la pensée française au dix-huitième siècle*, Paris 1965

Mercier, Louis-Sébastien, *L'An 2440, rêve s'il en fut jamais* (1771), Paris 1971

Michelet, Jules, *La Sorcière* (1862), Paris 1966

Methivier, Hubert, *Le Siècle de Louis XV*, Paris 1977

Montaigne, Michel de, 'Des cannibales', *Essais*, livre I, ch.31, Paris 1962, p.200-13

Montesquieu, *Lettres persanes* (1721), Paris 1971

More, Thomas, *L'Utopie* (1516), Paris 1976

Morelly, *Code de la nature ou le véritable esprit de ses lois de tout temps négligé ou méconnu* (1755), Paris 1970

Mucchieli, Roger, *Le Mythe de la cité idéale*, Paris 1960

Orwell, George, *1984* (1950), Paris 1970

Oudeis, Jacques, 'L'idée de nature dans le *Supplément au voyage de Bougainville*', *Revue de l'enseignement philosophique* (décembre 1972-janvier 1973), p.3-10

Perkins, M. L., 'Community planning in Diderot's *Supplément au voyage de Bougainville*', *Kentucky romance quarterly* 4 (1974), p.399-417

Platon, *La République*, Paris 1966

Poulet, Georges, 'Diderot', *Etudes sur le temps humain*, Paris 1972, i.236-58

Prelot, Marcel, *Histoire des idées politiques*, Paris 1970

Proust, Jacques, *Diderot et l'Encyclopédie*, Paris 1967

– 'Diderot et l'expérience russe: un exemple de pratique théorique au XVIIIe siècle', *Studies on Voltaire* 154 (1976), p.1977-1800

– 'Diderot et la philosophie du polype', *Revue des sciences humaines* 182 (1981), p.21-30

Rancière, Jacques, 'Utopistes, bourgeois et prolétaires', *Le Discours utopique*, Colloque de Cerisy; Paris 1978, p.69-80

Raynal, Guillaume-Thomas, *Histoire philosophique et politique des établissements et du commerce des Européens dans les deux Indes* (1781), éd. Y. Benot, Paris 1981

Rousseau, Jean-Jacques, *Discours sur les sciences et les arts* (1751), Paris 1971

– *Discours sur l'origine et les fondements de l'inégalité* (1755), Paris 1971

– *Du contrat social* (1762), Paris 1975

– *Ecrits politiques*, Paris 1972

Ruyer, Raymond, *L'Utopie et les utopies*, Paris 1950

Sade, D.-A.-F., marquis de, *La Philosophie dans le boudoir* (1795), Paris 1976

*Savoir et pouvoir du XVIIIe siècle au XXe siècle, Histoire des idéologies*, sous la direction de François Châtelet, iii, Paris 1978

Servier, Jean, *L'Utopie*, Paris 1979

*Le Social, l'imaginaire, le théorique ou la scène de l'idéologie, Revue des sciences humaines* 165 (1977)

Starobinski, Jean, *Jean-Jacques Rousseau, la transparence et l'obstacle*, Paris 1971

– *1789: les emblèmes de la raison*, Paris 1979

Strugnell, Anthony R., *Diderot's politics: a study of the evolution of Diderot's political thought after the Encyclopédie*, The Hague 1973

Suckling, Norman, 'Diderot's politics', *Diderot studies* 16 (1973), p.275-93

Trousson, Raymond, *Voyages aux pays de nulle part*, Bruxelles 1975

*Utopie et institutions au XVIIIe siècle*, textes recueillis par Pierre Francastel, Paris 1963

*L'Utopie ou la raison dans l'imaginaire, Esprit* 4 (avril 1974)

Vartanian, Aram, 'Erotisme et philosophie chez Diderot', *CAIEF* 13 (1961), p.367-90

Vernière, Paul, 'Diderot et le despotisme éclairé', introduction au tome xi des *OC*, p.iii-xvi

Vuarnet, Jean-Noël, 'Utopie et atopie', *Littérature* 21 (1976), p.3-9

Wagner, Jacques, 'Code et histoire dans

## Bibliographie

Jacques le fataliste', *Revue des sciences humaines* 165 (1977), p.23-31
Wolpe, Hans, *Raynal et sa machine de guerre:*
l'Histoire des deux Indes et ses perfectionne-
ments, Paris 1957
Zamiatine, *Nous autres* (1924), Paris 1979

# Index des noms

# Index des titres

Les travaux critiques ne sont pas répertoriés.
Les œuvres ou les contributions de Diderot sont distinguées par un astérisque.